Der Weg des Mädchens

Holger Niederhausen

Der Weg des Mädchens

Einweihungsweg in die Unschuld

FSC
www.fsc.org
MIX
Papier aus ver-
antwortungsvollen
Quellen
Paper from
responsible sources
FSC® C105338

Das Menschenwesen hat eine tiefe Sehnsucht nach dem Schönen, Wahren und Guten. Diese kann von vielem anderen verschüttet worden sein, aber sie ist da. Und seine andere Sehnsucht ist, auch die eigene Seele zu einer Trägerin dessen zu entwickeln, wonach sich das Menschenwesen so sehnt.

Diese zweifache Sehnsucht wollen meine Bücher berühren, wieder bewusst machen, und dazu beitragen, dass sie stark und lebendig werden kann. Was die Seele empfindet und wirklich erstrebt, das ist ihr Wesen. Der Mensch kann ihr Wesen in etwas unendlich Schönes verwandeln, wenn er beginnt, seiner tiefsten Sehnsucht wahrhaftig zu folgen...

1. Auflage Dezember 2017

© Holger Niederhausen · Alle Rechte vorbehalten
Umschlagabbildung: Andrei Aleshyn / Shutterstock, verändert.
Herstellung und Verlag:
BoD – Books on Demand, Norderstedt
ISBN 978-3-7460-3648-9

INHALT

II. Teil: Der Weg des Mädchens

Das Mysterium des Mädchens
ist seine Hingabe, die
unschuldige Liebe zu *allem* ist.

Dieses Buch steht an besonderer Stelle eines großen Zyklus. Es ist mein achtundzwanzigstes Buch, vier mal sieben... Außer in vier Büchern, die in ihrem Thema vollkommen anders lagen, kommt überall die Gestalt des Mädchens vor, fast immer sehr zentral. Es ist damit auch die junge Frau eingeschlossen, sofern sie ebenfalls noch ganz unschuldig ist...

In diesem Buch nun möchte ich so unmittelbar wie möglich in Worte fassen und versuchen, die lesende Seele erleben zu lassen, was das Mysterium der Mädchen ist. In den Romanen ,Sonnenmädchen' und ,Engel-Mädchen' tritt es in Romanform gleichsam unbeschreiblich leuchtend in Erscheinung. In Büchern wie ,Vom Wiederfinden des Fühlens' oder ,Bewusstsein der Unschuld' habe ich auf dieses Mysterium hinzuführen versucht. Das Buch ,Von den Mädchen' war ganz diesem Mysterium gewidmet. Aber nun möchte ich einen *Weg* beschreiben. Das geschah auch schon in ,Vom Wiederfinden des Fühlens' und ,Bewusstsein der Unschuld', doch nun soll dieser Weg radikal und ohne Vorbehalte beim Mädchen beginnen und enden. Und er soll zugleich da beginnen, wo sich die Seele heute befindet – tief verstrickt in das Irdisch-Materielle...

Wir beginnen gleichsam ganz im Außen – und werden nach und nach immer tiefer in das Mysterium des Mädchens aufgenommen werden, das ein heiliges ist...

*

Was die lesende Seele aber tun muss, um irgendeine Frucht zu gewinnen und nicht bloß – am Ende – ein Buch gelesen zu haben, das ist *eintauchen*.

Wenn die Seele nicht ganz verhärtet ist in ihrer Gewöhnlichkeit, wird das Mysterium des Mädchens sie im Laufe der Begegnung irgendwann von selbst in dieses Eintauchen führen. Dennoch wäre es wichtig, dass die Seele es auch von sich aus versucht. Denn sonst könnte es geschehen, dass sie gerade zu Beginn ihre gewöhnliche Haltung, die voller Urteile ist, sogar noch verfestigt, anstatt mitzugehen, sich einzulassen und so wirklich in ein inneres *Erleben* zu kommen.

Dies ist der alles entscheidende Punkt. Ohne dass dieses Erleben erwacht, wird man dem Wesen des Mädchens nicht erlebend begegnen können. Dann aber wird es einen auch nicht weiterführen können, auf seinem heiligen Weg...

Das gewöhnlich Irdische...

Warum fühlt man sich von manchen Mädchen angezogen? Dies gilt natürlich vor allem für Männer – Frauen könnten dies für sich umkehren und suchen, was sie innerlich in sich finden, wenn sie an das Wesen des *Jungen* denken.

Seltsam ist, dass schon im Wort ‚Junge' das Junge steckt, jung... Wir erleben das nicht mehr – aber es ist genau dieses Wort. Das junge, das jugendliche Leben – anbrechend, unverbraucht, aber auch zart, rein und unschuldig. Diese Unschuld verliert sich natürlich schnell, vor allem bei Jungen... Aber natürlich auch bei den Mädchen. Aber nicht bei allen Jungen – und noch weniger bei allen Mädchen.

Das Mädchen ist *auch* jung – und auch bis in das Wort hinein. Die Wandlung des Wortstammes *magu, magad, Maid,* die dann zum Mädchen führt, *bedeutet* nichts anderes als jung. Im Mädchen aber lebt nicht nur das Junge an sich, sondern auch das, was später gebären wird, das Fruchtbare, das Lebentragende, das auch in dieser Hinsicht reine Zukunft Bergende.

Obwohl dies zunächst vielleicht nie bewusst wird, macht auch dies den Zauber des Mädchens aus. Dies und seine Zartheit. Es unterscheidet sich wie durch eine Welt von den Jungen. Es ist ein Mädchen...

Bleiben wir zunächst bei diesem unmittelbaren Erleben, das unendlich vieles Verschiedenes in einem berühren kann – und versetzen wir uns nun einmal in einen Gewalttäter.

*

Die meisten Menschen werden vor dieser Vorstellung, diesem ‚Gedankenexperiment' zurückschrecken – aus unmittelbarer moralischer Regung oder auch aus konventioneller Furcht, aus einem Erzogenwordensein in bestimmten Grenzen der Vorstellung. Letzteres aber führt dazu, dass im Grunde überhaupt nicht mehr wahrhaft *gefühlt* wird – sondern dass man sich nur noch in einem vorgegebenen, toten Umkreis von flachen Empfindungen bewegt, die man ,haben darf'. Man *kennt* das Fühlen gar nicht wahrhaft, wenn man nicht *alles* zu fühlen und auch mitzufühlen vermag. Diejenige Seele, die nicht bereit ist, mit einem Verbrechen mitzugehen, um einmal zu fühlen, was eine solche, völlig andere Seele fühlt, kennt nicht nur nicht den ganzen, großen Umkreis des Fühlens – sie kennt wahrscheinlich das lebendige, tiefe Fühlen *überhaupt* nicht.

Das gerade ist es, was unsere Zeit notwendiger braucht als alles Andere: ein lebendiges, ein aufrichtiges, ein *wirkliches* Fühlen. Wie kann man dieses wahre, dieses echte, wahrhaft lebendige Fühlen wieder lernen, wenn bürgerlich-konventionelle Normen und Vorstellungen dem Fühlen fortwährend enge Grenzen setzen? Schon seit Jahrzehnten hat etwa die Psychologie erkannt, dass hier nichts anderes einsetzt als die *Verdrängung*.

Ist es denn Zufall, dass die Kriege in der Welt nicht aufhören, dass die Sexualisierung sogar ungebrochen zunimmt, überhaupt die Gewalt – während angeblich die Kindheit und die Jugend ,geschützt' wird? Geschützt wird sie vielleicht – doch dass ein Mädchen in einem Mann Verschiedenes berühren kann, ist nicht nur offensichtlich, es bleibt eine Ur-Realität. Man kann davor die Augen verschließen, man kann es verteufeln, in sich selbst verdrängen – aber darum bleibt es doch eine Realität. Und die Realität ist: Das Mädchen ist ein Mysterium – und es besitzt eine ungeheure Anziehung...

Eine Ebene dieser Anziehung ist schon sein bloßes Dasein – bereits rein leiblich. Und nun wollen wir uns doch einmal in dieses Erleben versetzen, das vor allem diese Ebene sieht,

empfindet, sucht und auch vor Gewalt nicht zurückscheut...
Es wird uns auf unserem Weg weiterbringen, denn wir kommen in ein *Erleben* hinein.

Wir können zwar sagen: Ich beginne damit erst später, auf den weiteren Stufen. Aber dann wird man für immer etwas versäumt haben, was *auch* im Menschen lebt. Vielleicht hat man dies schon überwunden, vielleicht aber auch nur verdrängt. Und vielleicht wäre es wichtig, auch in dieses Erleben einzutauchen – und sei es nur, um den Menschen überhaupt, auch den Mitmenschen, der ja letztlich immer auch Mitbruder und Mitschwester ist, tiefer zu verstehen – bis hin zu einem so tiefen Verständnis des Menschenwesens, dass selbst für den Verbrecher einst eine Liebe da sein kann. Nicht für das, was er tut – aber doch in aller Tiefe verstehend, wie dies *möglich* ist, und so ihn nicht bis ins Allerletzte verurteilend, sondern in sich eine Empfindung hütend, die auch solche Seelen einst an die Hand nehmen wollen können wird, um sie mitzunehmen in das Licht... Dafür aber, um dies zu können, müssen wir auch mit ihnen in das Dunkel gehen... Wir müssen bereit sein, wahrhaft mit-fühlen zu können, was *sie* fühlen, was sie treibt, zwingt und gefangen nimmt...
Tauchen wir also ein in das, was das Mädchen für einen *solchen* Menschen so anziehend macht...

*

Da ist ein Mädchen. Es kann sehr verschieden sein – vielleicht sehr unschuldig, vielleicht auch sich seiner Schönheit und Anziehung sehr bewusst. Vielleicht ist es still und schüchtern, vielleicht provoziert es durch seine anziehende Schönheit geradezu. Nehmen wir den letzteren Fall. Da ist ein Mädchen, das eine unendliche Anziehung besitzt. Es ist so schön wie keine andere, und es weiß, diese Schönheit zu betonen... Ihre Lippen verführen schon durch ihre bloße Existenz, ihre Augen blicken manchmal lockend, dann wieder abschätzig, leise spöttisch... Ihre Kleidung verdeckt alle Reize nur deshalb, um sie noch deutlicher zu machen. Jede ihrer Bewegungen scheint nur der Verführung zu dienen... Sie weiß, was Sex ist. Sie weiß, dass sie jung ist. Sie weiß, dass sie schön ist. Vielleicht weiß sie einzig und allein nicht, *wie* schön sie ist... Sie will mich nicht. (Wir versetzen uns jetzt wirklich hinein, wir werden dieser Mann – wir fühlen so sehr mit ihm, dass wir uns selbst ganz vergessen, um dieser Mann werden zu können und dadurch *wirklich* erleben zu können, was er erlebt).[1] Sie verachtet mich. Sie spielt mit mir – und allen anderen. Sie sucht sich die Männer aus. Aber ich will *sie*. Und ich werde sie bekommen. Ihre Brüste. Ihren Mund. Ihren Körper. Ihre weiche Haut. Alles...

Irgendwann geht das Mädchen. Und der Mann folgt ihr. Er sieht, dass sie einen Weg nimmt, der nun auch durch Straßen führt, die einsam sind – und seine Erregung wächst. Bald wird das Mädchen ihm gehören – sobald sich eine Gelegenheit schenkt... Vielleicht hat das Mädchen bemerkt, dass ihm jemand folgt – und vielleicht wird es jetzt nervös. Aber auch dies würde die eigene Erregung nur noch steigern. Jetzt ist das Mädchen in meiner Hand. Jetzt werde ich mit ihm tun

---

[1] Man kann davon ausgehen, dass die zunehmende Masse der Krimi-, Gewalt- und Horrorliteratur auch *diesen* Zweck erfüllt: unbewusst auch diese Begierden des Menschenwesens mit auszuleben, auch wenn es die lustvolle und gefahrlose, gesellschaftlich anerkannte Außenperspektive bleibt. Niemand, der einen Krimi mit einer Gewalttat liest, verabscheut den Täter bis ins Letzte – ein Teil der eigenen Seele begeht die Tat ebenfalls... Wäre dies nicht so, hätte die Seele keinerlei Bedürfnis nach solcher Literatur. – An dieser Stelle wollen wir den Mut haben, dem Gewalttäter *ganz* zu folgen und mit ihm gewissermaßen eins zu werden. Wir verlassen damit die verlogene Enge des gesellschaftlich Anerkannten und lernen einen Teil des wirklichen Menschenwesens wirklich kennen.

können, was ich will... Ja, flieh nur, schau dich um, du bist allein ... allein mit mir...

Und dann geht alles sehr schnell. Denn es muss verhindert werden, dass das Mädchen wirklich flieht. Dann ist man bei ihr, und nun spürt sie das Messer an ihrem zarten Hals, und man flüstert ihr zu, dass sie sterben wird, wenn sie einen einzigen Laut aus ihrem hübschen Mund von sich gibt... Nun hat sie Angst – und das macht sie noch schöner. Und wir finden einen Hinterhof, in den wir sie bringen, mit ihrer Angst. Und in dem dunklen Hof finden wir eine Art Schuppen, der unverschlossen ist, und wir stoßen sie hinein...

Und dann steht sie da, wagt nicht, sich zu rühren, und wir erkennen noch im Dunkeln ihre Gestalt, die uns so unendlich erregt, und wir spüren ihre ganze Angst, die uns vielleicht noch viel mehr erregt... Und wir drohen ihr noch einmal und meinen es ernst und weiden uns an ihrer Angst, fühlen, wie sie innerlich zittert. Und dann nehmen wir uns ihr Gesicht und küssen sie auf diesen Mund, der jetzt uns gehört, der nur für uns da ist. Und wir bringen ihre Gegenwehr zum Schweigen, die pure Gewalt, vor der sie Angst hat, tut es...

Und dann reißen wir ihr lustvoll ihre Kleidung herunter, zuerst nur ein bisschen... Diese Kleidung, die doch nur verhüllt hat, was sie stets so betonte. Jetzt gehört es uns, nur uns... *Sie* gehört jetzt uns... Das ganze Mädchen... Es mag sich noch wehren, aber es kann nicht fort, und seine Angst wird ihm jeden Schrei verbieten. Es gehört uns, in all seiner wunderbaren, erregenden Ohnmacht...

*

Die Anziehung der Mädchen beginnt *hier*. Hier, wo es männliche und weibliche Menschen gibt, hier, wo es weibliche Wesen gibt, die jung sind, jung und schön...

Man kann diese Sphäre der Wirklichkeit nur wahrhaft kennenlernen, wenn man sich auf sie einlässt. Nur so darüber hinweglesen, vielleicht noch erschrocken, abwehrend, ja, entsetzt, hilft überhaupt nichts. Ein wirklicher Teil des Menschenwesens, desjenigen, was in Seele und Leib des Menschen eine wirkliche Realität ist, wird einem dann für immer verschlossen bleiben. Aber auch ein wirklicher Teil des Wesens der *Mädchen*. Man wird sich diesen Teil verbieten, noch bevor man ihn empfinden kann. Damit aber verliert man nicht nur einen Teil des eigenen Wesens, sondern auch einen Teil des Mädchens.

Die Wirklichkeit, die man hier, an diesem Punkt, erleben kann, ist, dass das Mädchen seinem Wesen nach *schwach* ist, während ihm als das Männliche dasjenige gegenübersteht, was stark ist, mächtig, besitzergreifend, unterwerfend...
Und man kann erleben, wie es sich anfühlt, dieser Zustand, in dem man dem Schwachen gegenübersteht, sich an seiner Schwachheit freut und weidet und *das Schwache unterwirft*...

Aber dieses Schwache ist nicht nur schwach, es ist zugleich auch schön. So unglaublich schön... Schön und schwach ist es, dieses verführerische Wunder – das schwache Schöne, das schöne Schwache... Dies ist das Mädchen. Es ist das geborene Opfer. Geschaffen, um unterworfen zu werden...
Bleiben wir in diesem Erleben! Gemeint ist nicht eine absolute Wirklichkeit, gemeint ist die Wirklichkeit, die man an diesem Punkt erleben kann – wo die begehrende Seele und der begehrende Leib diesem Schwachen begegnet, das sich nicht wehren kann, das aber unendlich schön ist und das man besitzen und unterwerfen *will*, um jeden Preis...
Das Mysterium des Mädchens ist – an diesem Punkt –, dass es das unendlich schöne Schwache ist, dessen Anziehung alles Maß überschreitet, weil seine Schönheit und seine zarte Schwäche – die trotz aller Provokation und zur Schau gestellten Selbstbewusstheit eine Tatsache ist –, das eigene Begehren über alles Maß erregt...

Die unendliche Schönheit der Mädchen beginnt schon hier, auf dieser Ebene. Das Mädchen ist das unendlich Schwache und das unendlich Schöne – in einer unendlich verführenden Verbindung...

*

Wir können diese Ebene – die sich in der Gewalt, in der Unterwerfung auslebt – auch noch subtiler mitempfinden. Die Unterwerfung kann ‚friedlicher' verlaufen. Und das tut sie meist auch. Meist werden die Mädchen sehr, sehr friedlich unterworfen – und trotzdem ist es Missbrauch. Aber wir wollen auch diese Sphäre wirklich kennenlernen, nicht vor ihr weglaufen. Weglaufen ist einfach, man ist dann für immer auf der guten Seite, moralisch überlegen, hat eine reine Weste, ‚würde so etwas nie tun' und so weiter und so weiter. Aber es geht an dieser Stelle gar nicht darum, dass man so etwas nie tun würde, es geht darum, *den vollen Umfang der Wirklichkeit* kennenzulernen, und zwar so aufrichtig und mutig wie möglich. Nicht der hat die größte Moralität, der sich von allem Dunklen fernhält – sondern der, der den Mut hat, selbst das Dunkle bis in alle Tiefen zu *verstehen*, weil er es wirklich kennengelernt hat. Nicht derjenige wird einst noch den schlimmsten Verbrecher erlösen können, der ihn nur verachten kann – oder abstrakt ‚annehmen' –, sondern der, der bis ins Innerste versteht, was ihn treibt.[2]

---

[2] Man kann sich einmal in wahrhaftigstem Ernst fragen, wie tief Christus jeden einzelnen ‚Sünder' verstanden hat – wie tief dies gegangen sein muss. Man kann sich vorstellen, dass Christus *alles* Leid und alles Abirren des Menschen mitträgt und bis ins Tiefste *verstehen* kann. Seine Liebe hört niemals auf, bleibt vor keiner Finsternis stehen...
Wir dürfen uns nicht anmaßen, dass wir dies auch nur ansatzweise können. Aber gerade darum ist es um so wichtiger, wirklich in alles eintauchen zu können. *Unser* Verstehen ist so armselig, wie unser Hochmut groß ist. Doch erst, wenn wir auch den ‚Sünder' immer tiefer verstehen können, werden wir auch Kräfte des Erlösens entwickeln können. Wir

Folgen wir nun also innerlich erlebend einem Mann, der ein Mädchen friedlicher verführt und friedlicher unterwirft...

Diese friedlichere Art – insofern ‚friedlich', als es keinerlei äußere Gewalt braucht – ist überall da möglich, wo ein Mädchen in gewisser Weise *abhängig* von einem ist. Die moderne Rechtssprechung hat dieses Motiv sehr genau erkannt. Sie spricht von Menschen, die einem zur Erziehung oder Ausbildung oder Betreuung *anvertraut* sind – oder aber einem durch ein Arbeitsverhältnis untergeordnet sind. Mit all diesen Menschen ist eine sexuelle Handlung generell strafbar, solange sie unter sechzehn sind – und im Fall eines Missbrauchs der Abhängigkeit auch darüber hinaus. Aber auch jenseits dieser Abhängigkeitsverhältnisse sind die jugendlichen Menschen unter sechzehn geschützt, insofern es strafbar ist, eine möglicherweise ‚fehlende Fähigkeit des Opfers zur sexuellen Selbstbestimmung' auszunutzen.

Versetzen wir uns aber nun wiederum in die Position eines Mannes, der sich von einem Mädchen angezogen fühlt. Er denkt nicht an die Fähigkeit der Selbstbestimmung des Mädchens, er denkt an ihre Schönheit und er fühlt ihre *Anziehung*. Er steht nun gerade in einem besonderen Verhältnis zu dem Mädchen – es *ist* ihm anvertraut, sei es zur Erziehung, sei es in einem verwandtschaftlichen Verhältnis...
Dieses Verhältnis des Anvertrautseins gibt dem Mädchen ein besonderes Vertrauen. Ein Mädchen hat *sowieso* viel Vertrauen – und den Menschen, denen es anvertraut ist, vertraut

---

brauchen keine Angst haben, dass sich unser Mitleid mit dem Mädchen dadurch verringert. Es wächst nur unsere Tiefe des Miterlebens, Mitfühlens und Mitleidens überhaupt. Zuerst aber müssen wir auch das Dunkle wirklich erleben können. Sonst bleibt alles ‚Mitgefühl' von Schein, Hochmut und moralischer Überlegenheit tingiert. Reines Mitfühlen wird *uns* erst möglich, wenn wir auch im Dunkelsten so weit mitgehen konnten, dass wir dieses Dunkle selbst wurden – nicht in der wirklichen, äußeren Tat, aber im wirklichen inneren Verstehen...

es zunächst *völlig*. Das macht es dem Mann leicht, sich dem Mädchen zu nähern, zu dem er ja ohnehin Zugang hat. Er sucht, ihr Vertrauen zu gewinnen. Er wird vertrauter mit ihr. Und das Mädchen freut sich vielleicht, dass sich jemand so sehr für sie interessiert, dass sie sich besonders öffnen kann, weil ihr jemand zuhört und so weiter. Aber dann beginnt der Mann, etwas von ihr zu wollen. Sie soll bestimmte Dinge zulassen, weil das dazugehört, zu diesem neuen, besonderen Verhältnis... Und sie beginnt, es zuzulassen, weil sie dieses besondere Verhältnis ja nicht wieder verlieren will...

Aber aus dem Erleben des Mannes heraus stellt sich die Situation vielleicht vollkommen anders dar. Möglicherweise ist er sich der Strafbarkeit voll bewusst – und wenn er nicht verrückt ist, wird er es zumindest wissen –, aber er kann nicht daran denken, er kann immer nur an das *Mädchen* denken. Er muss an ihre Schönheit denken, an ihre Zartheit, an das Verführerische. Er weiß, dass nicht *sie* ihn verführt, aber sie *ist* verführend, sie raubt ihm die Sinne, er kann nur noch an sie denken, an ihren Leib, an jede ihrer Bewegungen...

Es geht nicht um eine Lolita, nicht um frühreife Mädchen, die selbst schon ihre Verführungskünste erproben. Vielleicht *ist* das Mädchen schon älter – aber das ist nicht der Punkt. Es geht darum, dass der Mann selbst sich, egal wie alt sie ist, mit Haut und Haar nach diesem Mädchen sehnt und dass sie in all seinen Gedanken und Gefühlen lebt und dass, wenn sie physisch anwesend ist, eine unendlich starke Anziehungskraft von ihr ausgeht...

Wenn sie ein Kleid trägt, dann sieht der Mann, was darunter ist, ihre schlanken Glieder, ihr zarter Leib. Wenn sie Strümpfe trägt, dann sieht er, wo sie enden, und sein fühlender Blick gleitet von selbst höher... Für ihn sind das gar keine *schmutzigen* Gedanken, es sind nicht einmal konkrete Gedanken, es ist ein unendlich verheißungsvolles *Fühlen*, das ganz in die zarte Erscheinung des Mädchens überhaupt eingebettet ist. Für ihn ist dieses eine Mädchen, das all seine Gedanken und Gefühle erfüllt, wie eine Art Engel. Keine Lolita, sondern ein Engel. Und dieser Engel hat einen wirklichen Leib, der so zart ist wie das Kleid, was sie trägt – und jeder Moment, wo man diesen Engel sehen muss und darf, erfüllt den ganzen eigenen Leib mit einer unbeschreiblich süßen Sehnsucht...

Und dann kann man nicht anders, als diesem Engel zu erklären, dass er und man selbst sich doch jetzt so gut kennt, dass man sich auch einmal küssen darf... Oder dass bestimmte Dinge, die dieser Engel noch nicht kennt, die aber wunderschön sind, auch für *sie* schön wären. Und man will es ihr einmal zeigen... Und das Mädchen, das dieser Engel ist, schaut einen so unsagbar rein an, unsicher auch, aber es lässt zu, was man vorhat – was es noch gar nicht weiß... Also ist es einverstanden. Und wir wollen ja auch nur ganz zärtlich zu ihm sein... Noch einmal versichern wir ihm, dass es ganz gewiss nichts Schlimmes ist. Und es nickt. Und dann streicheln wir ganz sanft ihr Bein. Und dann schieben wir ein wenig ihr Kleid hoch. Und dann streicheln wir noch sanfter ihr Bein *unter* dem Kleid ... und zärtlich gehen wir höher...

*

Wieder ist es unendlich leicht, dies mit Abscheu oder Verachtung oder Verurteilung zu lesen – aber dann gewinnen wir überhaupt nichts. Es bräuchte Mut, sich wirklich *einzulassen* auf dieses Erleben – weil wir auch dann erst wiederum etwas kennenlernen werden, vom Menschenwesen überhaupt, aber auch vom tiefen Wesen des Mädchens, was uns sonst wirklich verborgen bliebe – und wir *brauchen* dies für den weiteren Weg.

Vielleicht war das erste Miterleben, wo wir dem Mädchen in die Nacht folgten, um es schließlich zu unterwerfen, unserer ganzen Begierde und unserer Lust an ihrer schönen Schwachheit zu folgen – vielleicht war dies noch viel leichter als dieses neue Erleben. Denn es war so weit von unserem und auch überhaupt von jedem Alltag entfernt, dass man es vielleicht ‚probeweise' einmal versuchen konnte. Auch ist man es ja von der Unmenge an Krimis, die uns umgeben, gleichsam fast schon gewohnt, zumindest die Szenerie als solche. Ganz anders dagegen ist nun das zweite Erleben. Man weiß, dass es hundertfach, ja ungezählte Male, Realität ist. Man verabscheut es um so mehr, da es viel subtiler ist, noch viel mehr nicht nur die Schwäche, sondern auch das *Vertrauen* des Mädchens ausnutzt – und man ist durch die Masse an Vorfällen, in denen dieses alles eine wirkliche Realität ist, und durch die zunehmende, strikte öffentliche Bewusstheit diesem Szenario gegenüber extrem sensibilisiert.

Aber dass dies ein Missbrauch ist und dieser Missbrauch strafbar ist, kann einen doch nicht daran hindern, einmal ganz in das Erleben einzutauchen, um es von innen zu verstehen! Angst davor müsste man doch nur in zwei Fällen haben: Entweder aufgrund der Angst, von dem dann aufsteigenden Begehren, insofern es wirklich geteilt zu werden vermag, nicht mehr freikommen zu können – oder aufgrund der Angst, was die äußere Welt von einem denkt, dass man sich auch nur auf eine solche *Vorstellung* und ein solches inneres Erleben einlässt.
Die erste Angst würde bedeuten, dass diese inneren Empfindungen und Erlebnisse wirklich so stark in einem verborgen sind, dass man dafür sorgen muss, dass sie niemals aufsteigen, weil man ihrer sonst nicht mehr Herr werden würde...
Man hat sie zwar in sich, aber solange man sie nicht aufruft, bleiben sie tief verborgen. Mut, sie wirklich kennenzulernen, hat man nicht... Und weil man sie verborgen hält, um sie nie, nie heraufkommen zu lassen, kann man sich immer besser als jene anderen Menschen fühlen, die ihre Opfer werden... Aber

man lernt auf diese Weise auch die Mädchen niemals kennen, denn auch jene Menschen erleben etwas vom Wesen der Mädchen – nur, dass sie damit nicht umgehen können. Dennoch erleben sie es stärker als jeder andere... Die zweite Angst wiederum ist im Grunde nur der innere Zensor. Denn was die Welt von meinen Gedanken und inneren Erlebnissen denkt, kann mir herzlich egal sein, solange ich mir diese nicht zugleich auch *selbst* verbiete. Ich habe nur dann Angst vor der Welt, wenn ich mir ihr öffentliches Urteil schon längst zueigen gemacht habe. Wenn ich nicht den Mut habe, innerlich etwas zu denken, zu fühlen und zu erleben, was die Welt verurteilt – oft genug aus eigener Verlogenheit –, kann ich im Kennenlernen des Wesens des Mädchens nicht weiterkommen. Denn die andere Seite dieser Angst wird sein, dass ich auch für die heiligen und heiligsten Empfindungen gar nicht den Mut haben werde – weil diese von der Welt ebenfalls abgelehnt werden, sogar noch stärker...

Jeden Mut, den ich jetzt haben werde, das Menschliche wirklich bis in alle Tiefen zu verstehen, jeder solche Mut und jede solche Fähigkeit wird mir auch auf meinem weiteren Weg helfen – denn da brauche ich ihn *auch*. Alles, alles kann mich immer nur bereichern, in meinem Verstehen, in meinem Eindringen in die Wirklichkeit, in meiner Fähigkeit zu fühlen, in meiner keimenden, wahren Fähigkeit zu *lieben*...

*

Was wir durch die Empfindungen dieses Mannes hindurch erlebt haben, ist wiederum etwas von dem Wesen des Mädchens. Wieder stehen wir vor dem Zauber des Weiblichen, vor seiner bezaubernden Anziehung. Es ist aber nicht die Anziehung des Weiblichen im allgemeinen, sondern die Anziehung des *Mädchens*.

Wenn wir dies aber nicht wirklich miterleben konnten, dann ist dies für uns noch immer nur ein bloß abstraktes Allgemeinwissen geblieben, das vielleicht dunkel gefühlt wird – man weiß, dass ‚einige Menschen das haben', aber man selbst hat es ‚zum Glück' nicht. Man ist froh, dass für einen selbst jedes Mädchen eben einfach normal ein Mädchen ist und nicht viel mehr. Das ist es eben: nicht viel mehr... Das Wesen des *Mädchens* wird man so nicht kennenlernen. Dann aber wird man auch den weiteren Weg kaum gehen können. Denn er wird im Grunde nur immer schwerer. Zwar wird er heiliger – aber es kann vorausgesagt werden, dass die Tiefe und das wirkliche Erleben des Empfindens gar nicht erwachen wird, wenn man schon jetzt nicht den Mut fasst, auch in jene Anziehung einzutauchen, die ‚vor dem Gesetz' verboten ist. Verboten ist nicht die Anziehung. Verboten sind bestimmte Handlungen – aber selbst diese nicht in Gedanken...

Haben wir also einmal den Mut, jegliche Verurteilung von uns zu werfen – nur für diese begrenzte Zeit – und das Erleben jenes Mannes wirklich zu *teilen*, eins mit ihm zu werden. Wir schaden keinem einzigen physisch realen Mädchen – aber wir erliegen der Anziehung dieses einen, bezaubernden vorgestellten Mädchens...

Wir sehen tagtäglich ihre Erscheinung – und sie folgt uns bis in die Abende, bis in den Schlaf. Wir wachen mit ihr wieder auf – und wir sind geradezu hilflos, wenn wir dann ihre *wirkliche* Erscheinung wieder sehen, wenn sie vor uns steht, sitzt, geht, wenn sie lacht, wenn sie uns anschaut, wenn sie uns nicht anschaut...

Wir sehen ihre Erscheinung, wir sehen, was für ein Kleid sie anhat – oder eben auch kein Kleid, aber wir sehen ihre Gestalt, wir sehen ihren Mädchenleib, alles, und jede ihrer zarten Rundungen, jede ihrer mädchenhaften Bewegungen erregt etwas in uns, was nicht sexuelle Lust ist, aber eine unendlich süße, unendlich zarte Anziehung, ein süßes Singen des Leibes, das an der *Grenze* zum Sexuellen liegt.

Wir erleben hier, was das *Erotische* in seiner zartesten Form ist – in jener Form, in der das Mädchen selbst noch überhaupt nicht verführen oder verführerisch wirken will, es aber bereits ist, einzig und allein dadurch, dass es ein Mädchen *ist* und einen zarten, lieblich weichen, sanften Leib hat. Die Seele und der Leib des Mannes werden verführt von dem süßen Schmelz ihrer Haut, ihrer Glieder, ihrer ganzen Erscheinung... Erotik bedeutet hier nichts anderes, als dass eine unsägliche Schönheit bis in den Leib hinein gespürt wird, ohne dass man etwas dafür kann. Es erwacht einfach eine unendliche Sehnsucht nach dieser Schönheit, die da in diesem Mädchen vor einem steht...

Was hier erlebt werden kann, ist die tiefe Anziehung des Mädchens, die nicht allein im Leiblichen lebt, in der körperlich-sexuellen Ausstrahlung, sondern an der Grenze *zwischen* Leib und Seele.
Das Mädchen hat nicht nur, wie in dem ersten Erleben, einen verführerischen Mund, verführerische Brüste, verführerische Kleidung. Sein ganzer *Leib* ist verführerisch – und zwar, ohne dass es das will. Jede seiner Bewegungen ist verführerisch, ohne dass es das will – einfach nur, weil es so schön ist, so jung, so zart, so mädchenhaft. Es ist der ganze Zauber der Mädchen, um den es hier geht.
Es ist eine Art unschuldige Erotik, die ganz im Ätherischen lebt, die gerade von dem *unschuldigen* Mädchenleib ausgeht – weil gerade diese Unschuld der weiblichen Gestalt und ihrer zarten Formen, Rundungen und Gesten unendlich stark auf das Seelisch-Leibliche des Mannes wirkt.

Haben wir im ersten Fall das schwache Schöne erlebt, wie es sich offenbart, geschaffen zur Unterwerfung – also die ganze Anziehung der weiblichen Leiblichkeit, wie sie auf das im Mann aufsteigende leibliche Begehren wirken kann –, so erleben wir jetzt wiederum das schwache Schöne, aber auf einer völlig anderen Ebene.

Nun erleben wir das *zarte* Schöne – geschaffen, um davon *angezogen* zu werden. Wir erleben das Mysterium der *Anziehung* im Leiblichen in seiner reinen Form. Diese schöne Zartheit ist nun nicht geschaffen, um unterworfen zu werden, sondern um sich dieser Anziehung hinzugeben... Aber die Seele des Mannes, mit dem wir uns vereint hatten, bemerkt die Grenze nicht – oder sie ist ihr gegenüber hilflos. Die Seele und auch der Leib des Mannes werden von diesem zarten Schönen so stark angezogen, dass sie schließlich jene Grenze überschreiten, wo das Angezogen-Werden zum *Missbrauch* wird – nämlich zu Handlungen des Mannes gegenüber dem Mädchen und sogar an ihr... Das Männliche kann auch hier nicht mehr anders, als dem Weiblichen gegenüber, das es so unendlich anzieht, ‚handgreiflich‘ zu werden, und sei es zunächst nur in ‚anzüglichen‘ Bemerkungen oder was auch immer. Es wird eine Grenze überschritten, jenseits derer das Männliche dieses zarte Weibliche erobern, sich aneignen, ergreifen, berühren will, zärtlich, aber doch...

Auch wenn dies in jedem einzelnen konkreten Fall in seiner Tat verurteilt werden muss und man immer nur hoffen kann, dass sich dies nie ereignet, kann man doch in all seiner Tiefe verstehen, wie es dazu *kommen* kann. Denn man versteht, was hier real wirksam wird.

Das Mädchen in seiner ganzen Leiblichkeit ist das *zarte Schöne* in seiner vollen, erblühenden Unschuld...

Das zarte Schöne...

Wir sind also vom gewöhnlich Irdischen bereits sehr weit vorgedrungen in einen ganz anderen Bereich. Im Grunde haben wir das bloß Sexuelle längst hinter uns gelassen, auch wenn die Anziehung derjenigen Sphäre, in der wir uns jetzt bewegen, noch immer so machtvoll sein kann, dass sie bis in den Bereich des Sexuellen münden kann, denn zwischen Leib und Seele und zwischen Zärtlichkeit und dem Wunsch nach völliger Vereinigung besteht nun einmal keine deutliche Grenze...

Es ist deutlich, dass ein junges Mädchen zutiefst begehrenswert sein kann – und dass dies *nicht* bedeuten muss, dass man unbedingt mit ihm ins Bett will oder es auch nur unsittlich berühren will. Dieses Begehren beginnt mit jeder Form der Sehnsucht, die von seiner einfach daseienden zarten Leiblichkeit erweckt wird...
Es kann sein, dass die Seele eines Mannes es völlig ausgeschlossen findet, ein Mädchen jemals zu missbrauchen – und sich dennoch unendlich angezogen fühlen kann. Die Seele dieses Mannes empfindet dann die objektive Wirkung des Mädchenleibes einfach viel stärker als alle anderen.

Aber es kommt noch etwas hinzu. Denn je empfänglicher die Seele für diese Wirkungen ist, desto empfänglicher ist sie oft überhaupt. Es gibt auch hier allerdings zwei Fälle. Es kann sein, dass die Empfänglichkeit vor allem aus dem Körperlichen aufsteigt und dieser Sphäre im Grunde ganz verhaftet bleibt. Dann fixiert sich die Anziehung des Leibes auch auf das Leibliche – und fixieren sich die Gedanken des Mannes auf die sexuell bedeutsamen Orte auch des Mädchenleibes... Damit sind dann allen Fällen von Missbrauch tatsächlich Tür und Tor geöffnet...

Mindestens ebenso oft aber wird die Empfänglichkeit der Seele wirklich im Seelischen selbst liegen, und dann wird diese Seele nicht nur für das Leibliche des Mädchens empfänglich sein, sondern auch für sein übriges Wesen. Und es wird dieser Seele nicht nur um den Mädchenleib überhaupt gehen – also um *jeden* schönen Mädchenleib –, sondern um dieses *eine* Mädchen. Die Seele ist dann zugleich empfänglich für das Wunder der Individualität – wie bewusst oder unbewusst auch immer.

Im Grunde beginnt dies auf jeder Ebene als eine Möglichkeit. Denken wir noch einmal an den Gewalttäter – und denken wir uns, er würde das Mädchen nicht in einem dunklen Schuppen vergewaltigen, sondern am hellen Tage, etwa im Wald. Denken wir uns, er hätte es in seine Gewalt gebracht, *wir* haben es in unsere Gewalt gebracht – wir haben es niedergeworfen, wir liegen auf ihm, es wehrt sich noch, aber wir bringen es ganz in die Unterwerfung, wir halten seine Handgelenke fest, nun spüren wir noch seine verzweifelte Gegenwehr, aber es kann nichts mehr machen...

Jetzt aber, wo es sich nicht mehr bewegen kann, sondern uns nur noch angstvoll anschauen kann, tritt sein Gesicht in unsere Aufmerksamkeit. Nichts kann es mehr bewegen und angstvoll sieht es uns an. *Das Mädchen sieht uns an.*

Selbst für einen Gewaltverbrecher könnte dies ein Moment sein, wo er in den Augen des Mädchens wirklich das Mädchen wahrnimmt, ein individuelles Geschöpf, ein Wesen mit einer Individualität, dieses eine Mädchen, das gerade wehrlos in seiner Gewalt ist... Es kann sein, dass dieser eine Moment eine wirkliche Ich-Begegnung werden kann, die auch diesen Mann zu einem Aufwachen bringt... Gewalt ist nur möglich, wenn man blind wird für die Individualität, für das Mysterium des anderen Wesens, das es nur einmal gibt, ein einziges Mal, und dem man gerade jetzt begegnet...

Ich möchte diese Ich-Begegnung einmal erlebbar machen, indem ich hier eine Geschichte wiedergebe, durch die vielleicht auch ein viel tieferes Verständnis für die Entstehung von Gewalttaten wachsen kann – aber wiederum auch für das Wesen des Mädchens... Ich schrieb dieses Geschichte vor einigen Jahren in der Passionszeit.

Die lichtlose Nacht der verlorenen Seelen

Er hatte eine wunderbare Kindheit gehabt. Das Dorf, in dem er zunächst aufgewachsen war, war von Natur umgeben gewesen. Und er war eines jener gesegneten Kinder gewesen, die die Wesen der lebendigen Natur erlebten. Nicht nur die Schmetterlinge, Käfer, Eichhörnchen, Vögel und all die anderen Tiere, die er unterschiedslos liebte. Nein, auch die Wesen hinter dem Schleier, der zwischen dem Bewusstsein des modernen Menschen und der Wesenhaftigkeit der Natur liegt. Für ihn war da in der frühen Kindheit kein Schleier gewesen. Das, was man oft als Feen, als Naturgeister, als Pflanzen-, Wasser- oder Luftwesen bezeichnete, all das war ihm reales Erlebnis.

Lange Zeit verstand er nicht, dass nicht *jeder* Mensch dies wahrnahm. Aber es war so – er war offenbar der einzige. Seine Eltern übergingen seine Fragen und Hinweise mit peinlichem Schweigen und nervösem Lachen. Sein Vater wollte schon einen Arzt einschalten, aber dann hatte man es doch dabei belassen, ihn für ein wenig verrückt zu halten. Da er ansonsten normal war, würde er schon keinen großen Schaden nehmen, meinte seine Mutter. Und als dann noch eine Großtante erzählte, dass es einmal einen solchen Fall in der Familie gab, sich diese ‚Albernheiten' mit der Zeit aber von selbst erledigt hätten, waren beide Eltern wieder beruhigt.

Dann zog die Familie in die Stadt – in die Großstadt. Es war der größte Schock seines jungen Lebens. Sechs Jahre war er alt gewesen, und alles, woran er sich später als erste Eindrücke erinnern konnte, war: Lärm, Hektik, Hässlichkeit, Hässlichkeit, Hektik, Lärm. Er war vier Wochen lang krank. Danach hatten seine Eltern den Eindruck, er habe sich an die Umstellung gewöhnt. Tatsächlich war in ihm etwas abgestumpft, um das neue Leben

29

ertragen zu können. Ihm selbst waren all diese Vorgänge nicht bewusst. Hätte er es in Worte fassen wollen und können, hätte er vielleicht auch gesagt, er habe sich daran gewöhnt.

Es brach ein neues Leben für ihn an. Die Stadt hatte ihre Reize – und was für welche, Millionen! Von jeder Plakatwand prasselten die Eindrücke auf ihn nieder, sprangen ihn an, forderten ihn heraus, hinzuschauen, die aggressiven Farben, Formen und Botschaften aufzusaugen und unverdaut in sein Inneres aufzunehmen, wo sie dann hinabsanken, überlagert wurden von den nächsten Eindrücken, die nur Sekunden später folgten, Millionen an jedem einzelnen Tag.

Er kam in die Schule. Dreißig andere Mitschüler, über eintausend, wenn man die ganze Schule zusammenrechnete. Und wieder neue Eindrücke. Neue Moden, neue Normen. Wer nicht mitmachte, mitsammelte, mitwusste, gehörte nicht dazu. Wer keine Ahnung hatte, war draußen. Die Moden und Zwänge wechselten im Monatsrhythmus, manchmal sogar wochenweise. Da gab es konturlose Plastikformen, die gleichwohl etwas bedeuteten. Man nannte sie ,Gogos'. Dann gab es Fußballsticker. Dann gab es Pokémonkarten. Wer nicht die vollständigen ,Entwicklungen' jedes einzelnen ,Wesens' herunterbeten konnte, wurde ausgelacht, fiel in der Hackordnung gleich um ein halbes Dutzend Stufen nach unten. Man musste gar nicht unbedingt fernsehen, man bekam die Inhalte minutengenau von den anderen erzählt. Aber er sah natürlich fern. Er wollte dazugehören, und seine Eltern ließen den Fernseher vom Nachmittag an einfach laufen.

Dann gab es die Star-Wars-Karten. Pokémon war plötzlich out. Wer eine Woche zu lang sammelte, wurde ausgelacht. Das war etwas für Kleinkinder! Star Wars – das waren die Großen. Die Zweit- und Drittklässler erzählten sich gegenseitig jede einzelne Szene und stritten darum, wer wem auf welche Weise das Laserschwert aus der Hand geschlagen oder wer wem angeblich den Kopf abgeschlagen habe. Jeder kannte alle Figuren: Darth Vader, das war natürlich der Wichtigste. Viele hatten insgeheim zuerst doch ein wenig Angst vor ihm, aber keiner zeigte es, und viele wollten insgeheim so viel Macht haben wie er. Dann Luke Skywalker, Obi-Wan Kenobi, R2-D2, Yoda, Boba Fett und wie sie alle hießen. Die Erstklässler wollten mithalten, aber sie sprachen die Namen oft falsch aus. Sie sagten zum Beispiel ,Luke Steiworker' und wurden dann ebenfalls ausgelacht. Aber er selbst war nun auch schon in der zweiten Klasse und konnte gut mithalten.

Die Lehrer interessierten sich nicht für diese Moden und unternahmen nichts. Die Schüler wiederum interessierten sich nicht für den Unterricht. Man lebte aneinander vorbei, und die Folgen zeigten sich regelmäßig. Ab der dritten Klasse hatte man die Schüler nur noch mit Zwang, Druck und strengen Anforderungen im Griff, ab der siebten oder achten Klasse auch damit nicht mehr. Kindheit und Jugend waren regelrechte Subkulturen. Die Lehrer und die Schule hatten nichts zu geben. Aber die ,Subkultur' bestand nicht etwa aus kindlichem Spiel oder jugendlicher Lebensfreude. Sie bestand – mit jedem Jahr mehr – aus der lustlosen Suche nach neuen Eindrücken, nach Zerstreuung. Und tatsächlich wurde die Seele dieser Kinder in alle Richtungen zerstreut, es gab nirgendwo etwas Haltgebendes, etwas Verinnerlichendes – alles zog nach außen, verlangte Aufmerksamkeit, Kauflust, Konsumwillen.

Wenn man im Bus oder in der U-Bahn zur Schule fuhr, oder wohin auch immer, starrte man auf sein Handy, während die Finger damit herumspielten, im Internet surften, die SMS' checkten, Antworten tippten, weiter surften... Man fühlte sich mit dem vollen Leben verbunden und merkte nicht, dass man auf ein kleines Gerät beschränkt war, dem man Nachrichten und Eindrücke mit minimalem Sinngehalt entnahm oder übergab.

Irgendwann kam dann die Mode mit den Thrillern auf. Natürlich hatten viele Kinder auch Computerspiele zuhause, also man war das Töten, den Straßenkampf und recht viel Blut ebenfalls schon gewöhnt. Aber ein geschriebener Thriller war schon etwas Besonderes. Die Fantasie der heutigen Autoren ließ keine Möglichkeiten aus – und in der eigenen Phantasie gestalteten sich dann diese Szenen ganz konkret aus, so dass einem die Schauer über den Rücken liefen und die inneren Bilder einen tage- und nächtelang verfolgten. Aber der Reiz dieser Bilder war unwiderstehlich und unwahrscheinlich stark. Endlich einmal starke Eindrücke – also las man immer weiter.

Wenig später kam der Horror auch in Form von Filmen dazu. Er war nun in der siebten Klasse. Die meisten Filme waren erst ab sechzehn oder sogar ab achtzehn. Aber in der Großstadt nahm man es nicht immer so genau, manche Jungs sahen auch schon älter aus, oder sie schickten ihre Geschwister vor, die ihnen den gewünschten ‚Stoff' besorgten. Der Horror wurde zu ihrem Seeleninhalt, bevor sie sich der Nacht übergaben. Irgendwann gewöhnte man sich auch daran. Die Bilder, die einen im Traum verfolgten, wurden weniger schlimm, man wurde langsam wirklich hartgesotten – und war stolz darauf. Man konnte es mit *allen* Eindrücken aufnehmen, weil das Herz so hart wie Stein wurde. Und man hatte das Gefühl, genau das brauchte man, um dieses Leben zu bewältigen und um ein Mann zu sein.

Da war irgendwo tief drinnen noch eine andere leise Stimme. Die war unangenehm, denn sie fragte nach etwas anderem. Nach etwas *vollkommen* anderem. Diese Stimme fragte nach etwas Lichtem, Zartem, Reinem... Aber man wusste, dass man sich damit komplett lächerlich machen würde – also unterdrückte man diese Stimme. Irgendwo tief drinnen ahnte man, dass man damit auch sich selbst verleugnete, aber diese Erkenntnis war nicht bewusst, und so steigerte sie nur die Verhärtung, den Hass – auf sich selbst und die Welt, wenn auch ebenfalls nicht bewusst. Bewusst war nur die Suche und die Sucht nach immer neuen Eindrücken. Diese mussten natürlich mindestens so stark sein wie alles schon Dagewesene, also dauerte die Horror-Mode länger als alle anderen, ja, sie riss gar nicht mehr ab. Und die Autoren und Filmemacher befriedigten die Sucht meisterhaft, denn alles wurde immer extremer, immer deutlicher.

Die Jahre vergingen, die Schule wurde eine öde Katastrophe – und der Rest des Lebens größtenteils auch. Den Eltern ging man jede Minute aus dem Weg, wenn das möglich war. Freunde waren nicht mehr als Begleiter auf dem Horror-Trip, den man gemeinsam eingeschlagen hatte und auf dem man sich gegenseitig vorantrieb – aus Furcht, irgendwann allein dazustehen. Man *war* allein, aber man wusste es nicht.

So war er schließlich in der neunten Klasse, als das Leben jeden Sinn für ihn verloren hatte. Er wurde wieder krank. Wirre Fieberträume jagten einander. Darth Vader wurde bei lebendigem Leibe zerstückelt und aufgefressen. Auch er selbst fand sich in einer unterirdischen Folterkammer wieder, verlor sämtliche Gliedmaßen, konnte aber auf irgendeine unerklärliche Weise dann doch fliehen, bevor er schweißgebadet erwachte. Um sich abzulenken, schaute er sich ,Die Tribute von Panem' an. Es war, als zog sein Leben an ihm vorbei. Die Handlung bestand darin, dass zwölf junge Menschen von zwölf bis achtzehn Jahren sich gegenseitig zu töten hatten, bis nur noch einer übrig bliebe. Die Kampfszenen waren so brutal, wie das moderne Publikum es forderte (oder wie die Vorstellung vom modernen Publikum oder die eigene Fantasie die Filmemacher inspirierte). Blut kam aus den Mündern oder aus verlorenen Augen. In einer Szene lag ein junger Mann mit durchtrennter Halsschlagader zuckend am Boden, und die Kamera schwenkte mindestens dreimal zu ihm zurück, um zwischendurch immer wieder einmal seinen Todeskampf zu zeigen, bis sich zuletzt dann der tote Körper entspannte...

In ihm loderte etwas auf, was er so noch nie gekannt hatte. Ein lebendiges, warmes, brennendes Gefühl – er spürte es richtig physisch aufsteigen, aus der Tiefe über Bauch und Brust nach oben. Es war ein maßloser, geradezu mordgieriger Hass auf alles, ohne Unterschied – auf die ganze Welt, auf das ganze Leben, auf alles. Jahrelang hatte er Eindrücke gesucht, die immer stärker waren als alle vorherigen. Nun hatte er den Endpunkt erreicht. In einem Sekundenbruchteil war ihm dies klar, leuchtete als kurze Erkenntnis auf und wurde durch den Hass wieder ausgelöscht. Denn der Hass war das neue, stärkste Gefühl, das alles andere überstrahlte und keine anderen Gedanken und Eindrücke neben sich duldete. Der Hass durchbrach die Öde mit einer unauslöschlichen Flamme, doch diese Flamme war gegen alles gerichtet, was existierte. Es war die Flamme des Todes, und deshalb war sie selbst der *Endpunkt*.

Noch immer im Fieber ging er auf die Straße, setzte sich in die Bahn und fuhr hinaus aus der Stadt. Er hatte ein Jagdmesser bei sich, ein großes, so wie sie auch einige der Kämpfer des Filmes hatten, den er eben gesehen hatte. Irgendetwas würde passieren, er wusste nicht, was – und wusste es doch. Es war ihm in jedem Fall egal. Es wäre der letzte Eindruck, der stärkste, der allerstärkste. An der Endstation stieg er aus und betrat den Wald. Ohne Gefühl registrierte er den Müll, der hier zunächst noch am Wegrand lag, die zartgrünen Blätter der erwachenden Frühlingsnatur, den Gesang der Vögel. In dem Film vorhin hatten auch Vögel gesungen – für ihn war das Kulisse, nicht mehr. Hätte man ihn gefragt, er hätte sich nicht einmal mehr daran erinnert, dass er früher tiefe Erlebnisse gehabt hatte, sogar jenseits des Schleiers... Nichts davon war mehr übrig. Nichts. Seine Seele war öde und leer, erfüllt nur von jenem dunkelsten aller Gefühle, dass nur deshalb als warm und brennend erlebt wurde, weil es mit aller Macht nach Vernichtung drängte.

In der Ferne erblickte er eine Gestalt. Damit hatte er nicht gerechnet. Er hätte nicht gedacht, dass heute überhaupt noch jemand in den Wald ging. Nun ja, es gab Menschen, aber es war idiotisch. Aber diese Gestalt erregte in ihm perfide Gedanken – nein eigentlich nicht Gedanken, sondern Lustgefühle, die aufschäumten und dem Hassbrand in seiner Seele einen konkreten Inhalt verschafften. Der Brand richtete sich auf diese Gestalt in der Ferne...
Er holte auf und sah, dass es ein Mädchen war. Dreizehn Jahre, wie er schätzte. Auch sie hätte in den Panem-Spielen schon mitkämpfen können – aber sie hätte keine Chance gehabt, denn sie war nicht zum Mordinstrument ausgebildet worden. Er sah ihren blonden Pferdeschwanz im Nacken wippen, sah ihren hellen Hals, sah alles schon vor sich, was sich gleich ereignen würde, seine Hand umfasste das Messer in der Jacke, schwitzte vor Lust und Aufregung ein wenig. Etwas heftiger atmend verkürzte er den Abstand weiter und holte das Messer heraus...
Da drehte sich das Mädchen um, es hatte ihn gehört. Er sah in *fremde* Augen. Sie waren ihm unendlich fremd, denn keines der Mädchen, denen er in all den Jahren begegnet war, hatte solche Augen. Es war ihm nicht bewusst, dass er hier etwas sah, was er

sein Leben lang gesucht hatte – gesucht *hätte*, wenn es ihm bewusst gewesen wäre. Es war ihm nicht bewusst, dass er in diesen Augen sah, was er verfehlt und verloren hatte, aber gerade dies steigerte seinen Hass auf das Leben um so mehr – den Hass auf das Leben um ihn, auf das Leben in ihm, auf das Leben vor ihm... Innerhalb einer Sekunde entbrannte in ihm ein ungeheurer Kampf. In dem dunklen Bewusstsein, dass er diesen Kampf verlieren könnte, erhob er den Arm, um ihn so schnell wie möglich zu beenden – das heißt, seine Tat auszuführen, bevor dieser Kampf ein anderes Ende nehmen könnte. Nun sah das Mädchen das Messer. Seine Augen weiteten sich, blickten aber noch immer ihn an. Das Mädchen schrie, und es blickte *ihn* an, und seine Augen waren voll Angst und zugleich *baten* sie. –

Und dann war der Kampf zu Ende, noch bevor er es wusste. Der Hass brach durch in ein Nichts, schien aus seinen Leibesgrenzen herauszubrechen, heraus in die Luft, hinauf zu den Vögeln, hinauf zu den Baumwipfeln, immer höher, die ganze Welt war voller Hass, und alles strömte aus ihm heraus, erfüllte die ganze Welt, alles außer diese Augen vor ihm, dieses Gesicht. Und dann hatte er den Endpunkt überschritten – und ein noch heißeres, bisher ganz unbekanntes Gefühl stieg in ihm auf. Die ganze Welt aber schien von seinem Hass, der jetzt außerhalb von ihm war, vernichtet zu werden, wurde dunkler und dunkler ... und dann schwanden ihm die Sinne...
Und ein Mädchen beugte sich über ihn, fühlte, ob sein Herz noch schlug, sah seinen Atem und rief Hilfe...
Und die Engel im Himmel jubelten, denn sie wussten vor allen Menschen, dass hier eine Seele eine andere gerettet hatte.

*

Wie auch immer man im Laufe seines Lebens seine Seele verloren hat und vielleicht sogar zum Gewaltverbrecher geworden ist – es ist *möglich*, in einem einzigen Augenblick und in einem einzigen Blick fremder Augen, der Augen eines

35

Mädchens, all dasjenige wiederzufinden, was man Jahre und Jahre verdrängt hatte... Möglich ist es...

Aber nun wollen wir zurückkehren zu der Anziehung, die ein Mädchen auf einen Mann ausüben kann. Natürlich auch auf einen Jungen oder sogar auf eine Frau oder andere Mädchen, aber wir bleiben bei dem Mann, weil dies der größte Gegensatz ist – und Gegensätze die Anziehung am allerstärksten empfinden... Nun sehen wir von dem Missbrauch ab, das bedeutet, dass die Seele des Mannes es sich vollkommen verbietet, je die Hand zum Missbrauch zu erheben, denn dafür liebt sie dieses Mädchen viel zu sehr. Ja – sie liebt es. Denn man braucht sich nicht vorzustellen, dass eine Anziehung existieren könnte, ohne dass die Seele beginnt, innig zu lieben... Im Gewalttäter kann sich diese Liebe bis in lodernde Mordsucht verwandeln, aber selbst dies wäre letztlich nur der verzweifelte Trieb, dasjenige zu vernichten, was einem selbst nicht gehören kann, auch wenn man es so sehr begehrt...

Versetzen wir uns also jetzt in eine solche Seele, die ein Mädchen innig zu lieben begonnen hat, weil sie sich von ihm – einschließlich ihres Leibes, den sie bewohnt – unendlich angezogen fühlt. Jeder Gedanke an Missbrauch hat kein Dasein in der Seele dieses Mannes, dafür *verehrt* er die zarte, zauberhafte Gestalt viel zu sehr. Wenn es auch sein mag, dass er in zartesten Vorstellungen manchmal leise sich ausmalt, wie es wäre, wenn das Mädchen seine Liebe erwidern würde ... von sich aus würde er nie etwas tun, was das Mädchen nicht wollen würde...

Hier treten wir ein in das Gebiet einer wahrhaft unschuldigen Anziehung, die die Seele des Mannes dennoch in eine größte Not bringen kann – denn natürlich kann er nie hoffen, dass die Anziehung oder auch nur das Interesse je gegenseitig sein könnte... Ist beim Missbrauch die Seele des Mädchens in Not, ist hier nun einzig und allein nur die Seele des Mannes in Not, Anziehung und Entbehrung zugleich empfindend und erleidend.

Ich habe diese Art der Begegnung ebenfalls in verschiedenen Romanen geschildert, etwa in ‚Über den Abgrund' und ‚Unschuld' (hier aus Sicht des Mädchens), dann in ‚Hoffnungslos' und zuletzt, gegenüber einem ganz jungen, erst vierzehnjährigen Mädchen, in ‚Mädchenliebe' – mit einem zweiten Band als Fortsetzung... In diesem letzten Roman spielt schließlich auch eine einzigartige Schicksalsbeziehung eine Rolle. Das kann natürlich auch immer noch eine reale Möglichkeit sein, denn wir stehen ja zugleich immer vor dem Mysterium der Individualität...

Es gibt Berufe, die fortwährend mit Kindern und Jugendlichen in Berührung kommen. In diesen Berufen gab es schon immer – und dieses Bewusstsein hat enorm zugenommen – eine ‚professionelle Distanz', um in keinerlei Versuchung zu kommen, nicht einmal innerlich. Heute geht das so weit, dass man sogar jegliche Situation vermeidet, die auch nur rein *von außen* falsch gedeutet werden könnte.

Das alles ist natürlich ungemein berechtigt. Und doch kann es sein, dass auf diese Weise tiefere Begegnungen, solche, die wirklich im Schicksal liegen würden, *nicht* zustandekommen. Die Frage ist, ob die Seele einmal die innere Kraft finden wird, hier genau unterscheiden zu können. Wird es eines Tages dahin kommen, dass pädagogische Begegnungen nur noch mit allergrößter Distanz ablaufen?

Die Frage ist, ob nicht ein Zustand der Seelen denkbar ist, in dem es möglich ist, dass auch ein Lehrer noch ein vierzehnjähriges Mädchen umarmt, aus einem herzlichen Impuls gemeinsamer Freude heraus, oder dass ein fünfzehnjähriges Mädchen sich in seinen Lehrer verliebt, ohne dass dies für beide verboten ist... Die Frage ist, ob es einmal eine Zeit geben wird, in der die Seelen so rein sind (die eigene, aber auch die der Umwelt), dass diese unschuldige Anziehung und sogar Erotik sein darf, ohne dass irgendjemand darüber urteilt, den es gar nichts angeht...

Wir haben gesehen, dass wir uns jetzt in jener Sphäre bewegen, wo die Anziehung des weiblichen Leibes – aber zusammen mit der Seele des Mädchens, gerade dieses Mädchens – von der Seele (und dem Leib) des Mannes so stark empfunden wird, dass er sich unweigerlich – und man kann sagen sogar unsterblich – in dieses Mädchen verliebt. Auch dies kann man wieder verurteilen ... aber man kann sich auch verwundert fragen, wie so eine Kraft des Sich-Verliebens möglich ist... Manche würden dann vielleicht von ‚Fixierung' sprechen und einfach nur den Kopf schütteln. Aber je tiefer diese Liebe zu einem einzigen Mädchen wird, desto tiefer ist auch die Hingabefähigkeit der männlichen Seele... Und sie liebt gerade dieses Zarte...

Ich möchte auch für dieses Erleben noch zwei Erzählungen hier einfügen.

Begegnung mit einem Mädchen

Er erschrak und kam wieder zu sich, als er ihren Vater auf sich zukommen sah. Sie hatte ihm eben etwas gesagt, worauf er sich umgeschaut hatte, aufgestanden war und auf seinen Tisch zukam. Er hatte sich völlig in dieses Mädchen verloren, in seine Gestalt, sein Gesicht, seine Augen. Wie lange mochte er sie angeschaut haben?
„Warum starren Sie meine Tochter an!?"
Sie kannte ihn. Er begegnete ihr öfter, und nie konnte er ohne ein tiefes Gefühl des Berührtseins an ihr vorübergehen. Und obwohl er sie immer nur so unauffällig wie möglich angeschaut hatte, mochte es ihr nicht entgangen sein, dass er sie *überhaupt* anschaute. Und nun hatte er sie sogar – eine Minute, zwei...?

Ihr Vater stand herausfordernd vor ihm, die Arme in die Hüften gestemmt, seine Worte klangen streitsüchtig. Er hatte seine Gedanken und Handlungen wieder ganz unter Kontrolle. Ruhig stand er auf, blickte dem Mann in die Augen, sagte: „Entschuldigung" und trat an ihm vorbei an den Tisch heran, an dem das Mädchen saß, das ihn nun mit großen, überraschten, unsicheren Augen ansah.

„Du bist alt genug, für dich selbst zu sprechen", sagte er freundlich. Sie schluckte. „Wenn du es willst, kann ich es dir erklären." Sie schien einen Moment zu überlegen. Dann nickte sie. „Aber allein", fügte er hinzu. „Können wir uns an den Tisch dort setzen?"

Er wies auf einen kleinen Tisch in der Ecke des Raumes. Ihr Vater löste sich aus seinem Erstaunen und mischte sich ein.

„Was denken Sie eigentlich –"

„Ist schon gut, Papa", sagte das Mädchen. „Ich möchte es hören."

Sie stand auf.

„Wartest du auf mich?" Sie sah ihren Vater an.

Dieser konnte nur eine ratlose Bewegung machen und setzte sich dann auf seinen Stuhl – nicht ohne einen von Antipathie erfüllten Blick auf ihn zu werfen.

„Keine Sorge", sagte er ruhig. Dann wandte er sich dem Mädchen zu und ging ihr voraus an den kleinen Tisch in der Ecke.

Es war Sommerfest. Überall saßen hier Menschen, aber inmitten des ganzen Geschehens gab es doch eine relative Ruhe an einem solchen Tisch.

Er setzte sich und schaute das Mädchen an. Sie setzte sich mit einiger Befangenheit gegenüber von ihm.

„Es tut mir leid", sagte er als erstes. Ihre Augen schienen noch größer zu werden. Hatte sie solche Worte nicht erwartet?

„Ich weiß nicht einmal deinen Namen..."

Sie schien mit sich zu ringen. Dann sagte sie:

„Theresa."

Was für ein schöner Name...

„Also gut, Theresa. Du möchtest wissen, warum ich –"

„Warum Sie mich so angestarrt haben!"

Mit einer gewissen Heftigkeit versuchte sie, das Gleichgewicht wiederherzustellen, aber es war sehr deutlich, dass diese Heftigkeit nicht ihrem Wesen entsprach. Sie errötete ganz leicht... *Das genau war es, ihr wunderbares Wesen – wie sollte er ihr jemals erklären, dass es ganz anders lag, als sie dachte?*

„Ich habe dich nicht angestarrt, Theresa..."

„Aber *wie* Sie mich angestarrt haben!"

Dieses Beharren zeugte dann doch von ihrem Mut. Und doch sah er, dass sie nicht so sehr wütend als vielmehr verunsichert war.

„Ist es schlimm, jemanden anzuschauen?", fragte er sanft.

„Jemanden anzustarren schon!", erwiderte sie.

„Ja, das stimmt", sagte er, und wieder wurden ihre Augen groß. „Aber ich habe dich nicht angestarrt. Und doch bin ich in deinen Anblick versunken. Das hätte nicht geschehen dürfen... Es tut mir leid."

In tiefem Erstaunen sah sie ihn an.

„Es...", begann sie, „aber warum...?"

„Warum es geschehen ist?"

„Ja, warum Sie –"

Ihr bescheidenes Wesen konnte die Worte nicht wiederholen, ihre Augen waren von der reinen Frage erfüllt.

„Ja, Theresa, ich will wirklich versuchen, es dir zu erklären. Aber wahrscheinlich wirst du es kaum verstehen. Also... Du bist etwa sechzehn, nicht wahr?"

Sie nickte.

„Siehst du, und ich sehe, dass du anders bist als andere Mädchen in deinem Alter."

„Wie ,anders'?", fragte sie.

„In allem. Nun, nicht in allem. Aber in so vielem. Es ist dein ganzes Wesen. Es ist wunderschön, nicht nur äußerlich," – sie errötete, die Worte schienen ihr unangenehm zu sein – „es tut mir leid, aber doch ist es so. Deine ruhige, zurückhaltende Art; deine Augen, die so fragend schauen, die oft auch leicht traurig zu schauen scheinen... Ich habe mich oft gefragt, was du denkst, wenn ich dich so sah. Vielleicht bist du gar nicht traurig. Aber ganz sicher bist du sehr empfindsam. Und das, deine Augen, dein anmutiges Wesen, all das macht dich einfach *schön*. Es ist, wie wenn du unter hundert anderen Menschen sanft herausleuchten würdest. Deshalb war ich in deinen Anblick versunken, und es tut mir sehr leid, dich dadurch so belastet zu haben."

Sie schien mit allem gerechnet zu haben, nur nicht mit solchen Worten. Kannte sie sich selbst so wenig? Er sah ihre Unsicherheit und auch ihren Mut, als sie mit fast unmerklich zitternder Stimme in versuchtem Vorwurf fragte:

„Und glauben Sie nicht, dass Ihre Worte jetzt mich noch viel mehr belasten?"

Er sah sie mit milden, ruhigen Augen an. Ihr Widerstand verging, und in ihren Augen stieg ein erstauntes Vertrauen auf.

„Wenn es so wäre, würde ich es mir wirklich unendlich vorwerfen. Ich hoffe, es ist nicht so. Und du musst doch irgendwann wissen, was dein Wesen ist, Theresa, wie es wirkt. Ich versuche nur in Worte zu fassen, was ich *gesehen* habe. Das musst du doch bei anderen Menschen auch schon bemerkt haben?"

Sie sah ihn offen an und sagte: „Nein."

Er fragte: „Überhaupt nicht?"

Sie schien zu überlegen. Dann sagte sie:

„Nun, manchmal ... starren andere Männer auch so und denken, ich sehe es nicht – oder tun es sogar ganz offen."

Es tat ihm so leid!

„Siehst du, das ist es nun gerade, was ich befürchtete. Du wirst doch nicht verstehen, dass es einen Unterschied gibt, den man nur *erleben* kann."

„Welchen Unterschied soll es da geben?", fragte sie.

In ihrer Stimme hörte er ganz deutlich eine Hoffnung. Sie ahnte doch, dass es einen Unterschied gab!

„Warum ist dir dieses Starren unangenehm?"

„Weil ich mit diesen Männern nichts zu tun haben will!"

„Ja, das verstehe ich sehr gut. Und mit mir sicher auch nicht, aber –"

„*Das* habe ich nicht gesagt..."

Dieser Einwand berührte ihn tief. Was für ein Wesen hatte dieses Mädchen doch!

„Ich danke dir. Aber vorhin war es doch sicher so, auch wenn ich dich nicht angestarrt habe. Aber, was ist der Unterschied zu Frauen, die dich anschauen würden?"

„Die tun das ja nicht!"

„Und warum nicht?"

„Weiß ich doch nicht. ... Weil Männer eben immer nur das Eine wollen."

„Sex?"

Sie errötete und nickte.

„Ich auch?"

Erstaunt sah sie ihn an, erwiderte lange seinen Blick, prüfend, blickte dann auf ihre Hände und sagte:

„Ich weiß es nicht. Ich glaube nicht."

„Ja, du hast Recht."

Wieder blickte sie auf, voller Fragen.

„Also die anderen Männer wollen Sex und Sie nicht?"

Er lachte und sagte:

„So einfach ist das nicht. Sicher auch nicht bei anderen Männern. Sieh mal, Theresa. Jeder Mensch wird etwas von deinem Wesen wahrnehmen. Jeder Mensch wird es auf seine Art ‚schön' finden – und eine Anziehung empfinden. Nun denken und empfinden viele Männer sehr in körperlichen Kategorien – und sie tun das einfach, ohne sich darum zu kümmern oder auch nur zu wissen, was sie damit anrichten. Gedanken sind ja unsichtbar, nicht wahr? Dabei kann man die Art der Gedanken und vor allem der Blicke sehr genau spüren..."

„Aber Sie haben doch auch so geblickt...", sagte sie nun wiederum.

„Theresa, wirklich, wenn du es so erlebt hast, tut es mir unendlich leid. Ich wollte *überhaupt* nicht, dass du dich angeschaut fühlst – aber *so* angeschaut solltest du dich niemals fühlen. Ich habe dir gesagt, was ich an deinem Wesen erlebe. Der Gedanke an Sex kam darin nicht vor. Ich sehe sehr wohl, wie schön du bist, und ich erlebe sehr wohl, dass dies Wirkungen hat, die nicht nur seelisch sind, sondern auch körperlich. Aber diese lasse ich nicht zur Geltung kommen. Ich erlebe dein Wesen vor allem in seinen *eigenen* Wirkungen."

„Das ist ... etwas viel. Das muss ich alles erst einmal verdauen...", sagte sie zögernd.

„Ja, natürlich..."

„Wie kommt es, dass ich mich durch Sie trotzdem auch belästigt fühle?"

„Nun, ich habe überhaupt kein Recht, dich mit meinem Blicken zu belästigen, wie auch immer sie geartet sein mögen."
„Oder kann es sein, dass ich Ihre Blicke einfach den anderen gleichgesetzt habe?"
„Das wird außerdem noch der Fall gewesen sein, das weißt du ja. Und trotzdem hast du das volle Recht, von erwachsenen Menschen in Ruhe gelassen zu werden."
„Aber ich bin doch sehr dankbar, dass Sie mir das alles so gesagt haben."
„Dann ist es gut. Dann bin ich dir auch sehr dankbar, Theresa."
„Wofür?"
„Das weißt du ja eigentlich doch. Für dein Verständnis – aber auch für dein Wesen, dem ich manchmal begegnen darf."
Sie errötete wieder leicht.
Er lächelte sie freundlich an und ergänzte:
„Von ferne... Wenn es dich nicht belastet..."
Sie schaute ihn kurz wie prüfend an und lächelte nun ebenfalls vorsichtig.
„Nein..."
Dann, nach leisem Zögern, erhob sie sich.
„Ja, also ... dann auf Wiedersehen."
„Alles Gute.", sagte er mit warmer Stimme.
Noch einmal begegnete er diesem leisen Staunen in ihren Augen. Wiederum zögerte sie kurz, dann sagte sie schnell:
„Es... Auch mir tut es leid, dass ich mich in Ihnen getäuscht hatte..."
Bevor er etwas erwidern konnte, drehte sie sich um und ging schnell zu ihrem Tisch zurück.
Tief gerührt sah er ihr nach, bis er noch einmal kurz ihren Blick auffing, als sie sich setzte. Er nickte leise, um ihr zu danken, und wandte seine Aufmerksamkeit dann dem übrigen Geschehen zu...

*

In einer solchen Geschichte oder auch der Begegnung, die sie schildert, steckt natürlich unendlich viel. Man kann darüber urteilen, wie man will, nur sollte man es sich nicht – in keine Richtung – zu einfach machen. Es bleibt eine Tragik, wenn sich ein Mädchen durch einen Mann belästigt fühlt, weil es nicht angeschaut werden möchte... Es bleibt aber auch eine Tragik, wenn sich der Mann von einem Mädchen so angezogen fühlt... Die große Frage, die dann in alledem liegt, ist: Wie können beide einander so begegnen, dass keines den anderen verletzt, sondern dass die Begegnung von Verständnis durchdrungen sein kann. Letztlich möchte *jeder* Mensch verstanden werden, auch das Mädchen. Und gerade deshalb ist dieses gegenseitige Verstehen nicht völlig undenkbar – und kann dann so eine Begegnung vielleicht sogar für beide, den Mann und das Mädchen, etwas haben, was berührend ist, was die Seele berührt. Denn auch der Mann offenbart sich in seiner ganzen Schwäche, in doppeltem Sinne...

Man kann vielleicht das Gefühl haben, dass diese Situation dem Mädchen völlig aufgezwungen wurde. Aber so ist es ja nicht. Es ist ein beidseitiger ‚Zwang', der beide Menschen sozusagen aneinander bindet. Wenn das Mädchen auch nur den Hauch von Verständnis entwickeln kann, weil es spürt, dass die zarte Liebe oder Zuneigung des Mannes – die er sogar bekämpft – *aufrichtig* ist, dann kann auch in einem Mädchenherzen eine Art verstehendes Verzeihen aufleben. Das heißt noch immer nicht, dass dann eine ganz neue Beziehung entsteht, es heißt nur, dass beide sich aufrichtig bemühen, sich nicht *mehr* vorzuwerfen, als sie müssen... Das Mädchen hat nicht um die Zuneigung des Mannes gebeten, aber es muss ihn auch nicht hassen, denn etwas in ihrem Herzen versteht ihn und ist davon auch berührt...

Ein anderer Vorwurf kann sein, dass ein Mann, der sich von einem Mädchen angezogen fühlt, einfach nicht fähig ist, erwachsene Beziehungen zu knüpfen. Dieser Vorwurf ist jedoch extrem haltlos – und wir werden immer mehr empfinden können, warum, wenn wir das Mysterium des Mädchens immer tiefer erleben. Das Einzige, was man der Seele des Mannes dann vorwerfen kann, ist, dass er sich dem Wesen des Mädchens viel zu sehr öffnet. Aber wer ist es, der hier den ersten Stern werfen möchte? Es geht auf Erden nur um Eines – und das ist: immer und immer empfindsamer zu werden. Wir haben auf der Welt genug Kälte, Hass und Empfindungslosigkeit, Lieblosigkeit und Dunkelheit. Menschlich ist *nur* die andere Richtung. Es ist niemals ein Wunder, wenn sich die Seele eines Mannes von dem Wesen eines Mädchens tief angezogen fühlt – und auch von seiner zarten Leiblichkeit. Man könnte fast sagen: Wenn es Managern, Generälen, Politikern und auch ganz normalen Menschen etwas mehr genauso ginge – die Welt wäre unendlich viel lichter...

Die folgende Geschichte schildert noch einmal den Kampf eines Mannes gegen seine Empfindungen. Hier geht es ganz ausdrücklich um ein Mädchen, das ihm – als einem Lehrer – anvertraut ist.

Lesen wir wiederum nicht nur äußerlich, sondern versuchen wir, wirklich einzutauchen. Von außen beurteilen wir solche Geschichten tagtäglich. Versuchen wir, die Möglichkeit zu ergreifen, sie einmal ganz von *innen*, aus der Seele des Mannes heraus zu erleben... Je sanfter wir uns in unserem eigenen Urteilen und Empfinden machen, desto sanfter und tiefer werden wir auch das Mädchen erleben können. Denn auch das Mädchen ist anders als wir. Auch mit ihm müssen wir mitleben können, auch ihm gegenüber dürfen wir nicht außen bleiben. Es geht immer und überall um die Fähigkeit, immer tiefer mitleben zu können – immer reiner auch, immer mehr ohne alles Urteil...

Die Geschichte ist etwas länger – sie erstreckt sich über vierzehn Seiten. So können wir uns aber auch wirklich einleben. Vergessen wir nicht, dass das Leiden an einer solchen tiefen Anziehung manchmal jahrelang währen kann. Es sind wirklich tiefste seelische Empfindungen, die man nicht einfach haben oder auch nicht haben kann. Gerade darum aber sind sie auch so aufrichtig...

Amfortas' Heilung

Er verabscheute sich.

Von wegen reine Absichten! Allein, dass man schon eine Absicht hatte, bezeugte die Unreinheit. Er verabscheute sich – und doch war er dankbar, es nun endlich so klar durchschaut zu haben. Und wem verdankte er diese Erkenntnis? Einem unbekannten Menschen, dem Autor eines unbekannten, schon einige Jahrzehnte alten Buches über das Parzival-Epos. Merkwürdigerweise fiel es ihm gerade in diesen Tagen in die Hände. Besser gesagt in die Augen. Er hatte es schon seit Jahren im Regal stehen. Hatte es einst gekauft, als er noch glaubte, Deutschlehrer zu werden, bevor er sich dann für die Physik entschied.

Die Schule, an der er vor zwölf Jahren angefangen hatte, hatte einen Physiklehrer gesucht, keinen Deutschlehrer. Schon viele hatten seine Studienkombination merkwürdig gefunden – aber das waren nun einmal die beiden Fächer gewesen, die ihn interessiert hatten: Literatur und reinste Naturwissenschaft...

Er hatte es also vor drei Tagen plötzlich in den Händen gehabt, dieses Buch, war vom Bücherregal wieder an den Schreibtisch zurückgegangen – und hatte nicht mehr aufgehört zu lesen. Und auf einmal war es ihm klar gewesen: Das Amfortas-Schicksal. Er litt an der Wunde des Amfortas.

Nun – es war ihm im Grunde immer schon klar gewesen. So wie eine Erkenntnis einem klar ist, die man doch immer wieder verdrängt. Also nicht wirklich klar. Nun aber konnte er vor der Erkenntnis nicht mehr weglaufen: Er hatte seine Wunde gesehen, und er würde sie nicht mehr vergessen oder verdrängen können.

An Zufälle glaubte er schon lange nicht mehr. Dazu hatte er sich zu lange mit Spiritualität beschäftigt. Nicht mit oberflächlicher Esoterik, sondern mit der tiefgreifendsten Spiritualität des Abendlandes. Mit dem, was Rudolf Steiner zu verdanken war – mit der Anthroposophie. Auch Rudolf Steiner war in der äußeren Welt noch immer ein Unbekannter, wenn auch nicht so unbekannt wie jener Autor des Parzival-Buches.

Wenn er sich recht besann, wusste er die Wahrheit schon seit diesen etwa sieben Jahren, in denen er Rudolf Steiners Schriften

studiert hatte. Es war, als wäre sie immer deutlicher an ihn herangekommen, die Wahrheit. Als hätte sie ihm in die Augen gesehen
– und er wäre ihrem Blick ausgewichen. Ja, sieben Jahre dem
Blick der Wahrheit ausgewichen. Eine lange Zeit. Er hatte vieles
gelernt, er war ein sehr, sehr anderer Mensch geworden – aber in
dieser Hinsicht nicht. Nicht in Hinsicht auf die Amfortas-Wunde.
Sie hatte er nicht gesehen. Gespürt wohl, aber er wollte ja gar
nicht ohne sie leben. Nun hatte er sie *gesehen*, und nun wusste er,
dass sie hässlich war, grauenvoll. Nun wollte er nichts lieber, als
sie loszuwerden, und doch wusste er, dass das schwer werden
würde, sehr schwer. Unsagbar schwer. Nicht umsonst kannte
auch Amfortas selbst seine Wunde und musste doch mit ihr leben, an ihr leiden...

Und wem verdankte er die bittere Erkenntnis noch? Dem wun-
derschönsten Mädchen, das er je gesehen hatte. Er konnte ihr
Bild nicht loswerden. Immer wieder sah er ihre Augen vor sich,
ihr Gesicht. Und eine heiße Scham überkam ihn, denn er wusste,
dass es falsch war, dass er sich ihrer erinnerte; dass alles falsch
war, was in dieser vergangenen Woche passiert war. Alles falsch,
und er war schuld. Schuldig. Er trug die Schuld des Amfortas.
Die Wunde, von der er nun wusste, wie hässlich sie war. Das
Mädchen hatte sie ihm gezeigt – obwohl sie gar nichts getan
hatte...
Und noch einmal musste er sich an alles erinnern – er musste
sich dazu zwingen, denn er würde sich nicht heilen können, wenn
er zunächst nicht immer wieder so tief wie möglich an der Wunde leiden würde.

Juliane war ein Mädchen aus der neunten Klasse. Sie war ihm
sofort aufgefallen, als sie zu Beginn des Schuljahres neu an die
Schule gekommen war. Noch nie hatte er ein so edles Gesicht
gesehen. Schulterlanges, blondes Haar und dann so oft dieses
wunderbare Lächeln auf dem Gesicht. Manchmal auch ein etwas
trauriger Blick, dessen Ursachen er nicht kannte. Vielleicht ver-
misste sie ihre Freunde in Niedersachsen, verständlicherweise.
Gerne hätte er sie gefragt, aber das ging ja nicht. Er begegnete ihr

nur manchmal auf der Treppe oder auf dem Schulhof. Die neunte Klasse unterrichtete sein Kollege.

Dann entdeckte er in einer kleinen Projektzeitung, die im Deutschunterricht der Oberstufe entstanden war, zufällig zwei kleine Beiträge, die eine außergewöhnliche Atmosphäre schufen. Voller Fantasie und Gefühl wob der Schreiber eine Stimmung, die das Herz des Lesers berührte. Er wusste sofort, dass es ein Mädchen sein musste – und es war noch nicht in den höchsten Klassen. Seine Augen waren ans Ende des Textes gewandert, und mit einer leisen Erschütterung hatte er ihren Namen gelesen. Er hatte den Text zu Ende gelesen und sich gefragt: Warum schreiben andere Mädchen nicht so? Woher hat sie dieses Besondere?

Für die eigentliche Schulzeitung war er selbst verantwortlich – die Deutschkollegen und auch alle anderen waren sehr dankbar, dass es jemanden gab, der sich diese Mühe machte und ein paar Mal im Jahr eine sehr lesenswerte Zeitung herausbrachte. Neben den Beiträgen aus Kollegium und Elternschaft schrieb er auch jedes Mal einige eigene Beiträge. Er lenkte den Blick auf verschiedene pädagogische Fragen, was bei den Lesern auf gute Resonanz stieß. Auch als Lehrer war er im Unterricht beliebt, weil er sich um eine gute Beziehung zu den Schülern und einen interessanten Unterricht bemühte – was ihm offenbar recht gut gelang.

Würde Juliane nicht vielleicht einige Texte für die Schulzeitung schreiben wollen? Er bat seinen Physik-Kollegen, der zugleich der Klassenbetreuer war, sie zu fragen und ihr zu sagen, dass er bei Interesse am darauffolgenden Montag in einer Freistunde im Physikraum zu sprechen wäre. Da der Kollege am Freitag zur Fortbildung musste, schrieb er dem Mädchen eine E-Mail und setzte ihn in Kopie. Am Wochenende antwortete Juliane, dass sie gerne etwas schreiben würde und am Montag kommen würde.

Sein Herz schlug heftig bei dieser Nachricht. Es ging ihm natürlich nicht nur um die Schulzeitung. Es ging ihm um die Begegnung mit ihr. Er wollte sie kennenlernen – und wenn es nur für eine halbe Stunde war. Er war sich nicht sicher, ob sie ihn immerhin schon vom Sehen kannte. Dies vielleicht, aber wahrscheinlich würde sie seinen Namen noch nicht unbedingt kennen oder ihn mit der Schulzeitung in Verbindung bringen. Und ob sie bemerkt hatte, wie er sie, wenn sie ihm in der Pause über den Weg lief, aufmerksam angeschaut hatte, um immer wieder kurz ihre Erscheinung zu bewundern? Nun, dies würde er in ihrer Begegnung nicht tun – nicht so, dass sie etwas bemerken würde. So ein Mensch war er nicht. Er bewunderte Schönheit, aber er starrte ein schönes Mädchen nicht an, um sie dadurch zu beschämen. Es wäre nicht nur unpädagogisch, sondern unmenschlich. Er suchte gerade das Geheimnis der Schönheit. Für ihn schien es deutlich, dass eine solche Schönheit, wie Juliane sie ausstrahlte, niemals nur etwas Äußerliches war, sondern mit einer inneren Schönheit der Seele korrespondierte. Auch darum hatten ihre Texte ihn erschüttert – denn sie hatten seine Überzeugung ganz und gar bestätigt.

Und dann war dieses Mädchen am Montagmittag in den Physikraum gekommen. Er hatte gesehen, wie sie etwas unsicher den Raum betrat, hatte ihr einen Stuhl an einem Tisch angeboten und sich ihr gegenübergesetzt. Warum war sie unsicher? Nun, er wusste, dass Neuntklässlerinnen, wenn sie allein waren, nicht gerade viel Selbstbewusstsein hatten, aber er spürte doch auch hier etwas Besonderes. Sie schien etwas unsicherer als andere fünfzehnjährige Mädchen zu sein – und zugleich viel anmutiger. Unsicherheit besitzt oft eine große Anmut, aber bei ihr war dies beides wirklich *eins*. Nun, dies alles war das Erleben weniger Augenblicke, und sofort hatte er den ganz klaren Impuls, ihr ihre Unsicherheit so weit wie irgend möglich zu nehmen, indem er eine große Ruhe ausstrahlte und ihr voller Interesse zuhören würde.

Er fragte mit einem freundlichen Blick:
„Und du schreibst also gerne?"
„Ja."
„Und was alles? Kurzgeschichten...?"
„Ja. Und Aufsätze in der Schule. Aber auch Gedichte..."
Sie schrieb Gedichte!
„Oh, das ist schön. Gedichte..."

„Ja, aber nicht zum Veröffentlichen... Die schreibe ich nur für mich."

Ihr unsicherer Blick. Er spürte, dass diese Auskunft ihm schon sehr viel Vertrauen entgegenbrachte, und dass er dieses Thema ruhen lassen sollte.

Er besprach dann mit ihr, dass sie gerne für jede Schulzeitung einen oder zwei Beiträge schreiben könne, wenn sie wolle – sie wären jederzeit sehr willkommen. Sie sagte das zu. Dann fragte er sie, ob sie auch noch andere Ideen hätte, wie die Schulzeitung mehr eine Zeitung auch für Schüler werden könnte – so dass die ganze Schulgemeinschaft einbezogen wäre. Sie erzählte, dass es an ihrer bisherigen Schule einige Seiten für Schüler gegeben hatte. Mit Freude erinnerte sie sich noch an Rätsel oder Rezepte, die sie in den ersten Klassen interessiert hatten. Sie schlug vor, dass es Buchbesprechungen geben könnte, aber auch von CDs, Hinweise auf Konzerte und Theaterveranstaltungen. In einer Großstadt sei ja viel los...

All das immer mit dieser Unsicherheit gesprochen – und zugleich mit einem so unendlich guten Willen. So kam es ihm vor: Dieses Mädchen erschien ihm wie eine Art Engel, so verletzlich und zugleich so voller gutem Willen...

Als sie all diese Dinge besprochen hatten, trat der Moment ein, wo deutlich wurde, dass das Gespräch enden musste. Sie sah ihn auch jetzt wieder mit dieser zarten Unsicherheit an – er erwiderte ihren Blick freundlich und sagte: „Also gut, ich freue mich auf deine Beiträge für die nächsten Ausgaben!" Er stand auf, und sie erhob sich ebenfalls. Mit einem Lächeln gab sie ihm die Hand und sagte: „Ja, also ... dann auf Wiedersehen." – „Auf Wiedersehen."

Sie ging hinaus, und er blieb zurück...

Er konnte sich nicht mehr konzentrieren. Zum Glück hatte er nur noch eine Stunde Unterricht, dann fuhr er nach Hause. Zuhause musste er immer wieder an dieses Gespräch denken, an *sie* denken. Dieses Gespräch hatte ihn so erschüttert, wie er es nie für möglich gehalten hätte. Diese Unsicherheit! Er selbst hatte ihr mit äußerster Ruhe und großem Interesse versucht, die Unsicherheit zu nehmen, aber es war nicht gelungen. Und an dieser Unsicherheit hatte er in jeder Sekunde ihrer Begegnung das Geheimnis der menschlichen Begegnung überhaupt erlebt – dies war das eigentlich Erschütternde.

Warum war man unsicher? Weil man irgendeine Angst hatte; weil man nicht wusste, was passieren würde; weil man nicht lächerlich wirken wollte, etwas Blödes sagen oder was auch immer. Dieses Mädchen war eigentlich die Anmut selbst, sie würde sich wegen *nichts* schämen müssen, und doch war sie unsicher gewesen, war die wirkliche Begegnung nicht gelungen... Sie hatte ihm so leid getan, in ihrer Unsicherheit, und trotzdem hatte sie diesen unendlich guten Willen gehabt. Aber eine eigentliche Begegnung war kaum gelungen.

Und doch war ihre Begegnung eine Art Urbild für menschliche Begegnung überhaupt! Überall hatten die Menschen Angst, überall scheiterten Begegnungen, die äußerlich zwar stattzufinden schienen, in Wirklichkeit aber gar nicht stattfanden. Musste man nicht gerade die Unsicherheit eines solchen Mädchens haben, wenn man dem anderen wirklich begegnen wollte? Als Erwachsener? Gerade weil die Erwachsenen ihre Unsicherheit in gewisser Hinsicht verloren hatten oder unterdrückten, konnten sie dem Anderen nicht begegnen! Kinder konnten es wegen ihrer Unsicherheit nicht, Erwachsene, weil sie ihre Unsicherheit unterdrückten...

Er wollte ihr so gern sagen, dass ihre Unsicherheit ihm sehr leid getan hatte und wie sehr er ihre Begegnung zugleich wie eine Art Urbild erlebt hatte. Sie sollte sich nicht blöd vorkommen und auch nicht denken, es sei irgendeine Begegnung gewesen. Für ihn war es eine außergewöhnliche Begegnung gewesen. Und er wollte ihr wünschen, dass sie ihre Offenheit bewahren würde.

Und so schrieb er ihr eine längere E-Mail, in der er auch seine Gedanken zu den nicht gelingenden Begegnungen unter Erwachsenen in Worte fasste. In diesem Alter begannen in den jungen Menschen wunderbare Ideale aufzuleben. Er fühlte, wie dieses Mädchen in seiner Empfindsamkeit das Ideal der menschlichen Begegnung ganz besonders wahrmachen könnte, wenn sie die Stärke hätte, auch Enttäuschungen hinzunehmen, ohne ihr eigenes Wesen zu verleugnen.

Und dann? Dann war sie ihm auch in den nächsten Tagen nicht aus dem Kopf gegangen. Dafür hatte sich der Inhalt seiner E-Mail in seiner Wahrnehmung verwandelt. Je öfter er sie in den nächsten Tagen durchlas, desto mehr wurde ihm klar, dass sie sie wahrscheinlich überhaupt nicht verstehen würde, ja höchstens *missverstehen* würde! Und schließlich schrieb er ihr nach fünf Tagen noch eine viel kürzere E-Mail, in der er noch einmal auszudrücken versuchte, was er hatte sagen wollen: Dass es ihm leid tat, wenn es ihr im Gespräch vielleicht nicht ganz so gut ging, weil sie ein wenig unsicher gewesen war. Und dass auch Erwachsene untereinander sicher viel unsicherer wären, wenn sie sich immer wieder wirklich auf eine Begegnung einlassen würden. Und dass er gerade dadurch in ihrem Gespräch in gewisser Weise das Ideal von Begegnung erlebt hatte.

Er bekam darauf keine Antwort. Natürlich nicht. Er schämte sich, dass er ihr überhaupt geschrieben hatte. Er hatte ihr zeigen wollen, dass die Begegnung für ihn nicht einfach gewöhnlich gewesen war, und er hatte vermutlich alles nur noch schlimmer gemacht.

Das war also die ganze Geschichte. Auch diesmal, wo er sich wieder an alles erinnert hatte, wurde die Scham größer. Sie wurde jedes Mal größer. Und er wusste jetzt, warum. Die Amfortas-Wunde.

Was war die Wunde? Er mischte in das, was er tat, etwas allzu Persönliches hinein. Seinen Egoismus. Er empfand sogenannte reinste Absichten – aber es war doch absolut persönlich. Hatte er Juliane etwa um ihrer selbst willen kennenlernen wollen? Ja, ‚um ihrer selbst willen', weil sie ein so wunderschönes Wesen war! Wie selbstlos!

Er war noch immer sicher, dass es ihm absolut nicht in erster Linie um äußere Reize ging. Vielen anderen Lehrern ging das anders. Gerade erst letztes Jahr hatte ein Lehrer entlassen werden müssen, weil Schülerinnen sich über seine Blicke beklagt hatten. Und er hatte sehr genau gewusst, dass die Schülerinnen Recht hatten.

Er würde nie so blicken. Ein solcher Blick war eine Sünde angesichts der Schönheit, der er galt. *Sein* Blick dagegen verehrte die Schönheit, und er tat es nie offensichtlich, immer nur, wenn in reinen Augenblicken ein solcher Blick möglich war, ohne das entsprechende Mädchen in Verlegenheit zu bringen. Auch in diesen verborgenen Blicken war nie *Begierde.* Es war Bewunderung. Eine leise Sehnsucht, fast unpersönlich. Bewunderung eben. So, wie man auch einen Sonnenuntergang bewundert, nur dass bei einem schönen – nie nur *äußerlich* schönen – Mädchen natürlich noch mehr mitspielte, ob man wollte oder nicht...

Und da lag eben die Amfortas-Wunde. Die Bewunderung eines Sonnenuntergangs konnte ganz rein sein, ganz unpersönlich. Die Bewunderung eines Mädchens konnte es nicht. Es war immer *Erotik* dabei. Absolut nicht die grob-sinnliche Erotik, die einem heute von den Werbeflächen entgegenschlug. Es war eine ganz, ganz leise, zarte Sehnsucht, und dennoch musste man es Erotik nennen, denn er empfand diese Wirkung – wie rein sie auch sein mochte – nur bei Mädchen, die er *schön* fand.

Und gerade weil ihm diese Sehnsucht so rein vorkam, so eigentlich vollkommen frei von jeder Begierde, konnte er an ihr die Amfortas-Wunde erkennen. Natürlich hatte auch Amfortas selbst alle grob-sinnlichen Versuchungen überwunden – aber dennoch nicht die eigentliche Sünde, die des Egoismus, des Persönlichen.

Wenn er wirklich *rein* empfinden wollte, dann musste er die Schönheit eines Mädchens so rein empfinden können wie einen Sonnenuntergang. Das konnte er nicht...

Und deswegen stieg nun diese Scham auf, ja diese Abscheu über sich selbst. Denn war ihm ein solches Mädchen nicht selbst der Inbegriff von Reinheit? Von Unschuld, anmutiger Unschuld, unschuldiger Anmut? Ja, ein solches Mädchen, eine solche reine Seele war für ihn der Inbegriff von Reinheit, wiederum ein Urbild. Wenn er jetzt erkennen musste, dass er das, was er so verehrte, mit seiner persönlichen Sehnsucht unrein machte, war das zum Verzweifeln. Natürlich sehnte man sich nach etwas so Wunderschönem. *Natürlich.* Es war natürlich – aber es war nicht heilig.

Die sinnliche Begierde war rein körperlich, seine Sehnsucht war zart seelisch, aber natürlich nicht frei von aller körperlichen

Anziehung. Und selbst wenn sie *nur* seelisch gewesen wäre, wäre die Sehnsucht immer noch persönlich gewesen. Warum musste ein solch wunderbares Mädchen seine Sehnsucht ertragen? Sie sollte sie nicht ertragen müssen! Er musste all dies Persönliche, Egoistische loswerden! Die Amfortas-Wunde. Wenn er die Schönheit wirklich bewunderte, wenn sie ihm wirklich ein Urbild des Schönen, Reinen war, dann musste er auch seine Sehnsucht *so* rein machen, dass sie diesem Wunder entsprach. Die Sehnsucht musste völlig verschwinden – sie musste einer wirklich reinen, ganz und gar geläuterten Bewunderung weichen, wie man sie einem Sonnenuntergang entgegenbringen konnte. Er würde nichts für sich erstreben dürfen. Nicht einmal einen Blick aus diesen schönen Augen...

Diesen bekam er sogar, als er Juliane nach einer knappen Woche auf der Treppe begegnete. Sie grüßte ihn freundlich... Er war geistesgegenwärtig genug, zurückzugrüßen und nicht in Scham im Boden zu versinken. Und er bemerkte, dass sie auch diesmal wieder unsicher gewesen war. Er bemerkte sogar, dass ihre Unsicherheit diesmal einen leise anderen Charakter hatte. Weil er selbst so empfindsam war, spürte er, dass seine zwei E-Mails sie verunsichert haben *mussten*. Nicht sehr, aber doch. Und er wusste, dass er es nicht noch weiter erklären konnte. Er musste damit leben und die Folgen seiner Tat aushalten... Nun, er war glücklich, dass sie dennoch freundlich gegrüßt hatte. Vielleicht hatte er nicht alles zerstört.

In den nächsten Tagen meditierte er viel. Er versuchte, seiner eigenen Sehnsucht immer wieder nachzuspüren; versuchte, den Egoismus, das Persönliche, immer deutlicher zu fassen zu kriegen – und er *bekam* es immer deutlicher zu fassen.
Es war wirklich grauenvoll. Man wollte es loswerden – aber man war es selbst. Man war ganz damit verwachsen. Wenn man sich nach der Schönheit eines Mädchens sehnte, und sei es nur, um sie bewundern zu können, dann *war* das nun einmal die eigene Sehnsucht! Wie sollte man das plötzlich loswerden? Plötzlich schon gar nicht – aber wie überhaupt?

Er wusste, dass es möglich sein musste, er wusste im Grunde auch wie – und doch war es nahezu unmöglich. Es war der Weg der Selbstlosigkeit. *Dieser* war nahezu unmöglich und musste doch gegangen werden. Weil er so unmöglich war, ging ihn eigentlich *niemand*. Und doch war es vollkommen klar, dass er gegangen werden musste, denn man *musste* sich vom Egoismus befreien, wenn man die Reinheit suchte. Man durfte nicht länger die letzten Spuren des Egoismus übersehen wollen, man musste sie ins Auge fassen und an ihnen leiden. Sonst würde man die wunderbare Sehnsucht nie loswerden... Diese war so wunderbar, weil man sich einredete, sie sei schon völlig rein.

Kaum ein Mensch war überhaupt so weit, dass er die grobere Begierde überwunden hatte. Aber wenn diese überwunden war, begann die eigentliche Aufgabe erst. Denn dann erst konnte die eigentliche Amfortas-Wunde in den Blick kommen. Vorher war man ohnehin völlig blind, lebte seinen Egoismus einfach aus. Er wollte nie so grob-sinnlich leben, hatte immer die Reinheit gesucht. Und deshalb durfte er den Weg jetzt nicht abbrechen und mit einer Lebenslüge leben. Die Reinheit hatte er noch nicht *wirklich* gefunden. Er lebte mit seiner Reinheit noch immer in der Amfortas-Sünde. Er hatte sich sozusagen so weit entwickelt, entwickeln dürfen, dass er diese Wunde *sehen* durfte. Nun hatte er die Möglichkeit, sie zu überwinden. Wenn er das wollte. Ja, er wollte, er musste, denn *mit* dieser Wunde ließ sich nicht mehr leben. Er würde sie nur immer deutlicher sehen. Das, was er bisher als rein empfunden hatte, würde sich immer mehr beflecken – beflecken mit seiner Sünde.

Wenn er die Schönheit und Reinheit eines anmutigen Mädchens wirklich ehrte, musste er aufhören, seine Sehnsucht an all dies zu knüpfen. Er durfte sie bewundern, aber nur so wie einen Sonnenuntergang. Die Sehnsucht musste völlig weichen, absterben...

Wie schwer dieser Weg war, bemerkte er, als sein Kollege plötzlich kündigte, weil seine Frau eine Arbeitsstelle in England bekommen hatte, die die beiden unmöglich ausschlagen konnten. Er hatte in Physik nun also auch die neunte Klasse zu unterrichten, in der Juliane war.

Wenn er schon geglaubt hatte, die Begegnungen im Treppenhaus seien eine Prüfung, so erlebte er jetzt, was *wirkliche* Prüfungen waren. Wie konnte man nur eine solche Schönheit, eine solche Anmut haben! Hatte er niemals solche Mädchen in der Klasse gehabt? Oh, er hatte schöne Mädchen in seinen Klassen gehabt, die immer schon eine Herausforderung für sein inneres Seelengleichgewicht gewesen waren – aber niemals ein solches Mädchen...

Jedesmal glaubte er am Ende der Stunde, die ganze Klasse müsse wissen, was mit ihm los sei, aber offenbar hatte er sich doch viel stärker unter Kontrolle, als wie es sich von innen anfühlte. Selbst Juliane verhielt sich ihm gegenüber vorsichtig, aber nicht distanziert oder sonstwie auffällig. Und als die nächste Schulzeitung erschien, konnte er sie sogar um einen Text bitten. Sie schrieb eine berührende Buchbesprechung zu einem Buch über Massentierhaltung. Und noch immer meinte er zu spüren, dass sie sich eigentlich freue, etwas zur Schulzeitung beitragen zu dürfen. Auch hatte er es geschafft, dass einige Schüler Beiträge beisteuerten, die ganz im Sinne von Julianes Vorschlägen lagen.

Als die Schulzeitung erschien, war es ihm, als ob er in der darauffolgenden Physikstunde einen Blick von ihr auffing, der ein leises Erstaunen zeigte, dass er ihre Ideen so ernst genommen hatte...

Und dennoch war jede Begegnung mit ihr eine schwere Prüfung. Die kurze Frage nach einem Beitrag für die Schulzeitung war noch am leichtesten gewesen. Der normale Physikunterricht war alles andere als normal oder leicht! Er konnte nicht über sie hinwegsehen, aber jedes Mal, wenn er sie bei einer Frage dran nahm – was ab und zu einfach geschehen musste –, war es ihm, als würde in seiner Wahrnehmung die ganze Welt nur noch aus der Begegnung mit ihr bestehen. Er musste geradezu beten, dass weder sie noch die Klasse seinen Zustand in diesen Augenblicken bemerken würde.

Dieser Zustand trat nicht etwa ein, weil er ihrem Wesen verfallen wäre, sondern weil er sich davon *befreien* wollte. Aber es gelang nicht. Wochenlang gelang es nicht. Er war einem solchen Mädchen noch nie begegnet. Die meisten Mädchen, die annähernd so schön waren wie sie, waren es innerlich doch nicht. Entweder sie waren zu faul oder zu eitel oder zu provokant oder was auch immer – und all dies machte es leicht, ihnen genau die gleiche Beachtung wie allen anderen Schülerinnen und Schülern zu schenken. Juliane aber war wie eine unübersehbare *Sonne* in der Klasse – und zwar gerade dadurch, dass sie das gar nicht sein wollte! Je weniger sie es sein wollte, desto mehr wurde sie es, zumindest in seinen Augen. In den Augen der Mitschüler war sie wahrscheinlich recht normal. Er aber konnte sich ihrer reinen Ausstrahlung, ihrer Anmut und Anmutung nicht entziehen...

Und dann kam dennoch der Umschwung, an den er schon kaum noch geglaubt hatte.

Er hatte nun schon seit Wochen, ja Monaten meditiert. Der Entschluss, sich von der Amfortas-Wunde zu befreien, lag längst klar vor ihm, ja sogar hinter ihm. Der Entschluss lag vor ihm, hinter ihm, überall. Und tatsächlich gewann er immer mehr das Erlebnis, dass er sozusagen inmitten des Entschlusses lebte. Er lebte in seiner Verwirklichung.

Er spürte, wie nicht mehr er den Entschluss fasste – das hatte er schon längst getan –, sondern wie der Entschluss *ihn* erfasste. Es war, wie wenn seinem Entschluss nun die Kraft der Verwirklichung *entgegenkam.* Es war, wie wenn die Sehnsucht nach Julianes Wesen dadurch weichen konnte, dass etwas anderes in ihn einzog! Und er spürte immer deutlicher: Selbstlosigkeit war nicht ein Mangel von etwas, nicht einfach ein Fehlen des Egoismus, nein – es war eine ganz reale Wirklichkeit, ja, sogar wirklicher als der Egoismus!

Und hier bekam er zum ersten Mal ein *wirkliches*, ein real *erlebtes* Verständnis für das Geheimnis des Christentums. Das Christuswesen, das er durch die Schriften Rudolf Steiners schon so innig verstehen gelernt hatte, das begann er nun zu *erleben*, in seiner Kraft zu erleben. Das alles waren natürlich bezweifelbare Eindrücke, nicht wissenschaftlich nachweisbar, und dennoch so unbezweifelbar wie nur irgendetwas. Wenn er mit anderen Menschen darüber reden würde, würden sie ihm nur ,glauben' können; wenn man es nicht *selbst* erlebte, würde man fast nicht einmal wissen können, wovon die Rede war!

Der Weg war auch *mit* diesem Wunder noch ungeheuer schwer. Und noch immer wusste er trotz seiner neuen, aber sehr leisen Erlebnisse lange Zeit überhaupt nicht, was ein Erfolg auf diesem Weg war und was nicht. Wenn er Juliane sah, war er auch weiterhin immer wieder erschüttert von dem, was sie ausstrahlte. Nach wenigen Wochen war er darüber von neuem so verzweifelt, dass er sich fragte, ob er überhaupt jemals auch nur den kleinsten Schritt vorwärts schaffen würde. Bis ihm eines Tages zum zweiten Mal bewusst wurde, dass sich etwas Entscheidendes geändert hatte: Seine *Sehnsucht* war doch wirklich kleiner geworden!

Er hatte dies die ganze Zeit wieder *übersehen*, weil seine Erschütterung nicht kleiner geworden war. Sie war in gewisser Hinsicht sogar größer geworden, und nun sah er plötzlich, was wirklich geschah. Gerade weil er ihr Wesen immer weniger mit persönlichen Augen sah, konnte es ihn *noch* tiefer erschüttern, denn die sich entwickelnde wirkliche Reinheit seines Blickes wurde *noch* empfindsamer...

Und schließlich stellte er erschüttert fest, dass ihr Anblick ihn tief erschütterte, dass er aber nicht die Sehnsucht empfand, sie möchte ihn auch einmal anblicken. Sie *tat* das im Unterricht oft genug, aber es bedeutete ihm nichts Persönliches mehr. Es bedeutete ihm viel, er war sehr dankbar dafür, aber er knüpfte keine persönliche Sehnsucht mehr daran. Er nahm alles mit tiefer Dankbarkeit hin, aber er würde es ohne persönliches Leid ebenso hinnehmen, wenn das, was geschah, einmal nicht mehr geschehen würde.

Obwohl ihr Anblick ihn erschütterte – und sie schien mit jeder Woche auch äußerlich nur noch schöner zu werden –, konnte er diesem Anblick zugleich mit innerer und vor allem äußerer Ruhe begegnen. Er brauchte nicht mehr in jeder Stunde Angst vor der befürchteten Katastrophe zu haben. Er hatte sich selbst überwunden...

Dankbarkeit. Tiefe Dankbarkeit gerade für dieses Wunder, das war es, was er empfand. Und auf einmal, in einer Mittagspause, verstand er, warum Christus auch der *Heiler* genannt wurde. Die Kraft des Christus heilte wirklich *alles*. Es war ihm, als breche ein neues Leben für ihn an. Die Welt um sich herum wahrnehmen und ihr begegnen, ohne für sich persönlich etwas zu ersehnen! Es war wirklich wie eine neue Geburt. Wie konnte man *dankbar* dafür sein, dass man nichts mehr ersehnte? Das war nur möglich, weil man zuvor gefühlt hatte, wie tief die Sünde, die Wunde reichte, die diese Sehnsucht bedeutete... Die Amfortas-Wunde reichte tief ins Menschenwesen hinein, sie verletzte und verdarb das Menschenwesen. Aber der Heiland hatte diese Wunde in ihm geheilt... Er war mit Sicherheit noch kein Heiliger, kein vollkommener Mensch. Er würde auf dem Weg der Heilung immer weiter gehen, würde noch andere Wunden finden und sich mit aller Kraft bemühen, auch diese zu heilen. Er würde von Grund auf ein neuer Mensch werden, immer wieder, jeden Tag...

Drei Wochen nach Beginn des neuen Schuljahres hatte er in der zehnten Klasse eine Physikstunde beendet. Als die Klasse hinausgegangen war, bemerkte er, wie Juliane noch zurückgeblieben war. Nun kam sie zögernd auf ihn zu. Unsicher wie bei ihrer ersten Begegnung, doch andererseits mit einem ganz anderen Mut als noch vor einem Jahr. Sofort sah er ihre Reife. Kaum ein Mensch würde das so einfach sehen, er *sah* es trotzdem. Dieses Mädchen hatte eine innere Reife, die viele andere auch in der zwölften Klasse noch nicht haben würden.
Sie sah ihn noch einen kurzen Augenblick zögernd an – er erwiderte ihren Blick ruhig und leise fragend. Dann sagte sie:
„Ich ... ich habe das Gefühl, ich kann keinem Lehrer so begegnen wie Ihnen...“
Er wusste, dass sie weitersprechen wollte. Dennoch fühlte er, als sie diesen ersten Satz ausgesprochen hatte, bereits eine ganze Welt in sich. Hätte er nicht das letzte Jahr mit all diesen inneren Kämpfen und Siegen durchlebt, so wäre seine frühere Sehnsucht nun wieder heller als je zuvor aufgeflammt. Sie tat es aber nicht. Und zugleich wusste er: Hätte er das letzte Jahr nicht durchlebt, stände dieses Mädchen jetzt nicht vor ihm. Sie musste *erlebt* haben, was er durchgemacht hatte. Sie musste es die ganze Zeit erlebt haben – zumindest unbewusst...
Er sah sie noch immer fragend an. Ruhig. Gütig.

Etwas unsicher fuhr sie fort:

„Ja, ich ... habe gemerkt, dass etwas ... zwischen uns stand. Und doch ... ist kein Lehrer so wie Sie."

Und wieder wusste er unmittelbar, wie sie es meinte: Andere Lehrer führten diesen inneren Kampf nicht. Und selbst wenn sie ihre Gefühle unter Kontrolle hatten oder vielleicht gar nichts fühlten, so *strebten* sie auch nicht...

Er nickte leise und sah sie noch immer ruhig an.

„Und deshalb wollte ich ihnen etwas ... schenken."

Sie überreichte ihm einige Blätter in der Mitte zusammengefaltetes Papier.

Er sah sie an, berührt, und fragte: „Soll ich ... es jetzt...?"

„Nein, ruhig später. Wenn Sie zuhause sind..."

Ihre Blicke begegneten sich in einem Moment, der diesmal *wirklich* ein Urbild menschlicher Begegnung war...

Dann sagte sie leise: „Dann ... bis Montag..." und drehte sich, während er ihren Gruß erwiderte, mit ihrer bescheidenen Anmut um und verließ den Raum.

Behutsam verstaute er die Blätter in seiner Tasche.

Als er sie zuhause herausnahm, sah er, was sie ihm gegeben hatte:

Es waren Gedichte von ihr.

*

In dieser Geschichte ist also letztlich das scheinbar Unmögliche geschehen – eine echte Wandlung.

Wir dürfen nicht glauben, dass wir, wenn wir diese Sehnsucht oder diese tiefe Anziehung eines Mädchens auf die eigene Seele nicht kennen, so weit wären wie dieser Mann am Ende der Geschichte. Nichts wäre weniger wahr. Der Mann in dieser Geschichte hatte von Anfang an tiefste Empfindungen – und diese Empfindungen, die wir ohne ein solches Erleben nicht einmal kennen, waren am Ende vollkommen rein. Dieser Mann hat das Persönliche ganz überwunden – und wir als gewöhnliche Menschen stecken, egal, ob wir einem Mädchen gegenüber etwas empfinden oder nicht, ganz darinnen...

Diese Geschichte passt eigentlich in kein einzelnes Kapitel, sie übergreift im Grunde viele, viele Kapitel. Dennoch steht sie hier, weil sie mit der unbeschreibbaren Anziehung durch ein Mädchen beginnt ... aber auch endet. Nur ist am Ende diese Anziehung vollkommen verwandelt in etwas, was alles persönliche Begehren oder Sehnen überwunden hat. Es ist reine Erschütterung geworden – Erschütterung durch die einzigartige Schönheit dieses Mädchens und seines Wesens. Wir können einen solchen Zustand oder seine bloße Existenz allenfalls *erahnen*. Wir können ihn gar nicht kennen, wenn wir nicht auch die tiefe Anziehung kennen...

In diesem Buch wird der Versuch, dieses Erleben der Anziehung überhaupt erst einmal zu *finden*, als ein notwendiger Schritt betrachtet, um dem Wesen des Mädchens auch nur näherzukommen.

Es ist verständlich, dass dieser Mann, der dieses Erleben in aller Tiefe hat, dieses – weil es vom Mädchen nicht erwidert wird – als Amfortas-Wunde betrachten muss. Er leidet darunter zutiefst – auch darunter, was er dem Mädchen anzutun meint, obwohl er wie kein anderer seine Seele zügelt und unter Kontrolle zu halten versucht. Allein schon, tiefe Zuneigung zu dem Mädchen zu empfinden, betrachtet er als Sünde, als Grenzüberschreitung, ein Dem-Mädchen-zu-nahe-Treten. Zugleich aber ringt er am allertiefsten um die Frage, was menschliche Begegnung *überhaupt* ist. An ihr, an dem Mädchen, hat er dies erlebt: Da, wo die Unsicherheit lebt, das Zögernde, das Zarte, bis in die *Begegnung* hinein – da würde die Begegnung erst wahrhaft menschlich werden. Dieser Mann rührt damit an ein tiefstes Geheimnis. Und das Mädchen hat es ihm geschenkt. Auch wenn seine Unsicherheit gerade dazu führte, dass die Begegnung *nicht* in der Tiefe stattfand. An ein Zukunftsmysterium hat sie damit dennoch gerührt...

Man spürt also, dass das ganze Ringen dieses Mannes ihn immer weiter führt, in immer größere Tiefen hinein. Und gerade dieser Kampf mit der nicht zu beschreibenden Anziehung, die er empfindet, führt dazu, dass er sich mehr erringt als jeder andere Erwachsene um ihn herum. Und *dies* spürt das Mädchen sehr genau. Denn auch sie ist ja zutiefst empfindsam. Deswegen ist es am Ende er, dieser Lehrer und kein anderer, dem sie am allermeisten vertraut – und dem sie sogar ihre Gedichte gibt, die ihr Innerstes ausdrücken...

Wir selbst wollen also das Erleben dieses Lehrers, das er am Anfang der Geschichte hat, keineswegs als Amfortas-Wunde betrachten, die so schnell wie möglich ‚beseitigt' werden müsste – sondern für uns ist es eine Stufe, dem Mädchen, dem Wesen des Mädchens, überhaupt erst einmal *nahe* zu kommen. Dieser Lehrer, der die Anziehung so unendlich stark fühlte, dass er mit jedem einzelnen Gefühl glaubte, dem Mädchen zu nahe zu treten, steht auf einer völlig anderen Stufe als wir, die dem Mädchen und seinem Wesen überhaupt erst einmal nahe *kommen* müssen.

Und da wir diesen Weg nach wie vor nur innerlich gehen, brauchen wir auch nicht zu befürchten, einem äußerlich existierenden Mädchen zu nahe zu treten. Den vorgestellten Mädchen aber *wollen* wir nahetreten. Wir wollen das Mysterium kennenlernen – auch dasjenige der *Anziehung*.

*

Gerade hier liegt ein Punkt, den das schnelle bürgerliche Urteil immer übersieht, wenn es behauptet, Zuneigung zu einem Mädchen würde eine Unfähigkeit zu erwachsenen Beziehungen bedeuten.

Die Anziehung einer Frau, einer erwachsenen Frau, wenn sie auch auf der leiblichen Ebene liegt, ist viel ‚grober', hat sehr schnell mit der leiblichen Ebene zu tun, die dann eben bei erwachsenen Menschen auch ganz berechtigt im Bett landen kann. Wenn diese körperliche Anziehung da ist, ist sie eben da. Sie heißt dann auch ‚Attraktivität' (was nichts anderes bedeutet) – aber sie liegt dann eben auch ganz auf leiblicher Ebene. Auch die Frau ist als erwachsenes Wesen sich dieser Wirkungen ganz bewusst.

Die Anziehung, die ein Mädchenleib und eine Mädchengestalt hat, die Gestalt eines einzelnen, ganz bestimmten Mädchens, ist eine völlig andere. Und dies kann man nur begreifen, wenn man sich auf dieses Erleben *einlässt*. Das Mädchen ist ja noch ganz unschuldig – selbst wenn es schon ‚aufgeklärt' ist –, und auch sein zarter *Leib* ist noch ganz unschuldig. Die Wirkung dieser Leiblichkeit ist noch viel *ätherischer*, viel reiner als die der erwachsenen Frau. Die Anziehung, die das Mädchen ausübt, ist ganz und gar unschuldig. Eine Lolita könnte das verändern, aber darum geht es hier nicht. Es geht um die allertiefste Wirkung, die die unschuldige, völlig ungewollte Anziehung ausübt. Und diese ist bei einem Mädchen so groß wie niemals wieder...

Diejenige Seele des Mannes, die sich davon berühren lässt, sucht nicht etwa Sex mit Mädchen, mit Minderjährigen – nein, sie lässt sich tatsächlich von etwas berühren, was ein Mysterium ist. Es ist das Geheimnis des zarten Jugendlichen an sich – das Geheimnis der *Zartheit* im Leiblichen. Dies ist ein sehr, sehr wesentlicher Schritt für die Entwicklung der Seele.

Das Geheimnis des Mädchens ist ... *Zartheit*, bis in den Leib hinein.

In meinem Buch ‚Von den Mädchen' habe ich beschrieben, wie dies mit dem Blühenden, mit dem *Aufblühenden* zu tun hat. All dies *muss* man immer tiefer empfinden können, wenn man überhaupt eine innere Entwicklung durchmachen will. In gewisser Weise *muss* man also dieses Geheimnis der tiefen

Anziehung erleben lernen, weil sonst die Seele einfach dumpf und gefühllos bleibt, was auch immer man sich einbildet. Das heißt noch immer nicht, dass man ein einziges Mädchen ansprechen muss oder auch nur sollte – es heißt aber, dass man lernen sollte, sich von dem Wunder bestimmter Mädchen tief und immer tiefer berühren zu lassen. Anziehung ist eine Schule des Sich-berühren-Lassens.

Man kann zu diesem tiefen Erleben finden, wenn man lernt, das, was das eigentliche Wunder ist, auch immer tiefer zu *bewundern*.

Diese Kraft der Bewunderung, des Bewunderns, ist der ‚modernen' Seele fast restlos verlorengegangen. Allenfalls kennt man noch den schwachen Neid und die flache Bewunderung von Stars, deren Leben man sich sehr beneidenswert vorstellt. Aber echte Bewunderung? Wo kennt die Seele diese Empfindung heute noch?

Wenn ein bestimmtes Mädchen in seiner ganzen leiblichen und seelischen Schönheit auf die Seele eines Mannes eine unaussprechliche Anziehung ausübt, dann bewundert der Mann dieses Mädchen – er verehrt ihre Schönheit, ihre Zartheit, und in zartester Weise begehrt er dieses unsagbar schöne Geschöpf...

Was die Seele empfindet, ist nicht ohne Begehren – und doch darf man sich keine falsche Vorstellung von dieser Empfindung machen. Das Begehren ist eines jener Worte, die Welten unterschiedlicher Empfindungen in sich fassen können – und doch hat man immer nur dasselbe Wort. Wenn man zwei Worte haben wollte, müsste man im Falle des grob leiblichen Begehrens von ‚Lust' sprechen – und im Falle dieses zugleich sehr seelischen Begehrens von Sehnsucht. Es ist wirklich eine tiefe, eine tiefste Sehnsucht nach diesem einen Mädchen...

Aber auch diese Empfindungen kennt die moderne Seele gar nicht mehr. Weder die Bewunderung noch die Verehrung noch diese tiefe Sehnsucht, die nichts anderes ist als zarte, aufrichtige, sehnende Verehrung...

In der ganzen Diskussion um ‚Liebe zu Minderjährigen' wird fast immer nur die allzu körperliche und eben auch die Missbrauchsebene betont. Dass in dieser Liebe zu bestimmten Mädchen unendlich viel *mehr* lebt, wird in unserer Zeit fast überhaupt nicht mehr gesehen.

Wir haben gesehen, dass diejenige männliche Seele, die ein bestimmtes Mädchen zart verehrt, *niemals* einen Missbrauch begehen würde. Und doch liegt die Überschneidung mit jenen völlig anders gelagerten Fällen da, wo natürlich trotzdem eine tiefe Sehnsucht nach *Begegnung* da ist.

Hier genau liegt dann die entscheidende Frage. Sie lautet: Ist Begegnung zwischen einem Mann und einem Mädchen *überhaupt* gestattet? Und wer entscheidet dies? Die zweite Frage ist natürlich: Ist der Mann in seiner inneren Entwicklung so weit, dass er die Freiheit des Mädchens in jedem Moment tief achten kann – und dass er vollkommen von der Begegnung absehen kann, wenn das Mädchen sie nicht will? Das sind Fragen, die niemals abstrakt am grünen Tisch zu beantworten sind.

Wenn man diese Frage fortwährend *nur* von der Missbrauchsseite anschaut, wird man nie empfinden können, dass es auch unzählige Fälle geben könnte, wo die Begegnung zwischen einem Mann und einem Mädchen *auch* dem Mädchen sehr viel schenken könnte. Es gibt einen unschuldigen, einen zutiefst vorsichtigen Eros, in dem die beidseitige Freiheit vollkommen leben kann. Und es gibt Begegnungen, die vom Schicksal *gewollt* sind (wenn es nicht überhaupt alle sind und die Frage nur ist, wie man sich dann verhält).

Eine solche tiefe Schicksalsbegegnung habe ich eben in ‚Mädchenliebe' zu beschreiben versucht. Deswegen hat dieser Roman auch eine Fortsetzung...

Es ist also durch und durch verlogen, jeden Mann, der sich von einem Mädchen angezogen fühlt, als potentiellen Triebtäter oder Missbrauchs-Täter zu verdächtigen. Es ist genauso falsch, wie jeden Muslim als Terroristen zu verdächtigen – oder jeden Christen als Kreuzfahrer oder Hexenjäger. Gerade hier liegt das Dunkelste und das Heiligste am allernächsten nebeneinander: in den Empfindungen, die ein Mädchen in einem Mann auslösen kann...

Die Liebe zu jungen Mädchen heißt ‚Parthenophilie'. Philia ist die Liebe – so, wie Philosophie die Liebe zur Weisheit ist. Es ist ein wunderschönes Wort, das selbst im Evangelium neben *agape* für die Liebe steht. Das Wort *parthenos* wiederum heißt Jungfrau – es steht ebenfalls im Evangelium zum Beispiel für Maria... Auch in der Natur bedeutet die Parthenogenese die ungeschlechtliche Fortpflanzung. Es steht also für etwas sehr Reines.

Im Gegensatz zur geschlechtlichen Liebe zwischen Frau und Mann besteht die Parthenophilie, die Mädchen-Liebe, ihrem Wesen nach zunächst in der Liebe zur Reinheit gerade und nur der Mädchen – zur Jungfrau, zu dem Mädchen, das in Wirklichkeit noch nicht Frau ist. Es ist die Liebe zu einer zarten, noch ganz ätherischen Leiblichkeit und zu einer zarten, noch ganz reinen Seele.

Die Liebe zum Mädchen ist die Ur-Liebe des Mannes.

In ihr wird das Begehren selbst zu einer fast ätherischen Sehnsucht, zu einem sehr reinen und tiefen Berührtwerden von dem ganzen Wesen des Mädchens – und gerade dieses einen Mädchens.

*D*er Ritter und die Königstochter

Es war einmal ein Ritter, der seinem König voller Treue schon zweimal sieben Jahre gedient hatte. Er hatte als Knappe begonnen und stand nun in seinem achtundzwanzigsten Jahr. Drei Jahre, nachdem er in den Dienst seines Königs getreten war, war diesem aber eine Tochter geboren worden, die war nun in ihrem elften Jahr.

Die Mächte des Schicksals hatten es gewollt, dass des Ritters Vater, der stets der treueste Ritter des Königs gewesen war, starb, als das Reich drei Jahre nach Geburt der Prinzessin einen Überfall des benachbarten Königreiches abwehren musste. Da aber die Mutter des Ritters bereits bei seiner Geburt gestorben war, so war dieser, kaum erwachsen, schon elternlos geworden. Der König aber, der voller Dank über die Treue seines Vaters gewesen war und den auch die unbeirrbare Treue des Sohnes rührte, betrachtete ihn mit liebenden Augen. Er hielt ihn oft in seiner Nähe, gab ihm die besten Lehrer für die Künste des Kampfes wie auch der Seele und des Geistes und übertrug ihm verantwortungsvolle Aufgaben.

Als eines Tages zwei Mägde voller Entsetzen um Hilfe riefen, weil sie in dem unüberschaubar großen Gelände des Schlosses, obwohl dieses von einer bewachten Mauer umgeben war, beim Obstpflücken von einer zwielichtigen Gestalt überrascht worden waren, ließ der König die Kindsfrau beim Spazierengehen mit der Prinzessin nie mehr allein gehen, sondern gab ihnen für jeden Gang den jungen Ritter mit. So kam es, dass dieser der persönliche Beschützer der Prinzessin wurde.

Als der Ritter diese Aufgabe von seinem König empfing, war er bestürzt. Er glaubte, mit seinen jungen Jahren diese Verantwortung nicht tragen zu können. Doch der König erwiderte, dass die Verantwortung nicht so groß sei, wie er denke. Man habe den Wegelagerer sogleich gefangen nehmen können, und ein zweites Mal werde niemand die Mauer ungesehen überwinden können. Doch selbst wenn dies jemals noch einmal geschehen würde, so würde er sich gegen drei dieser Gestalten gleichzeitig zu wehren wissen. Dann sah der König ihm gütig in die Augen und sprach: Ich habe in niemanden so sehr Vertrauen wie in dich. Dies war schon bei deinem Vater so, und es ist auch bei dir so.

Da war des Ritters Herz bis in seine Tiefen erschüttert, und er schwor sich, dass nichts geschehen würde, was des Königs Vertrauen je enttäuschen könnte...

Wann immer nun die Kindsfrau mit der Prinzessin in der Schlossanlage spazieren ging, folgte ihnen der Ritter im Abstand von einigen Schritten, die weit genug entfernt waren, um nicht ihre Gespräche zu belauschen, aber nah genug, um jederzeit und immer sofort zu ihrem vollen Schutz bereit zu sein.

Sehr bald schon konnte sich der junge Ritter keine schönere Aufgabe vorstellen als diese. Die Kindsfrau und die Prinzessin pflegten jeden Nachmittag einen langen Spaziergang zu machen, und wann immer der Ritter das liebliche Mädchen sah, war es ihm, wie wenn die Sonne in sein Herz einzog.

Denn die Prinzessin war ein so edles Menschenkind, dass schon ihr Blick jeglichen bösen Gedanken aus dem Herzen eines jeden Menschen hätte verbannen müssen. Ihr blondes Lockenhaar wetteiferte mit der Nachmittagssonne um den schönsten Glanz, und beide wollten einander den Vortritt lassen. Das Blau ihrer Augen glich dem des Himmels an einem reinen Sommermorgen. Das ganze Antlitz des Mädchens aber war so rein, dass man das Gefühl hatte, man werde von Engelsflügeln gestreift, wenn man es nur ansah.

Auch die kleine Prinzessin liebte den Ritter und seine Begleitung. Manches Mal war es schon vorgekommen, dass er, wenn ein Tier im Gehölz durch einen unvorsichtigen Schritt einen Zweig zerbrach, vorgestürmt war, um sich schützend vor die Prinzessin zu stellen. Wenn sich dann zeigte, dass seine Vorsicht umsonst gewesen war, ließ die Prinzessin ihr glockenhelles Lachen hören, weil sie es einfach nicht zurückhalten konnte... Der junge Ritters schämte sich dann jedes Mal ein wenig, obwohl er sah, dass das Mädchen es niemals böse meinen konnte, sondern sich nur innig freute. Er freute sich natürlich auch, dass er sie zum Lachen brachte, doch er spürte vor allem seine Verantwortung, und es gab ihm dennoch ein kleines Weh, dass die junge Prinzessin dies gar nicht zu begreifen schien.

Wenn aber der König ihn von Zeit zu Zeit nach seinen Beobachtungen fragte, konnte er ihm stets voller Freude berichten, dass die Spaziergänge der Königstochter vollkommen sicher und ohne Gefahr waren.

*

Mit der Zeit wurde dem Ritter die Aufgabe aber immer schwerer. Lange wusste er selbst nicht, warum, denn er liebte diese Aufgabe doch so sehr. Drei Jahre brauchte er, um an einen Punkt zu kommen, wo er langsam zu begreifen begann, was ihm die Aufgabe immer schwerer werden ließ.

Es war wie ein Aufwachen, als eines Tages nicht mehr die Kindsfrau die Prinzessin begleitete, sondern eine richtige Hofdame. Die Kindsfrau war eine liebe, lebensfrohe Amme gewesen, die immer ein fröhliches Wort oder gar Lied auf den Lippen gehabt hatte. Die Hofdame, die nun die Prinzessin begleitete, war eine Zofe von hoher Bildung und Gesinnung, die aber doch die Wärme der Amme vermissen ließ.

Vor allem spürte der Ritter von Anfang an, dass sie den Abstand zwischen ihm und der Prinzessin gerne so groß hätte werden lassen, dass er gleich ganz hätte wegbleiben können und sie ohne Schutz gewesen wären.

Selbst dies verstand der junge Ritter erst nach und nach. Es war keine offene Abwehr und doch so deutlich, dass er es

Tag für Tag fühlte, vom Aufbrechen bis zur Wiederkehr ins Schloss. Drei Wochen lang spürte er diese Abwehr – dann hatte sie ihm geholfen, völlig zu begreifen, was sein Herz nicht nur drei Wochen, sondern drei Jahre lang immer mehr verwirrt hatte.

Es war die Prinzessin selbst gewesen. Sie war nicht mehr in ihrem elften Jahr, sondern in ihrem vierzehnten. Tag für Tag hatte er gesehen, wie eine Schönheit, die doch schon der Sonne selbst geglichen hatte, weiter zugenommen hatte. Tag für Tag hatte er, ohne es zu wissen, irgendwann begonnen, sein Herz vor dieser Schönheit zu schützen, und Tag für Tag hatte diese Schönheit, einer Sonne gleich, alle Mauern, die er um sein Herz zog, wieder zum Schmelzen gebracht. Tag für Tag hatte er seine Bemühungen verstärkt, und Tag für Tag hatten sie sich als sinnloser erwiesen.

Die Hofdame brachte durch ihre ganz andere Art in ihm zu Bewusstsein, was jeder Andere in seinem Herzen längst vorher schon bemerkt hätte. Der junge Ritter wehrte sich dagegen, die junge Prinzessin zu lieben, aber er tat es längst, und jeden Tag wollte die sonnenleuchtende Schönheit des Mädchens sein Herz mehr entzünden...

Der Abend, an dem dies dem Ritter vollends vor der Seele stand, war für ihn der schlimmste aller Abende seines bisherigen Lebens. Er glaubte, mit den ungewollten Regungen seines Herzens jeden zu betrügen, der ihm etwas bedeutete: die Prinzessin, den König, die Königin, seinen Vater ... und Gott selbst. In innigem Gebet wandte er sich an Gott und bat ihn, die Liebe von ihm zu nehmen, um nicht an ihm und an ihr und an allen Menschen, denen er sein ganzes Leben verdankte, schuldig zu werden.

Aber Gott half ihm nur, neue Mauern um sein Herz zu bauen, die jeden Tag wieder zum Schmelzen gebracht wurden, und Gott schien auch die Schönheit und Stärke der Sonne, die dies tat, jeden Tag größer zu machen.

Von nun an wurde dem jungen Ritter seine Aufgabe zur Qual. Doch konnte er den König auch nicht darum bitten, sie von ihm zu nehmen, denn selbst eine solche Bitte wäre ihm wie Untreue vorgekommen: das Vermeiden einer Aufgabe aus bloßer Schwäche des Herzens... Auch hatte er das Gefühl, längst untreu geworden zu sein, längst ein schlimmes Versagen eingestehen zu müssen, wenn er um ein Ende dieser Aufgabe bitten würde. Er konnte also nur kämpfen – gegen sein eigenes Herz und um die Treue gegenüber seiner Aufgabe.

Das Schicksal wollte es, dass ihm für seine zunehmende Schweigsamkeit gegenüber dem König ein Vorwand zufiel. Mit ihrem vierzehnten Geburtstag nämlich wollte die Prinzessin nach dem Besuch der heiligen Messe, den die ganze königliche Familie nicht einen einzigen Sonntag des Jahres versäumte, noch allein in den Straßen der Stadt herumgehen. Sie durfte dies selbstverständlich nur in Begleitung einer größeren Schar von Rittern, aber unter diesem Schutz durfte sie für eine Stunde die Stadt sehen.

In den Straßen der Stadt bemerkte die junge Prinzessin aber vor allem die armen Menschen und die Bettler. Und sie machte es sich zur Gewohnheit, ein kleines Säcklein mit Münzen mit sich zu nehmen, um diese an jedem Sonntag bis auf die letzte Münze auszuteilen. Der junge Ritter bemerkte dies tief berührt – und nahm dies als den Grund, warum er dem König gegenüber immer schweigsamer wurde. Dass viele Menschen in solcher Armut leben müssten, mache ihn traurig, so sagte er seinem geliebten König. Und sein Herz schmerzte, weil er wusste, dass dies zwar auch wahr war, dass aber der wahre Grund seiner Schweigsamkeit die Scham war – zu der nun noch die Scham einer Lüge hinzukam...

Der junge Ritter, der so tapfer sein eigenes Herz bekämpfte, wusste jedoch noch überhaupt nicht, was Verwirrung des Herzens war. Denn diese hatte, obwohl sie bereits so stark

war, dennoch gerade erst begonnen. Die Königstochter nämlich hatte ja auch den Ritter schon seit ihrer Kindheit lieb-
gewonnen. Nun hatte sie ihn immer noch lieb. Und während
die Hofdame den Abstand zwischen ihnen gern immer größer
gemacht hätte, verringerte die Prinzessin ihn nun bisweilen
gegen den Willen ihrer Zofe...

So geschah es eines Tages, als sie wie immer durch das weit-
läufige Schlossgelände gingen, dass die Prinzessin den Ritter
zu sich heranrief. Als die Hofdame dagegen protestieren
wollte, wurde nun sie von dem Mädchen nach hinten ge-
schickt, außer Hörweite.

Des Ritters Herz wusste nicht, was es empfinden sollte, und
das Mädchen merkte nichts von dem Kampf, sie war ja noch
immer erst vierzehn. Für den Ritter aber war die Nähe des
Mädchens einerseits das tiefste Glück und andererseits zugleich die tiefste Qual – denn er konnte die Mauern um sein
Herz gar nicht so schnell aufrichten, wie sie wieder einge-
rissen wurden. Und das Mädchen fragte in seiner träumenden
Jugend ganz unbedarft: Habt Ihr schon einmal geliebt?

Verzweifelt musste der Ritter diese Frage verneinen. Ein
anderes Mädchen oder eine andere Frau hatte er tatsächlich
noch nie geliebt. Und als er diese Frage verneinte, hob die
Königstochter seine Augen zu ihm auf und sah ihn voller
Erstaunen an. Der Blick des Mädchens aber traf sein wundes
Herz so sehr, dass es sich wie in Schmerzen wand – und nur
die Stärke des Ritters und die Jugend des Mädchens gemeinsam dafür sorgten, dass dieses noch immer nicht bemerkte,
was das tiefe Leiden des Ritters war.

Wen werde ich wohl eines Tages lieben? fragte die Tochter
des Königs nun. Und der Ritter dankte Gott, dass diese Frage
nicht mehr unmittelbar an ihn gerichtet war. Und doch fragte
sie ihn nun wieder: Wie ist das, die Liebe? Sie fragte ihn und
fragte ihn nicht. Sie hatte bereits seine Antwort, dass er noch
nie geliebt habe, und doch waren ihre Augen nun wieder in
die seinen verwoben ... und die Frage des Mädchens erschüt-

terte seine Seele bis ins Innerste. Ich weiß es nicht, flüsterte er mehr, als zu sprechen. Da sah das Mädchen ihn an und fragte: Soll ich Euch wirklich glauben...

Doch während er zu Gott flehte, wieder gehen zu dürfen, einen erlösenden Abstand zu ihr haben zu dürfen, ging sie weiter neben ihm, voller Vertrauen und Zuneigung, fühlte sich wohl neben ihm, während er Unendliches litt, und liebte seine Gesellschaft.

Die Seele des Ritters zitterte, vor Glück und vor Furcht, vor Scham und vor Liebe, und das Mädchen fragte: Seit drei Jahren seid Ihr schon mein Begleiter – und in dieser langen Zeit habt Ihr nie irgendjemanden geliebt? Wie meint Ihr das? stammelte der Ritter mit bebendem Herzen, voller Angst, sie im nächsten Moment belügen zu müssen. Ihr seht doch, erwiderte das Mädchen, sicher viele Frauen, im Schloss, in der Stadt, da müsst Ihr doch eine irgendwann einmal begonnen haben zu lieben? Nein, sagte der Ritter zitternd, und er dachte: nicht eine, und auch keine Frau. Und selbst die, die ich liebe, liebe ich nicht wirklich, denn ich darf es nicht und will es nicht und kämpfe dagegen. Nein, sagte er noch einmal, sah der Prinzessin in die Augen, und für Momente hielten die Mauern dem Angriff ihres Himmelblaus stand...

Immer wieder suchte die Prinzessin die Nähe des Ritters, dem sie vertraute und dem sie ihre Fragen anvertraute. Der Ritter aber litt Unendliches. Erlösend war für ihn nur der Sonntag. Wenn die junge Prinzessin durch die Stadt ging, war ihr Herz den Armen zugewandt und verschonte das seine...

*

Als aber die Königstochter ihren fünfzehnten Geburtstag gefeiert hatte, ward die Not des Ritters so groß, dass er bei einer alten Kräuterfrau auf dem Markt, die den Ruf hatte, gewisse Dinge bewirken zu können, Hilfe erbat. Er wollte, dass sie seine Liebe von ihm nähme. Sie war ob dieser Art von Bitte erstaunt und fragte ihn, welches Mädchen er liebe. Als er die Antwort verweigerte, forderte sie ihn auf, an das Mädchen zu denken. Er dachte an die Prinzessin. Daraufhin lächelte die Alte verschlagen und verlangte, er solle um Mitternacht an einen gewissen Kreuzweg kommen.

Dem Ritter war nicht wohl zumute. Am Abend hob zudem ein starker Sturm an. Dennoch machte er sich in der Nacht auf den Weg und fand im Unwetter an dem benannten Ort eine seltsame Hütte, die von fahlem Kerzenschein erleuchtet war.

Als er eintrat, fand er die Alte und auf einem Tisch ein köchelndes Gebräu. Zögernd fragte er, ob der Zauber auch wirksam sei. Die Alte bejahte dies. Sie nahm das Fläschchen von der Flamme und stellte es auf den Tisch. Längst wusste der Ritter nicht mehr, was gut und böse, was richtig und falsch war – er wünschte sich nur noch, der Prinzessin ohne seine falsche Liebe endlich richtig dienen zu können. Und doch tropfte ihm der Schweiß von der Stirn, so unbehaglich war ihm.

Da riss der Sturm plötzlich den Fensterladen auf und trieb eine weiße Taube in die Hütte. Diese streifte mit ihrem Flügel das Fläschchen, so dass es zu Boden fiel und zerbrach. Die Alte schrie hasserfüllt auf und wollte das Tier greifen, aber es flog sogleich wieder in das Unwetter hinaus. Der Ritter aber begriff in einem Moment, dass dies ein Zeichen des Himmels war. Er floh mit Schrecken aus der Hütte, warf sich auf sein Pferd und jagte zurück zum Schloss.

Tag für Tag begleitete der Ritter nun weiterhin unerlöst die Prinzessin, ging neben ihr, wenn sie es erbat, und weit hinter ihr, wenn er es durfte. Und er sah, wie sie jeden Tag zunahm an Schönheit. Wenn sie aber am Sonntag zu den Armen ging, um mit ihnen zu sprechen und sie zu trösten, da war die Schönheit ihrer Seele so unvergleichlich wie ihr Antlitz.

Längst aber hatte sie die Flucht seines Herzens falsch gedeutet. Und eines Tages fragte sie den Ritter traurig: Seid Ihr nicht mehr gern in meiner Gesellschaft? Bestürzt verneinte der Ritter. Sie aber erwiderte: Ich sehe es doch. Da wusste er nichts mehr zu sagen. Und schweigend weinte sein Herz, da es weder die Wahrheit noch den falschen Anschein ertragen konnte.

Die Mächte des Schicksals wollten es, dass seine Schritte ihn am selben Abend zu einer Stunde, in der das Schlossgelände für gewöhnlich einsam dalag, in die Nähe des Sees führten. Da hörte er von dort einen überirdisch schönen Gesang. Wie durch einen Zauber zog ihn die traurig-schöne Melodie an, und er folgte ihrem Klang. Da erblickte er durch die Bäume die Prinzessin, wie sie sich im sommerlich warmen See in einsamer Stille baden wollte. Einen einzigen Moment lang sah der Ritter ihre Gestalt, sah aus großer Ferne ihre schneeweiße Brust – und wandte sich in bebendem Schrecken zur Flucht.

Nie mehr konnte er der Prinzessin unter die Augen treten! Mit hastiger Hand schrieb er in seinem Gemach seinem König einen Abschiedsbrief. Die höchste Treue, so schrieb er, erfordere seine sofortige Abreise, er bitte um nichts als das gnädige Verständnis seines Königs und eines Tages um Vergebung...

Dann bestieg er sein Pferd, und in wilder Verzweiflung verließ er das Schloss, die Stadt, seinen König und dessen Tochter, die Prinzessin.

*

Der junge Ritter ritt bis zu den Grenzen des Reiches. Die Qual seines Herzens war nun unermesslich. Er hatte sich an der Königstochter versündigt – und er hatte sie verlassen müssen. Dies war noch schlimmer als die Qual ihrer Nähe.

Lieber würde er im Feuer ihrer Nähe sterben, als im ewigen Eis ihrer unendlichen Ferne zu erfrieren. Und doch gab es nur noch diesen Tod für ihn...

Täglich ging von nun an der Ritter in die Kirche, um zu beten und für seine Sünden Vergebung zu bekommen. Und er wäre wirklich vor Leid gestorben, wenn ihn nicht etwas am Leben erhalten hätte, was ihn in Unschuld mit der Prinzessin verbinden konnte. Dieses Rettende war seine Erinnerung an ihre Güte – und seine wachsende Sehnsucht, ihr darin nachzufolgen und ihr zumindest darin nahe sein zu können.
In dem Städtchen, in dem er angekommen war, pflegte der Ritter einen kranken Alten, der sonst niemanden mehr hatte. Als dieser schließlich in Frieden starb, hinterließ er ihm ein bescheidenes Vermögen, das er im Geheimen verwahrt hatte. Der Ritter aber verwendete auch dieses nur dazu, um weiterhin den Armen zu helfen.
Bescheiden tat der Ritter sein Werk, und doch suchten immer mehr Arme Zuflucht bei ihm. Schließlich halfen ihm fromme Frauen, sein Werk zu tun, und im Laufe der Monate breitete sich die Kunde von der Wohltätigkeit des Ritters über die Grenzen des Städtchens hinweg aus.
An keinem einzigen Tag vergaß der Ritter die liebliche Königstochter. In Schrecken gedachte er seiner Schuld, in Liebe gedachte er ihrer – und mit jedem Tag nahmen seine Gebete und die Güte des gnädigen Gottes einen winzigen Teil seiner Schuld von ihm.

Und schließlich, nach langer Zeit, war es, dass ihm all die Tage, die er von ihr getrennt war und nur noch in Gedanken und im Herzen mit ihr verbunden blieb, mehr und mehr einen tröstlichen Frieden zu schenken begannen. Zuletzt hegte er die Hoffnung, dass sein König im fernen Teil des Reiches ihm vielleicht inzwischen verziehen habe. Die eigentliche Tat aber, das Erblicken der Prinzessin, sie würde ihm nie verziehen werden können. Aber für sie wollte er gerne ein Leben lang hier in der Ferne Buße tun.

Nicht nur einmal geschah es dann wohl, dass eine Frau, die noch unverheiratet war, ihm mit aller Ehrfurcht vorsichtig ihre Zuneigung zeigte. Dem Ritter war es immer ein Leid, einem anderen Menschen vielleicht weh zu tun. Und doch musste er einer solchen Frau dann erwidern, dass er niemals eine ihresgleichen lieben könne – nicht aus Mangel an Ehre oder Liebreiz, aber weil sein Herz schon einmal geliebt hatte und sich niemand anderem mehr schenken könne. Und die Frau verstand es dann mit den Kräften ihres eigenen Herzens, und sie bewunderte die Liebe und Treue des Ritters. Dessen Herz aber trug tapfer sein verborgenes Weh...

*

Längst hatte der Ritter aufgehört, die Monate und die Jahre zu zählen, als ihn eine Nachricht erreichte. Die Boten des Königs suchten ihn. Als ein aufgeweckter Junge, der sie von einem anderen hatte, ihm die Nachricht brachte, erschrak er zutiefst, denn er meinte, nun ereile ihn der Zorn des Königs. Nicht anders konnte er sich erklären, von dessen Boten gesucht zu werden.

Als diese sein Haus schließlich erreichten, kam er in ergebener Treue für seinen König zu ihnen hinaus. Die Boten behandelten ihn gut, verlangten jedoch, dass ein Fürsprecher mit ihm käme. In unmittelbarer Nachbarschaft wohnte aber ein alter Mann mit seiner Tochter, um den er sich, als sie krank gelegen hatte, lange gekümmert hatte. Als nun die Tochter davon hörte, erbot sie sich, mitzureisen, und der Alte gab ihr den Segen. Die Nachbarn aber versprachen, sich des Alten anzunehmen.

Wie ein Lauffeuer verbreitete sich die Nachricht, und die halbe Stadt verabschiedete den Ritter, als er mit der Frau und den Boten des Königs fortziehen musste.

Viele Tage hatte er nun Zeit, darüber nachzudenken, was geschehen würde. Je näher er dem Schloss kam, desto größer wurde seine Furcht. Die Boten hatten Anweisung, über den Zweck ihres Auftrages völlig zu schweigen. Als sie nur noch eine Tagesreise vom Schloss entfernt waren, wurde die Furcht des Ritters fast unerträglich. In tiefer Scham dachte er daran, dass nun all seine Sünden ihre gerechte Strafe finden würden. In tiefem Bedauern dachte er daran, dass seine Liebe zu der Prinzessin niemals Vergebung finden würde, sondern dass auch sie nur Schuld war und immer sein würde. In tiefem Schmerz dachte er daran, wie er ihr Vertrauen und auch ihr Bedürfnis tief verletzt hatte.

Am nächsten Tag erreichten sie am Abend das Schloss. Alle Erinnerungen des Ritters an seine Tage, Wochen und Jahre mit der jungen Prinzessin stiegen wieder in ihm auf, und er bedauerte es tief, ihr und seinem König so schlecht gedient zu haben, ja, so schmählich untreu gewesen zu sein. Und der Friede, den er in der Ferne gefunden zu haben glaubte, zerbrach von neuem.

*

Von tiefster Scham erfüllt, betrat der Ritter, geführt von seinen Begleitern, das Schloss, ging mit ihnen durch die große Vorhalle bis zum Thronsaal. Dessen Tore wurden geöffnet, und sie traten ein. In der Ferne sah er den König und die Königin auf dem Thron sitzen, auch die Prinzessin war bei ihnen.

Als der Ritter nah genug herangekommen war, wusste er nicht, wohin er seinen Blick wenden sollte. Er sah seinen geliebten König und dessen Frau, und er sah die Prinzessin, die schöner war, als je eine Königstochter gewesen war. Er musste den Blick senken, wie man es tat, um sich vor dem Licht der Sonne zu schützen... Vor dem Thron fiel er auf die Knie und wagte nicht, sich zu rühren.

Noch bevor der König etwas sagen konnte, hörte der Ritter die Stimme der Prinzessin. Ihr? rief sie in größtem Erstaunen. Der Ritter verstand ihren Ruf nicht. Furchtsam hob er die Augen und sah nun ebenfalls in tiefstem Erstaunen, wie sie die Stufen hinabeilte, um ihm mit eigener Hand aufzuhelfen. Fast wagte er es nicht, ihre Hand zu berühren, und auch nicht, aufzustehen. Die Prinzessin aber sah ihn freundlich an, und ihr Blick erschütterte sein wehrloses Herz.

Als der König seine Hilflosigkeit sah, befahl er durch eine Geste seiner Hand seine Tochter wieder zu sich. Dann sprach er: Edler Ritter! Ihr werdet uns das Rätsel Eurer einstmaligen Abreise noch eröffnen können. Doch zunächst sollt Ihr selbst erfahren, was Euch wieder hierher führte. Euer Herz war es – und das Herz meiner Tochter. Denn sie sollte, da sie ihr einundzwanzigstes Jahr erreicht hatte, heiraten – aber sie wies alle Edlen des Reiches und der Nachbarreiche ab, die um ihre Hand anhielten. Und sie hätte unweigerlich meinen Zorn damit erweckt, wenn ihr Grund nicht edler gewesen wäre als alles. Da sie niemandem derer, die um sie baten, in Liebe zugetan war, wollte sie jenen Mann heiraten, dessen Herz dem ihren am ähnlichsten wäre. Und sie verlangte, jenen Menschen zu finden, dessen Großmut und Güte im ganzen Reich am größten sein würden. Boten zogen durch das ganze Land, und sie fanden manchen Menschen, von dem gesagt wurde, dass er freundlich zu den Armen und Notleidenden sei. Doch als die Boten zu den Grenzen des Landes kamen, da hörten sie überall untrüglich von einem sprechen, dessen Güte so rein und so stark sei, dass er sein ganzes Leben für die Armen und Hilfsbedürftigen hingab und nichts anderes tat, als für jene Menschen da zu sein. Ihn suchten sie, bis sie ihn fanden

– und nun seid Ihr es, edler Ritter! Niemand von uns hatte es je für möglich gehalten, Euch wiederzusehen. Und nun seid Ihr es, der ... meine Tochter heiraten darf, wenn Ihr es wollt.

Diese Worte waren zu viel für den Ritter. Ihm war es, wie unter einer übergroßen Woge vollkommen unverdienter Gnade begraben zu werden. In tiefster Scham bat er darum, mit dem König ganz allein sprechen zu dürfen. Auf Befehl des Königs zogen sich alle Begleiter zurück, und auch die Königin und ihre Tochter gingen in ein Seitengemach. Da fiel der Ritter vor dem König erneut auf die Knie und sprach: Mein König, ich verdiene nicht, wovon Ihr so gnädig spracht – und was Eure Tochter ersann. Nehmt einen Anderen, es gibt deren doch sicher so viele. Ich aber bin es nicht wert! Lasst mich wieder gehen, ich bitte Euch.

Erstaunt um dieser Rede willen, befahl ihm der König, die Gründe für seinen Glauben zu nennen. Und der eine Grund, den er hatte, kam dem Ritter fast nicht über die Lippen. Doch schließlich gestand er mit einer Scham, die ihm fast die Sinne raubte, dass er die Tochter des Königs schon immer geliebt... Er gestand, dass er dies immer und immer zu bekämpfen versucht hatte, aber machtlos gegen die Schönheit gewesen war, machtlos gegen das Vertrauen des Mädchens, das sogar mit ihm hatte sprechen wollen. Und in tiefster Verzweiflung bat der Ritter zuletzt erneut darum, gehen zu dürfen, zumindest in Gnade entlassen zu werden.

Der König aber sprach in seiner weisen Güte: Wenn Ihr gegen Eure Liebe gekämpft habt, so trifft Euch kein Fehl. Ihr tatet meiner Tochter nie etwas zuleide und schütztet sie stets voller Treue. Ist es nur das, so leidet nicht mehr daran. Denn nun hat sie Euch doch als Gemahl schon erwählt. Und sie sprach, als Ihr plötzlich verschwandet, noch lange mit Achtung, ja Zuneigung von Euch.

Es war, als ob selbst diese Worte den Schmerz des Ritters nur noch vertieften. Fast versagte ihm sogar seine Stimme, als er kaum flüsternd gestand, wie an jenem Unglückstag der liebliche Gesang der Prinzessin vom See her erklang und er ihm folgte, nicht wissend, wem er gehörte... Und doch erlöste auch jetzt ihn der König. Euch ehrt, sprach er, sogar Eure tiefe Ehrlichkeit. Und wenn es stimmt, was Ihr sagt, trifft Euch selbst hier keine Schuld. Würde sie es, so hättet Ihr sie durch die Jahre hindurch genug schon gebüßt. Ich verurteile Euch nicht. Und wenn meine Tochter das Geheimnis erfährt, so wird sie erfahren, dass sie selbst es war, die Euch an die Grenzen des Reiches trieb. Und doch war sie es auch, die Euch wieder gewann, durch ihren Entschluss und Euer eigenes Herz – und nun als gerechten Gemahl. Ohne zu wissen, tatet Ihr das, was ihr Herz Euch gewann. Und ohne zu wissen, tat *sie*, was als Einziges, wenn auch durch so großes Leid, sie und Euch wahrhaft zusammenzuführen vermochte. – Dankt den Mächten des Schicksals und Eurem eigenen reinen Herz. Sie beide haben Euch meine Tochter gewonnen. Mögen die zwei reinsten Herzen des Reiches sich dadurch gefunden haben!

O, mein König, sprach da der Ritter, ich tat alles nur, um Eurer Tochter zumindest darin nahe zu sein. Wessen Herz ist rein? Das Eurer Tochter, ja, aber das meine, nein...

Da erwiderte der König: Wie es auch sei, rein ist Euer Herz doch. Denn um meiner Tochter willen liebtet Ihr es, das Gute und Barmherzige zu tun, und gabt Euer eigenes Leben ganz auf. Wenn es nicht um der Armen willen geschah, geschah es dennoch für sie – und Ihr tatet es, Tag für Tag, Jahr für Jahr. Ihr tatet es so sehr, dass man überall von Euch sprach. Und wenn Ihr es nur aus Liebe zu ihr tatet, so ist Eure Liebe so groß, wie es kaum vorstellbar ist. Mag also *sie* entscheiden, ob ihre Bedingung erfüllt sei oder nicht. Ich sehe nur Eure Liebe und Euer reines Herz. Und ich danke den Mächten des Schicksals, dass sie Euch zu uns zurückgeführt haben. Steht auf, edler Ritter! Für mich seid Ihr ein würdigerer Gemahl meiner Tochter, als je einer war.

Der Ritter erhob sich mit ungläubig dankbar bebender Seele. Der König aber ließ seine Frau und seine Tochter von neuem rufen. Und als die Prinzessin wieder hereinkam und mit verwundertem Blick fragend von einem zum anderen sah, weihte der Vater die Tochter flüsternd in das ganze Geheimnis ein. Bestürzt sah der Ritter, wie die Prinzessin errötete. Dann aber eilte sie erneut die Stufen hinunter, und ohne das andere Geheimnis zu berühren, sprach sie: Auch wenn ich die Liebe noch nicht so kannte wie Ihr, so war doch die Zuneigung immer gegenseitig gewesen. Ach, edler Ritter, Ihr hättet nicht fliehen brauchen! Wie oft habe ich Euer gedacht...

Es ist, sprach hinter ihr nun der König, von den weisen Mächten des Schicksals schon weise gefügt worden. Nur durch die Flucht konnte er dich erreichen und durch neue Fügung als würdig an deine Seite zurückkehren. In tiefer Ehrfurcht stehe ich staunend vor dieser Weisheit, die dennoch zusammenführt, was scheinbar vollkommen unmöglich. Ich verneige mich vor den hier wirkenden Mächten – und gebe Euch ganz und gar meinen Segen!

Und ich, sprach das Mädchen, kann wahrlich an niemand Anderen mehr denken. Auch ich erkenne nun die waltende Weisheit. Als ich so jung war, erkannte ich nicht die Not, in die ich Euch brachte. Ich wusste nur, dass ich Euch mochte. Die Not aber sah ich nur bei den Anderen. Was musstet Ihr leiden! Es ist mehr als gerecht, dass Ihr nun haben dürft, was Ihr Euch immer verboten habt – und zu verbieten versuchtet. Gern werde ich nun Eure Frau und niemandes sonst. Ihr seid der treue Gefährte meiner Jugend gewesen. Und Ihr habt dies so teuer bezahlt! Wie könnte ich Euch je dafür danken, was Ihr mir in aller Stille wart. Ich mochte Euch stets gern – jetzt liebe ich Euch, edler Ritter! Welch Glück, dass wir Euch noch an den Grenzen des Reiches fanden. Geht nie wieder fort, lieber Ritter! Nehmt als Dank für all Euer Leid mein Herz...

Erneut fiel der Ritter auf die Knie, und er wusste nicht, ob vor ihr, der Prinzessin, oder den göttlichen Mächten selbst, oder vor beiden. Tränen des Glücks strömten aus seinen Augen, und stammelnd sagte er schließlich: O Prinzessin, ich danke Euch! Ihr seid so sehr das Glück meines Lebens gewesen und werdet es immer sein. Selbst das Unglück und aller Schmerz, sie waren immer durchdrungen von Liebe zu Euch. Nie hätte ich aber geglaubt, dass es je geschehen könnte, dass ich diese Liebe wahrhaft empfinden dürfte. Dass Ihr dies nun selbst aussprecht, ist eine Gnade, die über das Denkbare selbst noch hinausgeht. Jetzt weiß ich, was Gnade ist! Das vollkommen, nie zu Erwartende...

Erhebt Euch, teurer Ritter, sprach die Prinzessin. Bedenkt doch, dass selbst das, was Ihr nun so unendlich empfindet, nur ein winziger Abglanz der eigentlichen Gnade Gottes ist. Ich kann Euch nur *mein* Herz geben. Was aber ist demgegenüber Sein Herz? Bedenkt, was Er gab! Und lasst uns gemeinsam, Seite an Seite, Seiner Liebe weiter folgen. Wie wir es getrennt voneinander taten, so nun gemeinsam. Ihr seid der Richtige, ich fühle es mit ganzem Herzen!
Ja, edle Prinzessin! sprach da der Ritter. Ihr wart mir seit Anbeginn das tief berührende Vorbild in dieser unendlichen Liebe, als Mensch unter Menschen. Nichts tue ich lieber, als Euch darin weiter zu folgen, wie ich es tat, all die Jahre. Und auch Euch, mein König, damit zu dienen. Möge das Reich erfahren, was Güte und Liebe vermag. Welches Reich hatte schon einmal solch eine Tochter? Eure Güte, mein König, und ihre Liebe, sie werden dieses Reich zu etwas werden lassen, das keine Seele jemals vergessen wird. Und was in meinen Kräften liegt, will auch ich dazu tun.
Macht Euch nicht klein, bat ihn nun die Prinzessin. Die Liebe, wo sie wirklich lebt, ist ohne Unterschied. Die Eure ist genauso groß – und lasst uns gemeinsam hoffen, dass noch viele andere Herzen diesen Weg mit uns gehen. Ja, lasst uns

das Reich zu einem Reich der wahrhaften Liebe machen! Seite an Seite werden wir Seele um Seele gewinnen. Bis niemand mehr da ist, der nicht das Bedürfnis empfindet: anderen zu helfen.

*

Drei Wochen darauf wurde die schönste Hochzeit gefeiert, die das Reich je gesehen hatte. Und in den Jahren, die darauf folgten, begann im ganzen Reich immer mehr, etwas zu blühen, was seinen Ausgang von dem nahm, was zwischen der Königstochter und ihrem Ritter blühte: die allertiefste Liebe, die sowohl zueinander als auch zu allem anderen strömte. Diese beiden Menschen waren es, durch die auch alle anderen Herzen das Geheimnis der Liebe immer tiefer verstanden.

Das große, heilige Geheimnis – die Herzen fanden es durch den Ritter und die Königstochter...

Die Schönheit eines Mädchens kann so groß sein, dass sie die männliche Seele mit ihren Strahlen verwundet...

Möge dieses Märchen, dass im Grunde zugleich auch die innere Schönheit zweier Seelen zeigt, bis in die Tiefe erlebbar machen, dass diese Verwundung eine Tatsache sein kann – und dass die männliche Seele gleichsam vollkommen unschuldig schuldig werden kann, eine solche Schönheit zu begehren, in nicht auszulöschender Sehnsucht.

Eine solche gleichsam unendliche Schönheit ist immer auch *Anmut*. Dieses Wort, das so nur die deutsche Sprache kennt, liegt genau an der erschütternden Grenze zwischen der Leiblichkeit und dem Seelischen. Es bezeichnet die Zartheit und die Unschuld, die gerade in dieser Verbindung beider liegt. Ich habe in meinem Buch ‚Von den Mädchen' gezeigt, dass alle künstlichen Versuche, sich dem Begriff der Anmut zu nähern, scheitern müssen, wenn nicht erkannt wird, dass es ein Wort ist, das wie kein anderes nur auf das *Mädchen* zutrifft.

Zwar kann man auch anderswo einigermaßen von Anmut sprechen, aber so, wie gleichsam im Glanz der Rose alle anderen Blumen verblassen, so und noch viel mehr verblasst auch jede andere Anmut vor der Anmut der Mädchen...

Die zarte Leiblichkeit des Mädchens erhält ihre unvergleichliche, gleichsam leuchtende Schönheit ja nur zur Hälfte aus der bloßen Jugendzartheit des aufblühenden Leibes selbst. Dieses märchenhafte Leuchten stammt zur anderen Hälfte aus der *Seele* des Mädchens, die genauso unschuldig ist wie sein Leib. Denn diese Seele offenbart sich in allem – in jeder kleinsten Bewegung. Es ist die Zartheit, die sich hier offenbart. Das Mädchen bewegt sich anders als der Junge, es blickt anders, es sitzt anders, es steht anders. Immer ist der Leib des Mädchens auch seelisch Leib eines *Mädchens*.

Und dies wahrzunehmen, empfindend zu erleben, erhebt den Eindruck der Mädchengestalt weit, weit über das bloße Erleben eines jungen, weiblichen Körpers.

Der Leib des Mädchens ist Wunder genug in seiner unbeschreiblichen Zartheit, die sich auch in jeder Kleidung offenbart, am meisten aber im wirklichen Kleid, das sich genauso zart an den Leib anschmiegt, wie es dieser selbst ist. Aber dann lebt in diesem Leib eines Seele – und diese Seele wird in *allem* sichtbar. Dieser liebliche, aufblühende Leib *bewegt* sich eben auch sanft – und man muss diese Sanftheit in der Bewegung und jeder kleinen Geste wahrnehmen lernen, um zu empfinden, was *Anmut* ist. Es ist die Offenbarung einer reinen, von Schönheit leuchtenden Seele *in* einem Leib.

Das Mädchen hat, seinem tiefsten Wesen nach, langes, sanft über seine Schultern und seinen Rücken fließendes Haar – aber auch seine Bewegung ist sanft wie das reine, klare Wasser, und der Blick seiner reinen Augen ist es auch... In meinem Buch über die Mädchen schrieb ich: ‚Ein Junge macht Schritte und tritt den Boden, ein Mädchen geht heilig und berührt den Boden sanft...' Aber all dies muss man *empfinden* lernen. Es geht natürlich auch niemals um alle Mädchen – es geht um das Wesen des Mädchens. Nur manche Mädchen sind *ganz* Mädchen – andere sind es weniger...

Auch hier möchte ich noch einmal Hesse zitieren, der im ‚Steppenwolf' an einer Stelle schreibt:

Ich hatte gesehen, zum erstenmal in meinem Leben, wie schön dies Mädchen war, wie schön und traumhaft dies Spiel des Windes in ihrem zarten Haar, wie schön und sehnsuchtweckend der Fall ihres dünnen blauen Kleides über die jungen Glieder hinab [...].

Der Ich-Erzähler fügt dann hinzu, dass es ihm in der Erinnerung scheint, er habe niemals mehr in seinem Leben so geliebt wie damals in seiner Jugend, als er dieses Mädchen liebte... Was aber hier beschrieben wird, ist, so sehr es auch scheinbar nur um die äußerliche Erscheinung geht, ein leiblich-seelischer Gesamteindruck, den das Mädchen auf die Seele des Jungen macht. Es gibt keine nur körperliche Erscheinung. Immer erscheint in dem Mädchenleib das *Mädchen* – und dieses hat die *Seele* eines Mädchens.

Eine weniger schöne Seele kann auch einen schönen, ja, makellosen Leib bewohnen. Diesen kann man dann in gewisser Weise auch bewundern – aber man wird ihm nichts weiter abgewinnen, vielleicht noch gewisse, dann rein körperliche Begierden. Aber das eben ist der Punkt. Die Anziehung des Mädchenleibes gewinnt erst dann diese unendliche Tiefe, wenn die Schönheit dieses Leibes dadurch wahrhaft *leuchtet*, dass eine leuchtende, eine reine Seele diesen Leib beseelt...

Von diesem Geheimnis wusste auch Novalis, den ich hier ebenfalls noch einmal zitiere. In einer Erzählung innerhalb seines ‚Heinrich von Ofterdingen' schreibt er über die Begegnung eines einfachen Jünglings mit der Königstochter:

> [Er] erschrak beinah über diese zauberhafte Erscheinung eines majestätischen weiblichen Wesens, das mit allen Reizen der Jugend und Schönheit geschmückt, und von einer unbeschreiblich anziehenden Durchsichtigkeit der zartesten, unschuldigsten und edelsten Seele beinah vergöttlicht wurde.

Für alle wahren Dichter aller Zeiten war es die tiefe Einheit von seelischem Wesen und leiblicher Erscheinung, die in dem *Mädchen* besungen wurde. Hebbel etwa schreibt in einem Gedicht, dass selbst der Tod von einem Mädchen erschüttert werden kann:

Wenn der Tod in neidischem Verlangen
  Auch schon an dein keusches Bette trat,
Ist er doch zurückgegangen,
  Als er dich gesehen hat.
Seine tränenlosen Augen hingen,
  Wie erstaunt, an deinem Angesicht ...

Auch hier denkt nur der oberflächliche Leser, es sei bloß von einer äußeren Erscheinung die Rede. Warum sollte der Tod vor bloß äußerer Erscheinung zurückweichen, warum sollte er darüber *erstaunen*? Kennt er nicht auch junge Mädchen zur Genüge? Nein, das Geheimnis dieses *einen* Mädchens liegt in seinem keuschen, das heißt unendlich unschuldigen Wesen. Und Hebbel verbirgt selbst diesen Hinweis unsagbar keusch in einem einzigen bloßen Wort, das sich nicht einmal direkt auf das Mädchen zu beziehen scheint...

Und wenn Victor Hugo sagt, der Mann sei ein Genie, die Frau aber ein Engel, so bezieht sich auch dies auf das reine Wesen der Frau – das in tiefer Einheit von Leib und Seele das fast überirdisch Schöne zur Offenbarung bringt. Wir aber dürfen wieder hinzufügen: Überirdisch, weil noch vollkommen unschuldig, ist nicht die Frau – sondern das *Mädchen*.

*

Es ist deutlich, dass wir hier fortwährend von einem Idealbild sprechen. Aber man wird auch kaum erwarten, dass einen die Begegnung mit irgendeinem beliebigen Mädchen der heutigen Zeit auf der Straße zu irgendeinem Mysterium oder irgendeiner Einweihung führen kann.

Wenn man sich auf den sehr platten und oberflächlichen Standpunkt stellt, zu sagen: ‚So sind Mädchen aber nicht, hör doch endlich auf, herumzuidealisieren!‘, dann kann man zugleich auch alle Dichter und Romantiker auf den Müllhaufen der Geschichte werfen. Dann aber wird auch die Welt überhaupt zu einem großen Müllhaufen seelischer Rohheit werden.

Das zunehmende Selbstbewusstsein der Menschen, das immer früher mit einem Ich-Einschlag (und verschiedenen solchen Einschlägen) in die Seele einhergeht, ist das Eine – eine sicherlich notwendige Entwicklung. Das Andere aber ist, dass die Seele immer ärmer und immer härter wird – auch die Seele der Mädchen. *Diese* Entwicklung ist keineswegs notwendig, sondern zutiefst tragisch. Es ließe sich vorstellen – und es ist auch notwendig, dies wirklich vorstellen zu lernen –, dass die Ich-Entwicklung ganz mit einer tiefen Beseeltheit, einer fortwährenden Vertiefung der Seele einherginge. Auch hier war Novalis ein Zukunftsprophet einer solchen tiefen Harmonie zwischen Leib, Seele und Ich.

Stattdessen haben wir durch die real-historische ‚Emanzipation' eine Welt bekommen, in der die weibliche Seite der Menschheit um die Gleichberechtigung kämpft, dabei aber ihr eigentliches Wesen viel zu sehr aufgibt und schon aufgegeben hat, weil es nicht gelungen ist, *die Welt selbst* weiblicher zu machen. Die Herrschaft des (ebenso zu sehr verhärteten) Männlichen wurde nicht gebrochen. Die Frauen haben nur die Gleichberechtigung erkämpft – in einer nach wie vor männlichen Welt.

Es ist so weit gekommen, dass die Mädchen überhaupt nicht mehr Mädchen sein *wollen* – in dem Sinne, in dem ihr Wesen in diesem Buch beschrieben wird. Und natürlich haben sie damit auch Recht, insofern sie viel zu lange auf eine scheinbar selbe ‚Rolle' reduziert wurden, von außen, während aber die männliche Welt sich ihnen keineswegs bewundernd oder verehrend zugewandt hat, sondern zumeist eben nur lüstern, gierig und unterwerfend...

Das ist die Tragik. Die Emanzipation hat die Mädchen und Frauen befreit, sie können jetzt sein, ,wer sie wollen' – und den Übergriffen der männlichen Welt ist ein (oft noch immer nur kleiner) Riegel vorgeschoben worden. Aber das Weibliche seinem Ur-Wesen nach geht verloren, immer mehr... Dieses aber wäre das Einzige, was das bereits verlorene Männliche noch retten könnte. Davon handelt dieses Buch...

Die Vertiefung in das *Wesen* des Mädchens bedeutet keinerlei Anspruch an irgendein Mädchen, so zu sein. Es ist ein *Einweihungsweg*.

Vielleicht ist es dann ein Einweihungsweg vor allem für die männliche Seele – wenn die weibliche Seele es nicht ertragen kann, sich so sehr vor ein Ideal gestellt zu fühlen. Für die männliche Seele aber *ist* dies einfach ein Ideal, das sie tief, tief verborgen in sich trägt. Dieses Buch will nichts anderes, als versuchen, dieses Ideal so rein und auch so deutlich wie möglich heraufzuholen, *damit das Herz es empfinden und in aller Tiefe lieben lernen kann...*

Was die Seele innig liebt, das verwandelt sie. Wenn aber die Seele ein Mädchen liebt, das ihr wie ein Engel erscheint...

*

Wir wenden uns nun immer mehr der seelischen Schönheit des Mädchens zu. Dieses ist natürlich noch immer untrennbar mit seiner Leiblichkeit verbunden, denn es offenbart sich gerade in dieser und durch diese – und doch kommt jetzt immer mehr das Leuchten der Mädchen*seele* in unseren Blick...

Das Leuchten der Anmut finden wir im Grenzbereich von Leib und Seele, *als* den Zusammenfluss dieser beiden Bereiche. Anmut aber ist gerade die Offenbarung unschuldiger

Reinheit, reiner Unschuld. Nun gehen wir von der Offenbarung zu dem, *was* sich da offenbart...

Auch die Unschuld offenbart sich in allem Einzelnen. Sie durchdringt jede Geste, und gerade das ist dann die Anmut, aber was dazu führt, dass die Anmut erscheinen kann, ist gerade die Unschuld.
Die reinen Augen eines Mädchens sind der unmittelbarste Spiegel ihrer Seele. Und doch spiegelt sich eine reine Seele in jeder kleinsten Geste. Im Blick des Auges sieht man die Seele gleichsam vollkommen unverhüllt. Deswegen kann die Anmut die Seele durch ihre unsägliche Schönheit erschüttern, der Blick reiner Augen aber erschüttert die Seele durch das, was ihr dort *begegnet*.

Und wiederum ist die gesamte Weltliteratur erfüllt von der heiligen, läuternden Wirkung der tiefen Unschuld von Mädchen und Frauen – und doch drängt sich erschütternd die Frage auf: Wen kümmert dies wirklich? Es *ist* heute eben nur noch Literatur. Auch unzählige Filme beruhen in ihrer ganzen Geschichte auf diesem Mysterium – aber auch sie dienen heute nur noch der Unterhaltung. Verborgen, tief innerlich, sucht jede Seele nach diesem läuternden Geheimnis, aber fast keine ergreift es wirklich. Es bleibt bei einer allgemeinen, dumpfen Sehnsucht – und beim gewöhnlichen Alltag.
Man wird aus toter Literatur oder aus Filmen der Unterhaltungsindustrie kaum irgendetwas entnehmen können, was auf Dauer einen wirklichen Eindruck auf die Seele macht.
Ich habe in meinem Buch über die Mädchen die Szene mit der Kantorka aus ‚Krabat' beschrieben, seine unschuldige Liebe zu diesem Mädchen. Dies hat in meiner Jugend einen tiefen Eindruck in meiner Seele hinterlassen. In dieser Jugendzeit kann einen eine bestimmte Szene wirklich noch tief berühren – viel tiefer, als man sich dessen zu dieser Zeit überhaupt bewusst ist. Später aber wird einen irgendetwas

nur noch ähnlich tief berühren, wenn man sich schon eine tief empfindsame Seele erworben hat – oder eine solche durch eine ganz besondere Gunst des Schicksals *behalten* durfte.

Die immer tiefere Begegnung mit dem Wesen des Mädchens, die Vertiefung der Seele *durch* diese Begegnung, dient gerade diesem einen: dass die Seele lernt, wie es möglich ist, sich immer tiefer und tiefer berührbar zu machen. Es ist ein Weg, auf dem die Seele immer mehr von Grund auf verwandelt wird – verwandelt vom Wesen des *Mädchens*.

Die Weltliteratur ist also voll von diesem Geheimnis – und doch liegt es völlig tot und ungenutzt da, vor aller Augen, wie ein kostbarer Schatz, an dem alle vorbeilaufen, weil sie Wichtigeres zu tun haben...

Um ein fast beliebiges Beispiel herauszugreifen. Ende Oktober 2016 lief in den Kinos eine neue Verfilmung von Hauffs Märchen ‚Das kalte Herz' an. Dieser Film wurde natürlich wie alle anderen Filme auch als Unterhaltung angeschaut. Er war sehr modern aufgemacht, ziemlich düster und mit recht viel Brutalität. Mit Recht kann man überhaupt jeglicher Verfilmung von Märchen extrem skeptisch gegenüberstehen, weil sie an die Stelle zarter, immer lebendiger seelischer Bilder fertige, ganz und gar irdische Filmbilder setzen. Dennoch stach ein Einziges in diesem ganzen Film heraus – neben der Darstellung des in der Verfilmung eigentlich reinherzigen jungen Köhlers Peter Munk. Und dieses Eine, was dem Film trotz seiner Düsterheit ein wahres Leuchten verlieh, war die Darstellung der Lisbeth. *Sie* war tatsächlich gleichsam so gut und so schön wie im Märchen... Aber die Frage ist, wie viele Zuschauer und Kinobesucher dies tatsächlich empfunden haben – auch *tief* empfunden haben...

Damit auf die Seele etwas einen bleibenden Eindruck macht, muss die Seele dahin kommen, sich tief beeindrucken zu *las-*

sen. Heute geht die gesamte Entwicklung in die entgegenge-
setzte Richtung. Man will vielleicht Eindruck *machen*, aber
sich beeindrucken lassen, will man nicht. Ein ganzes Zeitalter
hat das ,*Coolsein*' auf den Thron gehoben. Es zeugt von ,in-
nerer Stärke', wenn man sich von nichts beeindrucken, ver-
unsichern oder aus der Ruhe bringen lässt. Man wäre dann ja
leicht manipulierbar, über den Tisch zu ziehen, man wäre
nicht ,durchsetzungsfähig' oder ,zielorientiert' oder was dergleichen Adjektive mehr sind, die den Menschen zu einem
scheinbar selbständigen, in Wirklichkeit aber nur perfekt auf
dem heutigen Arbeitsmarkt einsetzbaren Objekt machen. In
einer Arbeitswelt, die oft genug auf dem *Sozialdarwinismus*
zu beruhen scheint, muss alles, was mit dem Wesen des
Mädchens auch nur von ferne zu tun hätte, vernichtet werden,
selbst das wahre, edle Wesen des Mannes darf nicht mehr
sein...

In *dieser* Welt gelten dann Männer, die eine tiefe Zuneigung
zu einem Mädchen und zum Mädchenhaften überhaupt fassen, als verrückt, als pervers und krank, als ,unfähig zu echten oder reifen Beziehungen' und dergleichen mehr. Verrückt
sind aber nicht diese männlichen Seelen – verrückt ist die
gesamte Welt, wirklich ver-rückt aus ihrem menschlichen
Gleichgewicht und völlig verloren in Bezug auf ihre wahre,
tiefste Sehnsucht.

In einer noch seelischeren Welt und einer noch früheren Zeit
als der heutigen konnte es noch sein, dass der Minnesang
blühte. Dass es für die Männer ein Ideal war, demütig ein
weibliches Wesen zu verehren, das wirklich wie etwas Über-
irdisches erschien – und in der auch Mädchen und Frauen das
Ideal hatten, einst so rein und gut, so gütig und milde zu sein
wie eine idealisierte Königin...

Mag es sein, dass dies nur die lichte Seite eines immer als
dunkel und finster verschrienen Mittelalters war – doch dieses Mittelalter *hatte* wenigstens noch eine lichte Seite... Es

war doch als Zeitalter der Verstandes- und *Gemüts*seele zugleich auch die Zeit tiefer Religiosität und Mystik, aber eben auch reiner Minne – eine Zeit tiefer Verehrungskräfte der Seele, neben allem Dunklen. Im Evangelium heißt es, das Schlimmste ist nicht das Finstere, das Schlimmste ist das *Laue*. In der Johannes-Offenbarung spricht Christus selbst zu einer der sieben Gemeinden:

Ich kenne deine Werke, dass du weder kalt noch warm bist. Ach, dass du kalt oder warm wärest! [...] Du sprichst: Ich bin reich und habe genug und brauche nichts!, und weißt nicht, dass du elend und jämmerlich bist, arm, blind und bloß. Ich rate dir, dass du Gold von mir kaufst, das im Feuer geläutert ist, damit du reich werdest, und weiße Kleider, damit du sie anziehst und die Schande deiner Blöße nicht offenbar werde, und Augensalbe, deine Augen zu salben, damit du sehen mögest.

Das sind tief eindrückliche Bilder, die ganz für unsere Zeit gesprochen scheinen. Der Hochmut der ‚ich-starken‘ Seele spricht: Ich bin reich, ich habe genug und brauche nichts. Aber diese moderne Seele sieht nicht, wie arm sie inzwischen geworden ist, wie unendlich arm... Sie hat kein geläutertes Gold mehr, keine weißen Kleider, nichts, was sie leuchtend machen könnte. Sie hat nur noch ihre Blöße – und *sieht* diese nicht einmal...

Das *Mädchen* aber, mit seiner reinen, leuchtenden Seele, wird einst zu jenen gehören, deren Namen im Buche des Lebens aufgeschrieben sind.

Die Sehnsucht der Seelen in der heutigen Zeit ist groß, aber sie ist fast völlig unbewusst, sinkt nur immer weiter in die Unbewusstheit hinab. Abgelenkt wird sie in die Sucht nach immer stärkeren Eindrücken – weil die Seele verlernt hat, sich noch von dem *Zartesten* tief beeindrucken zu lassen. Es ist wirklich die umgekehrte Entwicklung. Man verlernt, das Zarte überhaupt nur noch zu sehen. Man verlacht es, wenn man es sieht. Es sei anachronistisch, aus der Zeit gefallen, einfach ‚nur noch peinlich'. Niemand möchte zart und schwach und sanft sein – nicht einmal mehr die Mädchen *selbst*.

Dennoch ist die Sehnsucht da – aber auch immer mehr in das bloß Leibliche gezogen und sexualisiert. Man braucht sich nur die Unterwäsche-Werbung anzusehen. ‚Lingerie', ‚Dessous' – schon die Worte sind im Grunde zart. Und die Bilder der Frauen sind es dann oft auch, zumindest dem äußeren Anschein nach. Die Unterwäsche ist es, in reinem Weiß, in verführerischem Rot oder Schwarz, oft mit zarter Spitze, und selbst die jungen Frauen liegen oft verführerisch da. Das äußere Bild ist dann ganz das von zarter Verführung, von der Erscheinung des *schwachen Schönen*... Die Sehnsucht ist also wirklich da – und aus ihr wird ein riesiger Markt gemacht. Dass aber dies alles nichts nützt, wenn die Seelen verlernen, zum einen dieses zarte Schöne wirklich zu empfinden und zum anderen es auch in der Seele wirklich wahrzumachen – und zwar sowohl als Frau als auch als Mann –, wird die Entwicklung immer weiter voranschreiten und dieses alles nur immer weiter zu einer bloß äußerlichen Fassade erstarren lassen, die am Ende von selbst in sich zusammenstürzen muss...

Nicht das Zarte berührt mehr, sondern das in seiner Sensation immer Verfeinerte. ‚Shades of Grey' oder andere raffinierte ‚Spiele', in denen die Seele noch für kurze Zeit der inneren Öde entgehen kann, um in die bloße Lust zu fliehen... Das Zarte mag vielleicht teilweise noch berühren – aber es findet sich überhaupt keine Seele mehr, die zart *ist* oder sein will! Wie auch, in einer Welt, in der sie sich unendlich einsam vorkommen muss... Wie auch, in einer Welt, in der schon Dichtungen, die nur wenig mehr als ein Jahrhundert alt sind, schon wie seit Jahrtausenden überholt anmuten...

Das liebende Mädchen

Jüngling, wenn ich dich von fern erblicke,
Wird vor Sehnsucht mir das Auge nass:
Nahst du dich, so hält es mich zurücke
Wie mit Fesseln – und ich weiss nicht, Was?

Fern von dir hab' ich so viel zu klagen,
Und dir gegenüber sitz' ich stumm,
Kann dir nicht ein Sterbens-Wörtchen sagen,
Stammle nur, – und weiss doch nicht, Warum?

Stundenlang häng' ich an deinem Blicke:
Aber wenn der deinige mich so
Ueberrascht, fährt meiner scheu zurücke,
Will sich bergen, – ach! und weiss nicht, Wo?

Seh' ich dich mit andern Mädchen spassen;
O, dann möcht' ich arme Schwärmerinn
Meine Vaterstadt, mein Land verlassen,
Möchte fliehn, – und weiss doch nicht, Wohin?

Einsam lass' ich, statt mich zu zerstreuen,
Meinen Thränen ungestörten Lauf,
Wiege mich in süssen Träumereyen,
Freue mich, – und weiss doch nicht, Worauf?

Denke mir das höchste Glück auf Erden,
Das ein Mädchen sich nur wünschen kann,
Hoffe, dass sie einmal kommen werden
Diese Freuden, – ach, und weiss nicht, Wann?

Denke von zwey gleich gestimmten Seelen
Mir die schönste, reinste Harmonie,
Möchte dich aus einer Welt erwählen,
Theurer Jüngling! – ach, und weiss nicht, Wie?

Gabriele von Baumberg (1768-1839)

Wo sind die Mädchen, die heute noch so lieben können? Und
wo sind die Jungen, die noch wüssten, welche Unendlichkeit

sie mit einer *solchen* Liebe geschenkt bekämen? Die ihr auch in ihrer eigenen Seele überhaupt würdig wären? Wo sind sie...

Aber wir wollen uns hier in das Wesen des Mädchens vertiefen, und die Dichterin hat es in einer unendlichen Tiefe erfasst – in jeder Zeile lebt die absolute Unschuld des Herzens dieses einen, liebenden *Mädchens*. Manche Jungen können auch sehr unschuldig lieben – aber nicht *so* rein, so unschuldig, so sanft wie dieses Mädchen... Und was Jungen dann lieben, wenn sie sehr unschuldig lieben können, ist gerade diese noch viel größere Unschuld der Mädchen... Es ist und bleibt also *ihr* Geheimnis – das der Mädchen... In der geistigen Welt aber ist jede Unschuld etwas Leuchtendes. Jedes Mädchen mit einem reinen Herzen ist aus der geistigen Welt gesehen ein Licht auf Erden. Und die Jungen mit einem reinen Herzen *sehen* das auch. Deswegen lieben sie gerade diese Mädchen – und keine anderen. Man muss die eigene Seele zu einem Auge für die Unschuld machen. Und dieses Auge muss tief empfinden und tief lieben lernen, was es sieht...

Das verfolgte Mädchen

Ich fühl' ihn, ich fühl' ihn hinter mir gehn,
Ich möchte den Kopf so gern nach ihm drehn,
Nur würd' er mir dann in die Augen sehn,
Und dann, dann wär' es um mich geschehn...

Ich fühl' seinen Blick, er streichelt mich leis,
Er ruht auf mir und ich weiß, ich weiß,
Sein Blick hat Lippen und küßt mich heiß,
Und mein Herzschlag stockt und mein Blut wird zu Eis!

Wie in einer Wolke geh ich daher;
Ach Gott, wenn ich nur schon zu Hause wär'!

Wie setz' ich die Füße so plump und so schwer!
Ach, wenn ich nur schon beim Tore wär'!
Und da ist das Tor. Und nun - Mutter vergib! -
Ich muß ihm zeigen, wie ich ihn lieb'!
Wie traurig er schaut! Ach, dürft' ich's nur wagen!
Ich möcht' ihm ja so gern was Liebes sagen...

Hugo Salus (1866-1929)

Es ist das Selbstbewusstsein, und es ist die mit diesem Selbstbewusstsein heute zunächst untrennbar verbundene Kälte, die
all diese Unschuld aus der Seele schwinden lässt – wie Sand
zwischen den Fingern... Aber die Seelen müssen auf die
Suche nach einer neuen Unschuld gehen, sonst wird dieses
Selbstbewusstsein auch *die Seele selbst* schließlich ganz verlieren. Die Seelen müssen sich ihrer Sehnsucht nach einer
neuen Unschuld bewusst werden – oder sie werden irgendwann auf der Spitze ihrer Selbstbezogenheit eine unendliche
Einsamkeit erfahren, dann aber nicht mehr wissen, wie sie
diese Wüste wieder verlassen können, denn der Rückweg
wird nicht mehr möglich sein...

Die Schönheit der Seele liegt in ihrer Unschuld – und gerade
in jener Unschuld, mit der sie *lieben* kann. Letztlich ist Unschuld nichts anderes, denn die ‚Schuld' liegt gerade in der
Selbstbezogenheit, und eine unschuldige Seele *ist* noch nicht
selbstbezogen. Sie kann also alles lieben. Und gerade das *ist*
dieses reine Wesen der Mädchen – ihre unendliche Hingabefähigkeit. An alles.

In der wunderbaren Stelle aus Berthold Auerbachs Erzählung
‚Barfüßele' (1856) zeigt sich tief berührend, wie das Wesen
des Mädchens tatsächlich nicht den geringsten Selbstbezug
hat und sogar erst durch die Liebe wie neu zu sich selbst erwacht:

Barfüßele ging immer hinterdrein, eine gute Strecke von ihren Ortsangehörigen entfernt. Man ließ sie gewähren, und das war das beste, was man ihr antun konnte. Sie war bei ihren Ortsangehörigen und doch allein, und sie schaute sich oft um nach den Feldern und Wäldern: wie war das wunderlich jetzt in der Nacht, so fremd, und doch wieder so vertraut. Die ganze Welt war ihr so wunderlich, wie sie sich selbst geworden war. Und wie sie ging, einen Schritt nach dem andern, wie fortgeschoben und gezogen, und nicht wußte, daß sie sich bewegte, so bewegten sich die Gedanken in ihr von selbst, hin und her; das schwirrte von selbst so fort, sie konnte es nicht fassen, nicht leiten; sie wußte nicht, was es war. Ihre Wangen erglühten, als ob jeder Stern am Himmelszelt eine heißstrahlende Sonne wäre, und in ihr entflammte das Herz. [...]

Als sie endlich in das Haus eintrat, kam ihr alles noch viel seltsamer vor als draußen: so fremd, so gar nicht dazu gehörig. ,Warum kommst du denn wieder heim? Was willst du denn eigentlich da?' Es war ein wundersames Fragen, das in jedem Tone für sie lag, wie der Hund bellte und wie die Treppe knackte, wie die Kühe im Stalle brummten, das alles war ein Fragen: ,Wer kommt denn da heim? Wer ist denn das?' Und als sie endlich in ihrer Kammer war, da saß sie still nieder und starrte ins Licht, und plötzlich stand sie auf, faßte die Ampel und leuchtete damit in den Spiegel und sah darin ihr Antlitz, und sie selber fragte fast immer: ,Wer ist denn das? ... Und so hat er mich gesehen, so siehst du aus,' setzte ein zweiter Gedanke hinzu. ,Es muß ihm doch was an dir gefallen haben, warum hätte er dich sonst so angesehen?' [...]

Endlich löschte sie ruhig und behutsam die Ampel und lag im Bett; aber sie fand keine Ruhe, rasch sprang sie wieder heraus und legte sich unter das offene Fenster, hineinstarrend in die dunkle Nacht und in das Sternengeflimmer, und in keuscher Schamhaftigkeit vor sich selber bedeckte sie Busen und Hals mit beiden Händen.

Das war ein Schauen und Sinnen, so schrankenlos, so wortlos, so nichtswollend, und doch alles fassend, eine Minute Gestorbensein und Leben im All, in der Ewigkeit.

Unsagbare, unnennbare Empfindungen, die die Seele in ein absolutes Mysterium weiten. ‚Eine Minute Gestorbensein und Leben im All, in der Ewigkeit...' Unsere Aufgabe aber ist es, dies immer tiefer empfinden zu können – diese Reinheit der Gefühle, diese bodenlose Tiefe, diese absolute Unschuld. Das Herz vergisst *sich* völlig – denn es liebt ja. Wir können dies *nur* noch von den Mädchen lernen – und vielleicht nur noch von den Mädchen, die uns die Literatur, die Weltseele, erhalten hat. Liebe in absoluter Unschuld, absoluter Selbstvergessenheit. Können wir *so* auch selbst ein *Mädchen* lieben...? Können wir durch die Liebe zu einem Mädchen diese tiefe Reinheit wieder lernen? Es geht darum, sich von dieser Liebe des Mädchens *berühren* zu lassen. Dann ist diese Schilderung nicht nur ein über 160 Jahre altes historisches Dokument – dann steht dieses Mädchen *jetzt* vor unserer Seele, geht jetzt die alte, knackende Treppe hinauf, schaut bei Kerzenlicht sein Antlitz an und geht in tief liebend-sinnender Befremdung zu Bett, vor seltsamen Empfindungen keine Ruhe findend. Wir aber lieben dieses Mädchen um seiner unfassbaren Unschuld willen...

Was wir brauchen, ist eine absolute Wahrhaftigkeit der eigenen Seele. Diese darf sich dessen nicht schämen, darf sich nicht ein einziges bisschen lächerlich vorkommen, indem sie versucht, solche Empfindungen immer tiefer zu haben. Sie muss sich bewusst werden, was sie eigentlich will. Und *wenn* sie eine Sehnsucht nach Unschuld in sich fühlt, dann muss sie den Mut haben, ein solches Mädchen tief, tief zu *lieben* – weil sein liebes, unschuldiges, zartes Wesen offenbart, was unsere Seele nicht mehr hat, was sie, dieses Mädchen, aber noch in aller Fülle hat...

*

100

Wir haben zuvor die heilige Leiblichkeit des Mädchens kennengelernt: das schöne Schwache... Dann das ebenfalls noch leibliche Leuchten, das in der unglaublichen Zartheit des Mädchenleibes bestand: das zarte Schöne... Nun lernen wir immer mehr kennen, *warum* das Leibliche so schön ist. Es ist das Wesen des Mädchens selbst, das es so schön macht... Wir haben das Geheimnis der Anmut kennengelernt, das Mysterium der Unschuld...

Das heilige Geheimnis der Mädchen tritt uns unverhüllt entgegen – in jenem Mädchen, das es wahrmacht. Wir sehen nicht mehr nur die unbeschreibliche *leibliche* Schönheit des unschuldigen Mädchens und seines jungen Leibes, wir sehen die übersinnlich leuchtende Schönheit seiner *Seele*.

Obwohl sich die Seele bis in den Leib offenbart und sie es ist, die den Leib so unsäglich schön macht, wenn sie selbst schön ist, ist die Schönheit der Seele *selbst* nicht äußerlich sichtbar. Sie offenbart sich zwar bis in die kleinste Geste, bis in jedes Wort und den Klang der Stimme – aber um es zu hören, um es zu sehen, muss die *Seele* hören und sehen.

Wir sind es zwar gewohnt, diese engelhafte Schönheit des *Leibes* zu sehen – und dabei sehr viel zu empfinden –, nicht aber, die seelische Schönheit. Diese sehen wir zwar auch. Aber um uns tief, wirklich sehr tief davon berühren zu lassen, müssen wir an unserer Seele *arbeiten*. Diese Seele, unsere eigene, ist nämlich viel zu dumpf geworden, um die *wirkliche* Unschuld eines solchen Mädchens auch nur ansatzweise zu empfinden. Und wenn wir sie doch ansatzweise empfunden haben, ist der Eindruck auch schon gleich wieder fort.

Eine schöne Leiblichkeit bleibt uns sehr, sehr lange in Erinnerung. Aber so eine Schilderung wie die des Mädchens und seiner reinen Liebe, ja, die wird allzuleicht gelesen, durchaus auch beeindruckt – aber wenige Minuten später ist sie schon bloße Erinnerung. Man erinnert sich noch – aber es knüpft sich eigentlich schon keine Sehnsucht mehr daran. Sie mag eben kurz erwacht sein, aber schon ist sie wieder vergangen. Das aber bedeutet nicht nur, dass wir nicht bereit sind, uns selbst zu verwandeln, es bedeutet auch, dass wir die wirkliche Unschuld dieses Mädchens nicht einmal erfasst haben. Denn allein dies schon müsste uns wahrhaft erschüttern – unabhängig davon, ob wir auch uns selbst verwandeln wollen oder nicht. Wir haben nicht einmal mehr ein wirkliches *Organ* für die Unschuld! Unsere Seele *ist* absolut verflacht und plump geworden.

Dies müssten wir erkennen wollen – und dann darunter leiden: dass selbst die eindrücklichsten Schilderungen oder Gedichte der Weltliteratur uns allenfalls kurz rühren können; dass aber die Seele längst völlig daran gewöhnt ist, nach jedem Eindruck bereits gelangweilt den nächsten zu erwarten – und überhaupt nicht mehr fähig zu *echter* Berührung, echtem Berührtwerden ... das nur echt ist, wenn es für Minuten, für Stunden, ja für Tage oder noch länger anhalten würde...

Nehmen wir doch nur einmal an, ein solches geradezu engelhaft unschuldiges Mädchen würde *uns* lieben! Ja, wenn es dies leibhaftig täte, wären wir wohl innerlich etwas engagierter als bei dieser Erzählung – aber wie lange? Wann würden wir auch in der Realität nicht mehr anders können, als diese welterschütternde Liebe als *normal* zu empfinden oder mit dieser ‚übertriebenen' Reinheit überhaupt nicht zurechtzukommen?
Können wir an solchen Überlegungen nicht erkennen, wie schlimm es um unsere Seele bereits bestellt ist?

In meinen Romanen leben Mädchengestalten, die in der Lage sind, auch der eigenen Seele wieder Leben einzuhauchen. Es geht da nicht nur um eine kurze Passage oder ein einzelnes Gedicht, es geht da immer um das Wesen eines Mädchens überhaupt – und der Leser kann dieses Wesen erleben. Er begegnet ihm wirklich. Und das Wesen des Mädchens berührt die Seele, kann sie heilend berühren ... *wenn* der Leser es zulässt. Diesen Schritt kann ihm niemand abnehmen. Die *Sehnsucht* nach einer inneren Berührung muss er haben. Er muss in der Lage sein, sich verwundern zu lassen – sich zu verwundern über das reine Wesen der Mädchen – und sich dann auch *verwunden* zu lassen ... wiederum von dem reinen Wesen der Mädchen. Wunden muss das Wesen der Mädchen schlagen – Wunden in den harten Panzer der erstorbenen Seelen. Und es ist doch eigentlich ein Wunder, dass ein Mädchen das vermag. Gerade das Zarteste kann noch das Härteste wieder erlösen... Am Ende meiner kleinen Erzählung ,Der Drache und das Mädchen' heißt es über dieses Mysterium:

Und dann ereignete sich das größte Wunder: Als er ihr ganz nahe gekommen war, erlebte er in ihren Augen, dass das Vertrauen ganz überwog; die Furcht schien sinnlos zu werden – und sie trat zögernd einen Schritt auf ihn zu.
Was für eine Unendlichkeit lag in dieser Gebärde! Der Drache wurde von einer Woge innerer Erschütterung überwältigt. Dass dieses Wesen zuließ, dass er sich näherte, war mehr, als er glauben konnte. Dass sie *selbst* sich ihm näherte, überstieg alles, was er erfassen konnte. Ihm drohten die Sinne zu schwinden. In tiefer Überwältigung senkte er sein Haupt und legte sich ihr zu Füßen... Ergebung floss in seinen Adern, reine Hingabe, eine Hoffnung, die keine Worte hatte.
Und das Mädchen hob zögernd seinen Arm und berührte ihn sanft. Die schuppige Haut blieb gefühllos gegen die Pfeile hunderter Ritter – doch die Hand eines Mädchens durchschlug alle Abwehr und ließ das mächtige Wesen des Drachen bis ins Innerste erzittern...

Wie tot die Seele auch sein mag – sie kann die Sehnsucht in sich erwecken, ihren Tod zu bedauern. Sie kann im Wesen des Mädchens das verlorene Leben spüren, wie ganz von ferne, und sie kann lernen, die Sehnsucht wieder neu zu fühlen, erlöst zu werden. Erlösung aber würde bedeuten, wieder *fühlen* zu können, rein und tief – und unschuldig. Erlösung würde bedeuten, sich wieder *verwunden* lassen zu können – von erschütternden, berührenden, zutiefst berührenden Empfindungen. Wenn das Mädchen die Erlöserin der Seele sein soll, hieße dies, sich zuallererst *vom Wesen des Mädchens selbst* derart verwunden zu lassen. Das aber ist nur möglich, wenn die Seele zugleich beginnen würde, dieses Mädchen abgrundtief zu lieben. Man *kann* sich nur von dem verwunden lassen, was man liebt...

Dieses Geheimnis ist ein allerwesentlichstes. Man kann sich nur von dem verwunden lassen, was man liebt. Denn nur dem gegenüber macht man sich verwundbar. Und nur von ihm *möchte* man verwundet werden ... weil man weiß, dass dies gerade die Erlösung ist. Es ist die Erlösung, wieder verwundbar zu werden. Und was könnte leichter sein, als sich von einem *Mädchen* verwunden zu lassen? Was könnte sanfter, zärtlicher, heilender sein?
Gerade dies ist die Heilung – das Sich-verwunden-Lassen von dem Wesen des Mädchens. Von diesem Wesen, das so engelhaft ist, so unbeschreiblich schön... Nur *empfinden* lernen muss man diese Schönheit! Empfinden lernen – und sich davon berühren lassen ... so sehr, dass man verwundet wird. So sehr, dass es wehtut. Schönheit kann wehtun... Aber diese Tiefe muss die Seele finden.

In gewisser Weise muss die Seele wieder lernen, einem Mädchen hoffnungslos zu verfallen. Denn nur dann liebt sie so innig, so unendlich, so wahrhaft unschuldig, dass diese Liebe die Seele *verwandelt*, und zwar völlig. Wirkliche, allertiefste Liebe ist *immer* ein alles verbrennendes, alles läuterndes Feuer. Wahre Liebe verbrennt immer das seelentötende, falsche Ich – und heilt die Seele bis in ihren Grund... Aber wahre Liebe braucht heute den allergrößten Mut. Denn man muss alles vergessen – sich selbst, die öffentliche Meinung, alles. Man muss nur noch *lieben* ... so rein wie das Mädchen selbst. Und man muss dieses Mädchen lieben – seine Unschuld, sein Wesen, sein heilendes, erlösendes Wesen...

Das Mädchen *ist* die Unschuld. Deswegen ist es die wahre Retterin der Seele...

Am Ende meines Buches über die Mädchen schrieb ich in einem Gedicht:

[...] Der Mann verfiel dem Zauberbann
Und riss die Welt hinab,
die Frau befreite sich nur halb,
kämpft mit in Mannes Welt
und unterliegt nun dieser –
und hat auch selbst die Ich-Sucht aufgesogen,
der zweite Dämon dieser Welt.

Bleibt nur noch *eine* Rettung,
die heilend-heilig kann vom Banne lösen,
ein Engel, der einzig nicht verfiel dem Bösen.
Nicht Mann, nicht Frau, trägt es
noch rein die Unschuld und oft großen Schmerz:
das *Mädchen* – und sein reines Herz.

Unschuld... Das Mädchen ist reine Unschuld.

Aber die real auf Erden existierenden Mädchen offenbaren dieses reine Wesen des Mädchens nur mehr oder weniger – oft auch weniger. Dennoch bleibt dies das Wesen des Mädchens. Die weniger unschuldigen Mädchen sind vielleicht individueller – aber sie sind dann mehr allgemein Mensch, weniger Mädchen. Sie legen das Mädchenhafte gerade ab. Sobald aber ein Mädchen die Unschuld in seinem Herzen bewahrt, spürt die Seele sofort um so stärker: dies ist wirklich ein *Mädchen*.

Unabhängig von den einzelnen Mädchen, die das Wesen des Mädchens mehr oder weniger stark offenbaren, gibt es dieses Wesen des Mädchens *selbst*. Wäre dies nicht so, könnte man es auch nicht in den einzelnen Mädchen wiedererkennen, wenn es sich offenbart. Die Seele trägt in sich ein tiefes Wissen davon, was ein *Mädchen* ist. Denn sie trägt in sich sein Urbild. Dieses aber ist eine übersinnliche Realität.
Jede Rose auf Erden kann nur Rose sein, denn sie folgt dem übersinnlichen Urbild der Rose ganz. Ein Mensch muss kein Mädchen sein – er ist es zwar, wenn er sich weiblich inkarniert, der Leiblichkeit nach, bis das Mädchen zur Frau wird, und doch kann der Mensch das reine Urbild jederzeit verlassen. Es gehört zu seiner Freiheit, dass er faul oder selbstsüchtig werden kann, auch, dass ein Mädchen sich wie ein Junge verhalten, kleiden und so weiter kann. Es inkarniert sich ein Mensch – und dieser ist frei, jedenfalls viel freier als die Rose. Der Bewusstseinseinschlag führt ebenfalls dazu, dass ein Mädchen dann schon nicht mehr ganz Mädchen ist – denn dieser gehört eigentlich schon zum Erwachsenwerden und ist in unserer Zeit immer mit jener Gegenmacht verbunden, die eine zu große Selbstbezogenheit bringt.

Dennoch gibt es übersinnlich das reine *Urbild* des Mädchens. Dieses ist gleichsam ganz Mädchen – und wird es auch immer sein. Die Frage ist nur, welches Mädchen dieses Urbild in welchem Umfang offenbart.

Wieder bedeutet dies nicht, dass irgendein Mädchen irgendetwas offenbaren muss. Dennoch umfasst das Urbild gerade die wahrhaft heilenden Menschheitskräfte.

Ein Mädchen, das heute diese Kräfte offenbaren sollte, würde immer in tiefer Weise *heilend* auf seine ganze Umgebung wirken – wie eine Sonne...

Die gegenwärtige (Menschheits-)Entwicklung führt dazu, dass die Mädchen dies zumeist *nicht* mehr tun. Das Urbild wird immer mehr verlassen, weil sowohl der Bewusstseinseinschlag an sich da ist als auch die zunehmende Wirkung der Gegenmächte – die letztlich weder das reine *Menschliche* noch das gleichsam Heilige des *Mädchens* wollen.

Das Urbild des Mädchens ist gleichsam reine Seele – ohne erwachtes Ich. Zumindest wäre dieses Ich ganz und gar selbstlos, voller Hingabe. Dennoch muss man nicht von Ichlosigkeit sprechen. Denn es könnte sein, dass sich die inkarnierende Individualität gerade dafür entschieden hat: für ein tiefes Eintauchen in das Urbild... Und ich habe schon in anderen Büchern darauf hingewiesen, dass die allgemeine Entwicklung immer nur auf das Gegenteil hinausläuft, so dass es, wenn ein Mädchen sich in sehr reiner Weise offenbart, ein gleichsam sicherer Hinweis ist, dass dies ein sehr starker vorgeburtlicher Entschluss der *Individualität* war. Es ist keine Ich-Schwäche, sondern das Ich taucht gerade stark unter in jene Seelenkräfte, die einmal die wahren Zukunftskräfte werden sollen...

Wir können es an uns selbst beobachten, dass die Entwicklung einer reinen Moralität in einer Welt, die zunehmend auf unmoralische Kräfte gebaut wird, immer mehr Ich-Stärke und immer mehr Mutkräfte erfordert. Wieviel mehr Mut muss eine Individualität haben, die sich entschlossen hat, sich als Mädchen zu inkarnieren – und dies auch noch in einer sehr reinen Weise! Erinnern wir uns, dass das Mädchen in seinem Leib das schöne Schwache und das zarte Schöne ist – und in seiner Seele die reine Unschuld... Und vergegenwärtigen wir uns nur für einen einzigen Moment, wie dies in der heutigen Welt steht... Unendliche Mutkräfte würde eine Individualität brauchen, um sich *so* zu inkarnieren und *dies* zu offenbaren! Und nicht einmal nur Mut, sondern auch eine sehr weit fortgeschrittene Entwicklung, denn sonst werden diese heiligen Zukunftskräfte gar nicht vorhanden sein und sich auch gar nicht halten können gegen all die Gegenkräfte...

*

Aber wir brauchen nicht auf Erden nach einem solchen Mädchen suchen – auch wenn es solche Mädchen vielleicht geben wird, was um der Welt willen gehofft werden muss.
Doch wir sind auf unserem Weg zum *Mädchen* an dem Punkt, wo wir sein Wesen tief erlebt und so sein lebendiges, reines Urbild gefunden haben – zumindest ahnend, so dass wir nun versuchen können, uns immer mehr zu diesem Urbild zu erheben.
Alles, was wir auf unserem Weg erlebt haben, gehört zum Wesen des Mädchens. Jedes Mädchen offenbart es anders und verschieden stark, aber wir haben das tief berührende *Wesen* erlebt. Unabhängig davon, was wir an den real existierenden Mädchen erleben, sind wir von dem berührt worden, was uns berühren kann, wenn wir uns tief auf das *Wesen* des Mädchens einlassen. Im Grunde standen wir dabei die ganze Zeit vor dem Urbild, haben uns von ihm berühren lassen, in all seinen verschiedenen Aspekten. In jedem Mädchen lebt *das* Mädchen – und *sein* Wesen haben wir empfunden. Wir

haben immer tiefer erlebt, was ein *Mädchen* ist. Und jetzt erheben wir uns zu diesem Urbild...

Man kann nun auch die Welt der Märchen zu Hilfe rufen. Denn sie ist eine ganze Welt der Urbilder. Hier leben von vornherein nicht äußerlich real existierende menschliche Gestalten, hier lebt von vornherein das Mädchen als Urbild, etwa in Gestalt der Prinzessin, der Königstochter oder der armen Magd, die dann vom König erwählt wird... Dies sind Bilder für die reine Seele, die durch ihre Reinheit zum Geist findet. Zugleich aber sind es Urbilder des Mädchens – denn das Wesen des Mädchens *ist* gerade, ganz und gar reine Seele zu sein. Es wäre dies, wenn die Gegenmächte nicht eingreifen würden... Urbilder des Mädchens aus der Märchenwelt... Nichts übertrifft die Schönheit jener Mädchen:

[...] und endlich kam er zu dem Turm und öffnete die Türe zu der kleinen Stube, in welcher Dornröschen schlief. Da lag es und war so schön, daß er die Augen nicht abwenden konnte [...].

Und auch hier möchte ich noch einmal, wie in meinem Buch über die Mädchen, aus Andersens Märchen ‚Die wilden Schwäne' zitieren, in dem ein Mädchen seine elf Brüder erlöst, weil sie voller Liebe und Hingabe mit bloßen Händen aus Brennnesseln Hemden macht. Die Schönheit des Mädchens entspricht der Reinheit seines Herzens, und diese ist so groß, dass das Folgende geschehen kann:

Strich der Wind durch die großen Rosenhecken draußen vor dem Haus, so flüsterte er den Rosen zu: ‚Wer kann schöner sein als Ihr?' Aber die Rosen schüttelten das Haupt und sangen: ‚Elisa ist es!' Und saß die alte Frau am Sonntag vor der Tür und las in ihrem Gesangbuch so wendete der Wind die Blätter um und sagte zum Buch: ‚Wer kann frömmer sein als du?' – ‚Elisa ist es!' sagte das Gesangbuch. Und es war die reine Wahrheit, was die Rosen und das Gesangbuch sagten.

Als sie fünfzehn Jahre alt war, sollte sie nach Hause. Und als die Königin sah, wie schön sie war, wurde sie ihr gram und voll Haß. Gern hätte sie sie in einen wilden Schwan verwandelt wie die Brüder, aber das wagte sie nicht gleich, weil ja der König seine Tochter sehen wollte.

Frühmorgens ging die Königin in das Bad, welches von Marmor erbaut und mit weichen Kissen und den prächtigsten Decken geschmückt war. Und sie nahm drei Kröten, küßte sie und sagte zu der einen: ‚Setze dich auf Elisas Kopf, wenn sie in das Bad kommt, damit sie dumm wird wie du!' ‚Setze dich auf ihre Stirn, damit sie häßlich wird wie du, so daß ihr Vater sie nicht kennt!' ‚Ruhe an ihrem Herzen', flüsterte sie der dritten zu, ‚laß sie einen bösen Sinn erhalten, damit sie Schmerzen davon hat!' Dann setzte sie die Kröten in das klare Wasser, welches sogleich eine grüne Farbe erhielt, rief Elisa, zog sie aus und ließ sie in das Wasser hinabsteigen. Und indem Elisa untertauchte, setzte sich die eine Kröte ihr in das Haar, die andere auf ihre Stirn und die dritte auf die Brust. Aber sie schien es gar nicht zu merken. Sobald sie sich emporrichtete, schwammen drei rote Mohnblumen auf dem Wasser. Wären die Tiere nicht giftig gewesen und von der Hexe geküßt worden, so wären sie in rote Rosen verwandelt. Aber Blumen wurden sie doch, weil sie auf ihrem Haupt und an ihrem Herzen geruht hatten.

An solchen Märchenbildern muss die Seele lernen, etwas zu *empfinden*. Wie dankbar können wir sein, dass wir solche Bilder überhaupt haben! An ihnen können wir empfinden, was Heiligkeit ist, heilige Unschuld. Es ist aber die heilige Unschuld eines Mädchens. Und wenn die Seele sich alle aufrichtige Mühe geben würde, die sie nur aufbringen kann, so würde sie in einem tiefen, tief berührenden Erleben erleben, *was ein Mädchen ist* – in seiner heiligen Ur-Unschuld.

Unser gewöhnliches Erleben und überhaupt unser gewöhnliches Seelenleben ist viel zu schwach, um hier mehr als einen ganz oberflächlichen, flüchtigen Eindruck zu bekommen. Die Märchenbilder selbst sind eindrücklich – und doch gehen wir über sie fast ebenso hinweg wie über eine gewöhnliche Zeitungsmeldung... Ja, wenn wir bei der Szene *dabei* wären, dann wären wir wahrscheinlich nicht nur sehr berührt, sondern – würden uns wohl gewiss auch unmittelbar *verlieben*. Aber wir sind ja nicht dabei... Dennoch könnten wir dabei sein. Denn was haben Märchenbilder sonst für einen Sinn? Sie können nur einen Sinn haben und eine Frucht bringen, wenn sie die Seele verwandeln. Tun sie dies nicht, werden auch die Märchenbilder so steril wie Zeitungspapier. Gewiss wirken sie irgendwo auch untergründig – geben der Seele zumindest untergründig ein Wissen ihres wahren Wesens. Jetzt aber wollen wir nicht nur auf diese untergründige Wirkung hoffen, sondern wir wollen sie so stark erleben, dass sie tief auch auf unsere *bewusste* Seele wirken!

Stellen wir uns also das Mädchen wirklich vor... Es ist fünfzehn Jahre alt. Und es ist so schön, dass selbst die Rosen neidlos und aufrichtig singen, dass Elisa viel schöner ist als sie selbst... Das Gesangbuch sagt dem Wind, dass das Mädchen auch viel frommer ist als es selbst... Die Stiefmutter will dem Mädchen schaden, und so verfolgt sie einen teuflischen Plan. Mit Hilfe dreier giftiger Kröten will sie das Mädchen dumm, hässlich und böse machen. Sie setzt die Kröten in das Badewasser, dann ruft sie das Mädchen und zieht es aus...

Wir dürfen uns dies alles vorstellen. Manche Menschen werden einwenden, man dürfe ein Märchen nicht auf eine so irdische Ebene ziehen. Wer hier nicht folgen will, braucht das nicht zu tun. Aber wir sind auf der Suche nach dem Wesen des Mädchens – und wir wollen dies immer wieder erleben, damit unser Erleben aufhört, ein bloß oberflächliches, flaches, flüchtiges zu sein, und beginnt, wirklich eines zu werden, das tief *berührt* wird. Man hat noch überhaupt kein wirkliches Erleben, solange dies nicht eintritt: eine wirkliche *Berührung*, ein wirkliches *Berührtsein*.

Das Mädchen *hat* auch einen Leib – und auch davon dürfen wir uns tief berühren lassen. Selbst die Erotik darf sein. Das Wesen des Mädchens selbst führt dazu, dass all das, was uns auch hier berührt, sich immer mehr heiligt. Der Leib des Mädchens ist heilig – aber auch heilig-schön. Und die tiefe Berührung durch die Schönheit des Leiblichen führt die Seele von selbst auch zum Erleben der anderen Stufen des Schönen und Heiligen. Bleibt aber das Erleben aus, so werden auch die anderen Stufen blutleer bleiben und niemals ein wirkliches Erleben werden.

Wir können uns hier sogar auf Platon berufen. In seinem ,Symposion' (Gastmahl) schildert Sokrates, wie er einst von Diotima über die Liebe belehrt wurde. Diese zeigte, dass die Liebe zur Schönheit des einzelnen Leibes schließlich zur Liebe für die Schönheit überhaupt und schließlich für das Ur-Schöne, also das wahrhaft Göttliche führt. Und Sokrates sagt dann:

> [...] dass man zur Erreichung dieses Besitzes [...] einen besseren Mitarbeiter als den Eros nicht leicht finden kann.

Die Erotik wird damit selbst zu einer Führerin der Seele zum Guten. Dies kann auch gar nicht anders sein, wenn es um die Schönheit einer reinen, ur-guten Seele geht, die in einem wunderschönen Leib lebt. Die Liebe zur äußeren Schönheit kann dann die Liebe auch zur inneren Schönheit nur *vertiefen*. Nicht jeder Mann wird ein gutes Mädchen lieben, das nicht schön ist. Jeder Mann wird aber ein schönes, gutes Mädchen lieben – und seine Schönheit wird den Mann so berühren, dass ihn von selbst auch die Reinheit der Seele immer mehr berühren, durchdringen und wandeln wird.

Man kann sagen: An einem heilig-unschuldigen Mädchen ist alles heilig und unschuldig – selbst die Erotik, die von der männlichen Seele dann empfunden wird, denn auch sie ist dann so unschuldig, dass sie von selbst die Richtung zum Heiligen einschlägt...

Denn man will mit diesem heilig-unschuldigen fünfzehnjährigen Mädchen gar nicht ins Bett – man lässt sich von seiner Unschuld nur um so *mehr* berühren, als sie sich auch in seinem Leib offenbart. Selbst *mit* dieser Erotik ist es eine *platonische Liebe*. Eine Liebe, die nach Aristoteles' Lehrerin Diotima (einer Frau!) hinauf zum Göttlichen führt – und nicht etwa hinab ins Leibliche. Man kann alles Heilige hinabziehen, aber noch viel mehr zieht das Heilige hinauf. Gerade das ist das Ewig-Weibliche – und gerade dies suchen wir. Nur suchen wir es so, dass wir nicht meinen, schon weiter zu sein, als wir es sind.

Wer einen vollkommen heiligen Weg gehen will, mag ausschließlich meditieren. Wir gehen einen Weg, den uns das Mädchen lehrt. Dafür aber müssen wir uns zunächst vom Mädchen so tief wie möglich berühren lassen. Erst, wenn wir es von ganzem Herzen lieben, wird seine ganze Reinheit und Unschuld auch unsere Seele in tiefster Weise verwandeln.

Wir weichen der Erotik nicht aus – wir gehen durch sie hindurch und finden gerade dadurch das Mädchen ganz. Das ganze Mädchen – kein blutleeres Abbild. Wer es möchte, kann sich mit einem Sprung zu den Heiligen gesellen, ein Gefährte von Maria und Franz von Assisi werden. Wir aber können selbst Christus zu Hilfe rufen. Im Hause eines Pharisäers sagt er über eine ‚Sünderin' (Lk 7,47):

Ihre vielen Sünden sind vergeben, denn sie hat viel geliebt.

In diesem Sinne können wir nur wiederholen: Die Liebe kann niemals der falsche Weg sein – auch nicht jene Liebe, die über die Erotik führt und sich durch diese vertieft. Auch sie ist ein Weg zum Heiligen. Auch sie führt zu der wahrhaft heiligen Liebe zu dem *Mädchen*. Und in ihm lebt das Heilige, es ist ein Urbild des Heiligen.

Wir dürfen uns also vorstellen, wie die Stiefmutter das wunderschöne Mädchen Elisa, das mit seinen fünfzehn Jahren an Schönheit und Frommheit selbst die Rosen und das Gesangbuch neidlos zurückweichen lässt, zu sich ruft und auszieht... Die Demut des Mädchens zeigt sich sogar daran, dass es sich von der Stiefmutter ausziehen *lässt*. In seiner ganzen unschuldigen Unbekleidetheit, in seiner völlig schutzlosen, ergreifend verletzlichen Schönheit steigt es dann auf Geheiß der Stiefmutter ins Wasser – wiederum voller Vertrauen und Gehorsam, obwohl das Wasser sich durch die Kröten grün gefärbt hat.

Und die eine Kröte setzt sich dem Mädchen in das Haar – das ist jene, die es dumm machen sollte. Die zweite setzt sich auf seine Stirn, diese soll sie hässlich machen, soll das reine, wunderschöne Antlitz des Mädchens hässlich machen. Und die dritte setzt sich auf seine Brust... Dieses unendlich schöne, fünfzehnjährige Mädchen hat eine zarte, ‚marmorweiße‘ Brust, deren sanfte Verletzlichkeit nur seine völlige Unschuld offenbart.

Ich habe in meinem Buch über die Mädchen zu beschreiben versucht, wie heilig diese sanfte Rundung über dem *Herzen* eines Mädchens ist. Es ist die allerheiligste Sanftheit des ganzen Mädchenleibes, denn hier, an diesem Ort, schlägt sein Herz, hier lebt das Ur-Gute seines Wesens, hier offenbart sich *das Mädchen*:

Jeder zarte Atem, jede leise Gefühlsregung zeigt sich hier. Aber vor allem eines empfindet man so unbeschreiblich: dass hier auch der Ursprung für alles *Tun* des Mädchens liegt. Das unschuldige Mädchen lebt in der Hingabe und unmittelbar aus dem Herzen. Von dem Wesen des Mädchens geht ein Leuchten aus, und der heilige Mittelpunkt dieses Leuchtens ist sein Herz.

Alles, was es tut, hat hier seinen Mittelpunkt. Es bewegt sich nicht mit den Füßen, sondern mit dem Herzen.

Das muss man fühlen: Ein Junge drängt mit den Händen und Füßen vorwärts, mit dem Kopf oder womit auch sonst noch, ein Mädchen aber bewegt sich vom *Herzen* aus. Deswegen ist auch seine Brust etwas Heiliges. Man muss es *fühlen*, diesen ganzen Zusammenhang... Die Zartheit von beidem...
Wenn wir uns also vorstellen, wie dieses heilig-schöne Mädchen in das Bad steigt, dann empfindet die Seele nicht etwa die Lust, dem Mädchen an die Brust zu fassen oder hinterherzusteigen, sondern sie ist erschüttert von der Schönheit und der Unschuld. Sie lässt sich von diesem Eindruck unendlich berühren. Das ist heilige Erotik. Nicht Lüsternheit oder Voyeurismus suchen wir, sondern Berührung durch das heilige Wesen des *Mädchens*.
Moralprediger oder Heilige mögen dies noch immer verdammen. Wir aber suchen die wirkliche Moral – und wir sind erst auf dem Weg zur Heiligkeit. Das Mädchen ist schon heilig-unschuldig. Wir wollen es erst *werden*. Darum müssen wir uns von der heiligen Unschuld tief *berühren* lassen. Ein schutzlos-unbekleidetes Mädchen in seiner ganzen wirklichen Schönheit ist nun einmal noch unendlich viel unschuldiger als dasselbe Mädchen mit Kleidung... Gerade dies zeigt sich in dieser Szene so erschütternd. Sonst hätte die Stiefmutter auch einfach nachts zum Bett des Mädchens gehen können.

Nun also erfüllt sich diese Szene für uns ganz mit Leben – und wir erleben die ganze Unschuld, aber auch erschütternde Schönheit dieses Mädchens. Und die Kröten werden zu Blumen... Sie wären zu Rosen geworden, aber durch ihr Gift werden sie zu rotem Mohn...
Aber auch unsere eigene Vorstellung wird von diesem Mädchen verwandelt – oder ist es bereits in dem Moment, wo sie entsteht. Sie aber wird durch das Mädchen zu einer Rose ...

denn es ist unsere *Liebe* zu diesem Mädchen. Nicht die Kröten der Lüsternheit trieben uns zu dieser Vorstellung, sondern eine heilige Erotik, die von dem Mädchen mit Leichtigkeit und immer in Rosen verwandelt werden wird...

Das ist auch der Unterschied zwischen einem reinen Urbild und einem äußerlich wirklichen Mädchen. Diesem äußerlich wirklichen Mädchen könnten wir unter Umständen zu nahe treten. Es hat einen Eigenwillen – und es könnte uns zurückweisen. Auch dann, wenn wir es in zartester Weise verehren. Das Urbild aber tut dies nicht. Man kann gleichsam sagen: Es *weiß*, dass wir uns mit reinen Absichten nähern. Und selbst wenn diese Absichten nicht ganz rein sein sollten, werden sie von dem Mädchen selbst geheiligt. Das Urbild ist so rein und so unschuldig, dass es selbst Kröten in Blumen verwandelt. Dieses Mädchen ist doch ein Geschöpf mit einem ur-guten Herzen! Wie könnte es uns je zurückweisen? Möge unseren Vorstellungen die letzte Reinheit noch fehlen – wann immer wir von dem Mädchen wirklich *berührt* werden, berührt uns auch seine *Reinheit* ... und diese ist verwandelnd und heiligend. Gerade das ist sein Wesen!
Wer dies noch immer nicht glaubt, möge uns noch immer verurteilen. Das Urbild und Christus selbst werden es nicht tun... Sie beide wissen, dass die Liebe immer läutert – und sie kommen der Seele mit *ihrer* Liebe entgegen.

*

Indem wir dem heiligen Wesen des Mädchens erlebend immer näher kommen – also immer mehr ein Erleben haben, das uns berührt, *finden* wir dieses urbildhafte Wesen.
Indem wir es aber finden, kann es beginnen, uns eine Führerin zu sein, zu werden. Und wir können auch dies bewusst wollen: bewusst wollen, dass *das Mädchen* unsere Führerin wird.

117

Das bedeutet, dass wir uns von seinem Wesen ‚belehren' lassen wollen – aber nicht abstrakt und kopfig, sondern mit ganzem Herzen und ganzer Seele. Wir wollen uns nun erst recht ganz und gar bewusst von dem Mädchenwesen berühren lassen – und so immer tiefer erfahren, *was* ein Mädchen *ist*. Und von nun an nicht nur, um es zu ‚wissen', denn das tun wir schon, sondern um uns von allem Einzelnen, was es ist, auch *selbst* verwandeln zu lassen.

Hier beginnt dann wirklich ‚der Weg des Mädchens' – hier, wo das Mädchen uns Führerin wird, Führerin immer mehr hinein in sein eigenes Wesen...

Das bedeutet nicht, dass wir selbst auch ein Mädchen werden. Es bedeutet aber, dass wir dies *zum Teil* werden, weil wir uns tief hineinführen lassen in sein Wesen. Es ist, wie wenn das Mädchen uns in sein eigenes Herz mitnehmen würde – in sein Herz, das ein heiliges, unendlich großes, weites, Mysterium ist...

Indem wir uns dem Mädchen hingeben, lernen wir sein Wesen und all seine heiligen Kräfte kennen. Das Mädchen wird sich uns in dieser tiefen, umfassenden Weise in dem Maße offenbaren, wie wir *bereit* sind, ebenfalls zum Mädchen zu werden, zumindest für die Zeit dieser Offenbarung. Wir müssen bereit sein, vollkommen mit dem Mädchen zu erleben. Einswerden müssen wir mit ihm für diese Zeit. Es ist wirklich eine Art Vereinigung.

Aber die Liebe wird *immer* eins mit dem Geliebten – wenn sie tief genug wird...

*

Dornröschen ist ein Urbild, das Mädchen Elisa ist ein Urbild. In manchen meiner Bücher habe ich andere Urbilder beschrieben. Und ich wiederhole: Die Seele trägt das Urbild des Mädchens selbst in sich. Sie kann also dieses Urbild selbst finden. Und wir haben es längst getan. Wir müssen es nur immer lebendiger werden lassen. Wir müssen nur spüren, was das *Mädchen* ist – immer heiliger müssen wir dies spüren...

Das Mädchen trägt das Ur-Gute in seinem Herzen. Es ist die sanfte, heilige Unschuld der seelischen Welt. Überall, wo die Widersacher und Gegenmächte sich erheben wollen oder auch tatsächlich erheben, können wir uns vorstellen, wie das Mädchen sanft seine Hand hebt – und wie aufgrund der unfassbar unschuldigen Anmut die Gegenmächte sich wieder niederlegen müssen, weil sie nichts ausrichten können... Sie werden bezwungen von der Sanftheit, von der Schwäche, nicht von der Stärke. Das Mädchen ist das Wesen der Zartheit.

Im Irdischen kann selbst diese Zartheit unterworfen und missbraucht werden, im Seelischen ist sie die große Heilerin, die heilig-unschuldige Zauberin, die noch das stärkste Gift in Blumen verwandelt.[3]

Dieses heilige Ur-Wesen des Mädchens können wir immer tiefer suchen, bis in konkrete Einzelheiten hinein, um uns durch sie über das wahre Wesen des Mädchens noch tiefer ‚belehren' zu lassen und uns von ihm berühren zu lassen.

Damit beginnt unser Weg, den das Mädchen als Führerin uns lehrt, konkret zu werden. Ja – es selbst wird nun unsere Führerin, und wir folgen ihm. Wir setzen uns in Bewegung, und folgen dem *Mädchen* ... das sich noch einmal zu uns umwendet, uns zulächelnd, und dann anmutig und sanft vorangeht.

---

[3] Man fühlt sich an das Christus-Wort erinnert: ‚In meinem Namen werden sie Dämonen austreiben, [...] Schlangen mit den Händen hochheben, und wenn sie etwas Tödliches trinken, wird es ihnen nicht schaden.' (Mk 16,18).

Wir sehen seine zarte, geliebte Gestalt und folgen ihm – in aufrichtigster Hingabe des Herzens...

Heilige Bitte

Mädchen, heilig-schön, Du bist es!
Wie danke ich Dir, dass ich Dich fand
und du Dich von mir finden ließest...
Zeige mir, wer Du bist,
ich weiß es längst, doch hilf mir weiter,
auf dass ich nie stehenbleibe
im Erkennen Deines Wesens.
Sei mir eine Führerin in Dein Wesen,
zeige Dich mir ganz, immer mehr.

Ich liebe Dein Wesen längst aufrichtig,
führe mich tiefer in dieses Wesen hinein,
ich will Dir folgen, denn ich liebe Dich.
Ganz will ich Dich kennenlernen
und Dich dabei immer tiefer lieben lernen.

Berühre mich tiefer, Mädchen,
ich will von Dir verwandelt werden.
Ich gelobe Dir die Liebe und den Mut,
Deine Liebe zu ertragen...
Verwunde mich, um mich zu heilen...

*

Das Herz des Mädchens kennt aus seinem innersten Wesen heraus die fromme Demut...

Und die heilige Mädchengestalt, der wir nun mit all unserer Liebe und Hingabe folgen, zeigt uns nun zuerst *diese* Regung des Herzens, denn sie sollen wir als allererste lernen, das fühlt es... Und es fühlt recht, sein Herz ist so untrüglich, dass man sich nur berührt darüber verwundern kann. Denn was ist unser größtes Hindernis?

Wenn wir in der heiligen, fortwährend bildgestaltenden Welt der Märchen und der Urbilder bleiben, können wir sagen, dass die ‚modernen' Seelen, also wir alle, etwas besitzen, was uns in den Augen der geistigen Welt unsagbar hässlich macht, wie ein riesiger *Kropf*, den wir mit uns herumtragen und der auf eine seltsame Weise längst begonnen hat, *uns* überall hinzuführen, wo er es will. Der begonnen hat, uns nicht nur äußerlich, sondern auch innerlich hässlich zu machen. Ein riesiger, hässlicher Kropf, der unserer Seele alles aussaugt, was sie schön gemacht hätte und sogar hatte. Nun besteht sie fast nur noch aus diesem Kropf...

Das Wesen dieses Kropfes heißt: Selbstbezogenheit, Selbstsucht, Verklebtheit mit dem eigenen Selbst.

Nicht das Ich ist es, denn auch das Mädchen hat ein Ich, wenn dieses auch gleichsam wie ein heiliger Schein *über* ihm schwebt, aber gerade dies macht das Mädchen so schön. Es *ist* einzigartig, es ist ganz und gar individuell – und doch ist es auch ganz und gar unschuldig und gut. Man denke sich im Reich der Märchen – das, wie wir wissen, eine volle, aber heilige Realität ist –, eine ganze heilige Schar von Mädchen, Dornröschen, Schneewittchen, Elisa und noch andere. Man wird niemals *Klone* vor sich haben. Die Mädchen dieser heiligen Welt sind alle so lebendig, individuell und ureigen wie nur etwas in der äußeren Wirklichkeit. Das Einzige, was sie scheinbar so ähnlich, so gleich macht, ist ihre heilige Unschuld und Güte. Doch nur wer keine Seelenaugen hat, um zu schauen, was unmittelbar zu schauen, zu spüren, zu erleben ist, würde meinen, hier würden nur die *Namen* wechseln. Nein – es sind alles einzigartige Mädchengestalten. Eine schöner als die andere, eine unschuldiger als die andere – und doch alle gleich in ihrer unschuldigen Schönheit, ihrer schönen Unschuld, aber in nichts anderem gleich.

*

Es ist gerade unser schuldiger Verstand, der vergleicht und auch urteilt. Es ist dieser Verstand, der sagt: Das alles hat noch keine Individualität. Es sind doch alles nur Bilder für die reine Seele – reizend anzuschauen, aber gleich. Denke dir tausend dieser Märchengestalten, dann würdest du ihrer schon irgendwann überdrüssig werden. Du würdest endlich merken, dass es nur die ewige Wiederholung des immer Gleichen ist. Das Schneewittchen *ist* das Dornröschen, nur dass es schwarze Haare hat. Und Elisa ist diese beiden, nur dass sie auch noch ausgezogen wird... Hör auf, von Individualität zu reden, wo nur das Ewig-Gleiche sich in ein Bild kleidet und du dich in Gestalten verliebst, die dich einzig durch ihre Schönheit irreführen. Halte dich an das, was du erkennen kannst. Sie sind alle bloß schön und gut – und nur weil sich die Farbe ihrer reizenden Augen ändert, denkst du sogleich, sie seien individuell... Du willst dich in ein wirkliches Mädchen verlieben, aber diese Wirklichkeit phantasierst du dir nur dazu, in Wirklichkeit verliebst du dich in den schönen Schein – den schönen Schein der immer wechselnden Märchenbilder...

So denkt der Verstand – und er kann nicht anders, denn er kennt dieses Reich nicht wirklich. Er kennt es nicht aus dem wirklichen *Erleben*. Was ihm gerade fehlt, ist die Fähigkeit, eintauchen zu können, sich hingebend einzutauchen in diese Welt. In dieser Welt, die eine übersinnliche Realität ist, gibt es nicht *eine* festgefügte Wahrheit. Das Reich der Urbilder ist tatsächlich ein fortwährend sich wandelndes Reich. Und insofern ist es eine halbe Wahrheit, die der Verstand in seiner trocken-nüchternen Art erfasst hat. Das Dornröschen ist kein wirkliches Mädchen, wie es in der äußeren Welt wirklich wäre, wo sich eine Individualität bis in eine Leiblichkeit inkarniert und dann ein Mädchen wird – und später aber auch eine Frau; die zugleich aber immer auch Mensch ist. Das Dornröschen ist ein *ewiges* Mädchen – es ist *nur* Mädchen, aber auch ewig Mädchen. Doch gerade darum hat es auch eine Individualität. Denn es ist auch ewig Dornröschen – und es wird niemals Schneewittchen sein.

Das gerade ist die Realität der Märchen: Dornröschen ist immer Dornröschen. Die Märchen sind nicht einfach nur ein Aufguss desselben, so, wie die Hausfrau aus Resten am nächsten Tag eben noch eine neue Mahlzeit bereitet – und man sieht die Zutaten und erkennt gleich, was es ist, eben: ein Reste-Essen. So ist die Märchen-Welt nicht. Jede einzelne Märchengestalt ist etwas Ur-Eigenes, für immer. So ureigen wie in der äußeren Wirklichkeit und vielleicht noch ureigener. Denn was macht uns denn selbst eigentlich individuell? Das könnte man sich auch einmal tief überlegen. Dass man verschiedene Hobbys hat? Berufe? Gedanken? Vorlieben? Ist daran irgendetwas wahrhaft individuell? Wo *beginnt* Individualität?

Das Dornröschen ist wahrhaft individuell, es ist ein Wesen in der übersinnlichen Welt der Urbilder, eine einzigartige Mädchengestalt, die nie einen ‚Klon' haben wird, so ähnlich andere Gestalten ihr auch sein werden. Auch auf Erden kann es manchmal täuschende Ähnlichkeiten geben...

Und doch sind sie alle zugleich Bilder der reinen Seele. Das Dornröschen ist ebenso gut und schön wie das Schneewittchen und sie beide ebenso gut und unschuldig und schön wie das Mädchen Elisa mit seinen Brüdern. Bei *jedem* von ihnen würden die Rosen erblassen, das Gesangbuch von ihrer frommen Demut zu singen beginnen ... und jedes von ihnen möchte die Seele zur wahren Unschuld führen. Wenn sie es wollten, *könnten* sie sich ineinander verwandeln. Aber dies muss man eben wirklich erleben können – diese verschiedenen Wirklichkeiten dieser Welt. Selbst wenn wir auf unser eigenes Leben zurückschauen, verwandelt sich etwas. Aus dem Kind wird unmerklich der Jugendliche, unmerklich wird dieser erwachsen ... das ganze Leben ist Wandlung, und immer ist man derselbe, aber ist man jemals derselbe? So, wie man heute ein völlig anderer ist als jenes Kind, das man einmal war, so ist Dornröschen ein vollkommen anderes Wesen als Schneewittchen, obwohl auch sie in gewisser Weise die gleichen sind. Sie beide sind Urbilder der Seele, der heilig-reinen Seele, zugleich aber auch Urbilder des Mädchens. Und doch sind es auch verschiedene Urbilder und damit verschiedene Mädchen, auch dies für immer.

Worauf es mir ankommt, ist, zum Ausdruck zu bringen, dass wir immer einer individuellen Mädchengestalt folgen, selbst wenn wir uns gar nichts weiter ‚vorstellen' als *das Mädchen*. Dies wäre dann gewissermaßen das reine, das reinste, das vollkommen unbestimmte Urbild. Und doch könnte es jederzeit konkretere Gestalt annehmen. Wir könnten sein fließendes Haar vor uns sehen, in jener Farbe, die es dann annehmen würde, seine zarte Mädchengestalt, die sich dann auch ganz individuell offenbart.
Sie tut dies vielleicht, weil wir sie individuell vorstellen, aber auch dies ist nur die halbe Wahrheit, die andere Hälfte ist: weil sich das Mädchen selbst *uns* ganz individuell offenbart. Das heilige Urbild des Mädchens ist so individuell, dass wir keine Verfügung über es haben... Wir mögen es vielleicht beim Baden ‚beobachten', aber nur, weil es dies *zulässt*. Wir können uns sein Haar ‚vorstellen', aber nur weil es dies zulässt – und weil es sich uns gerade mit *diesem* Haar offenbaren will...
Ich will damit sagen, dass es einen unendlichen Unterschied macht, ob man mit Gewalt – gleichsam als Gewalttäter – der Mädchengestalt, der man sich in der Vorstellung zu nähern versucht, eine bestimmte Gestalt, ein bestimmtes Haar ‚gibt' und ‚verpasst', oder ob sich *das Mädchen selbst* offenbaren darf. Das eine Mal zwingen wir es und unterwerfen es und lassen es durch eigene Phantasie in jener Gestalt erscheinen,

die *wir* uns wünschen. Das andere Mal folgen wir ihm in Liebe und Hingabe und sehen nur das, was *es selbst* für uns offenbaren will...

*

Man kann nun jederzeit hochmütig und spottend einwenden, es sei dann eben nur die *unbewusst* wirkende Phantasie, es seien dann eben bloß die *geheimsten* Sehnsüchte, die dann die Bilder malen... Diese Einwände kann man sich jederzeit auch selbst machen. Auch sie bilden sich ihre Größe und ihre schlagende Stärke nur ein – und sind sich ihrer eigenen Lächerlichkeit gar nicht bewusst. Der abstrakte Verstand ist aber furchtbar stolz auf sie und meint, der Realität der Märchenwelt und der Lächerlichkeit des Autors und seiner Gedanken nun einen entscheidenden Schlag versetzt zu haben... Kaum hat man ein bisschen psychologisches Allgemeinwissen erworben, meint man schon, die gesamte Märchenwelt und auch die gesamte Realität des Seelischen aus den Angeln heben und interpretieren und deuten zu können. Aufgeblasen ist dieses Wissen und der urteilende Intellekt. Nichts weiter... Auch dies ist fast schon wieder ein Märchenbild. Der aufgeblasene Intellekt, der vom Boden abhebt und in den blassen, dünnluftigen Himmel schwebt und sich dabei riesengroß vorkommt... Er ähnelt unserem Kropf, nur dass er nicht so hässlich ist – aber hohl ist er, hohl und dünn, wie der Himmel, in den er entschwebt und der mit dem Himmel der Märchen nichts gemeinsam hat.

Es mag ja sein, dass das ,Unterbewusstsein', also nicht oder nicht voll bewusste Seelenanteile mitspielen, wenn sich uns die Ur-Gestalt des Mädchens in unserem Inneren formt. Nur ist die entscheidende Frage, wie dann diese Ur-Gestalt jemals heilende, verwandelnde und berührende Wirkung haben könnte, wenn es *nur* diese Ursprünge hätte...

Ja, die dem Niederen lüstern verhaftend bleibende Seele kann warten, was ihr für Bilder aufsteigen. Sie braucht dem Mädchen Elisa keine Haarfarbe zu verpassen – das erledigt ihr Unterbewusstsein für sie. Hauptsache das Mädchen ist nackt und man kann sich seine Brust vorstellen... Aber für diese gewöhnliche Seele bleibt es dann auch so. Sie freut sich, jeden Tag die badende Elisa vorstellen zu können, und dabei bleibt es. Da ist kein Mädchen, das sich offenbart, da ist nur die lüsterne Seele, ihre halbwache Phantasie und das mit ihr malende Unterbewusstsein, die gierende Leiblichkeit...

Es sollte sehr, sehr deutlich sein, dass wir uns längst in einer ganz anderen Welt befinden. Natürlich, wir haben erlebt, wie sehr Leib und Seele auch zusammenhängen und wie sehr es einen Zwischenbereich gibt, der beide verbindet. Wir haben gesehen, dass es der Bereich der Erotik ist, wo Seele und Leib sich begegnen. Und doch ist es ein Unterschied, ob sie dies in heiliger Weise tun – oder in grober, hässlicher Weise. Denn im letzteren Fall zieht die Gegenmacht beides nach unten, Leib und Seele. Im ersteren Fall aber zieht eine heilige Macht die leiblichen Empfindungen in ein heiliges Gebiet, und an einem bestimmten Punkt, wo sie nicht noch heiliger werden können, geht es dann *nur* noch um die Seele selbst...

Wenn wir uns der Welt der Urbilder und also der heiligen Mädchengestalt in *dieser* Weise nähern, ist es nicht das Unterbewusstsein, das sich offenbart. Dieses kann mitwirken, aber es ist es nicht allein. Und in geheimnisvoller Weise wird es immer mehr abgelöst werden von dem heiligen Wirken des *Mädchens selbst*. Dann ist allein *sie* es, die sich offenbaren will, weil wir entweder würdig genug sind oder weil sie weiß, dass ihre Erscheinung uns immer reiner machen wird...

*

Auch hier mag man einwenden, dass es ja noch eine andere Gegenmacht gibt, die einen immer höher abschweifen lässt; die die verfeinerten Sehnsüchte ausnutzt, um einen in ein ätherisches Reich zu führen, das voll ist von schönen, badenden Mädchengestalten und so weiter, das aber nichts mit der Wirklichkeit zu tun hat. Weltfremde Phantasien wären das dann, noch immer gespeist aus den schönen Sehnsüchten des Unterbewusstseins, die zu schön sind, um wahr zu sein, und gerade deshalb die perfekten Verführerinnen, immer weiter fort von der Wirklichkeit...

Ja, Luzifers Einfluss ist wahrlich schwerer zu entgehen als der niederziehenden Macht. Aber nicht umsonst heißt es, Luzifer sei einst sogar Bruder von Christus gewesen. Luzifer ist der Lichtträger, ein Mit-Inspirator aller Dichter und Künstler. Es kommt nur darauf an, seinen Anteil zu *erkennen*. Selbst, wo er da ist, dieser Anteil, *darf* Luzifer diesen heiligen Weg für eine ganze Weile begleiten. Ohne ihn gäbe es diese heilige Erotik gar nicht. Er ist der Bringer des schönen Scheins. Ohne ihn könnte sich das Mädchen gar nicht offenbaren. Nicht, solange unsere Seele nicht schon ganz rein *ist* – und vielleicht selbst dann nicht. Es will sich aber offenbaren, denn es dient den guten Mächten. Und so dient ihnen auch Luzifer, ob er will oder nicht...
Und wir? Was wir tun müssen, ist, das aufrichtige Empfinden in uns zu hüten, auch Luzifer an unserer Seite zu haben, und den aufrichtigen Willen in uns zu hüten, ihn dann, wenn die Zeit gekommen ist, immer mehr zu erkennen und auch immer mehr zurückzulassen. Vorerst darf er mitwirken, denn das Mädchen dient nicht ihm, *er* dient dem Mädchen...

Solange wir uns dem Mädchen mit scheuen Empfindungen nähern, mit tiefer Verehrung und Liebe, so lange wird auch Luzifer nichts anderes tun können, als dem Mädchen und seinem Weg zu dienen. Sein Licht des schönen Scheins *darf* helfen, das Mädchen für uns unendlich anziehend zu machen, denn das möchte das Mädchen auch selbst – es *möchte* uns anziehen ... es möchte unser Herz so mit Liebe erfüllen, dass wir ihm folgen, immer weiter, in sein Reich hinein, das aber das Reich der Unschuld ist, das Tor zur göttlichen Welt selbst, in gewisser Weise sogar ihr Herz...

Es ist, wie wenn das Mädchen lächelte und sagte: Ich selbst möchte mich gar nicht ausziehen, und das weißt du... Aber die Schwiegermutter hat es verlangt. Nun, wo es also geschehen muss, sieh hin... Du darfst es, ich lasse es zu. Du wolltest es ja immer sehen, nicht wahr? Nun sieh auch hin ... und sieh, wie unschuldig ich wirklich bin...

*

Zuletzt aber wird sich uns das unschuldige Mädchen in eine Gestalt verwandeln, die ganz und gar individuell ist, weil sie dasjenige zutiefst anziehende Urbild ist, dem *wir* von ganzem Herzen folgen wollen.

Und wenn es unseren Zweifel bemerkt, dann ist es, wie wenn auch dieses Mädchen lächelte und sagte: Du hast mich gewählt, um mir zu folgen. Wenn du es gekonnt hättest, hättest du auch direkt den Weg der Engel gehen können. Sie dienen Dem, dem auch ich diene. Aber du hast mich gewählt, und auch ich führe dich gern. Hab keine Angst, denn auch ich führe dich recht. Ich führe dich meinen Weg, so wie die Engel dich ihren Weg geführt hätten. Einst wirst du mich nicht mehr brauchen – jetzt aber liebst du mich, und ich führe dich bis zu den Engeln.
Viele suchen den Weg. Aber fast niemand findet ihn ohne uns Mädchen. Doch auch uns findet fast niemand mehr...

Heiliges Gespräch

O, Mädchen, wer bist Du – bist Du nur Schein? Die Welt spricht
so...
Glaubst du denn der Welt, wenn du mir folgst?
Ich möcht es nicht, doch bitte, sag es Du mir, wer Du bist.
Ich bin, die du siehst.
Und immer dieselbe, welche Gestalt ich auch sehe?
Was sagt dir dein Herz?
Nicht dieselbe...
Das ist wahr. Sie alle bin auch ich, und doch bin ich die Eine
und nicht die anderen. Fasse dies Geheimnis, wenn du kannst!
Ihr habt doch auch auf Erden Ich und Ich –
und doch ist's immer ‚Ich'.
Denkst du, bloß dank eines Leibes bist du anders?
Auch ich hab einen Leib – sonst könnte ich nicht Mädchen sein.
Und mein Leib ist nicht der der anderen Mädchen,
so bin auch ich schon deshalb nicht die anderen.
Doch bin auch sonst ich diese Eine, die ich bin und die du siehst,
und bin doch immer – *Mädchen.*
Doch auch du bist immer ‚Ich' – und bist doch mehr.
So bin auch ich *das Mädchen* und bin doch *dieses.*
Im Geiste sind wir Mädchen nicht getrennt,
aber auch ihr seid's nicht.
So glaub mir, dass ich nicht nur Trugbild, sondern Wahrheit bin.
Und nicht nur meine Wahrheit?
Doch – doch nicht so, wie du denkst. Und weißt du auch, warum?
Du folgst nun mir mit deiner Liebe, die ich spüre,
du hast ganz mich gesucht, und nicht Dornröschen, nicht Elisa,
obwohl auch sie dich führten ... hin zu mir.
Ich bin wie sie und *bin* sie dennoch nicht.
Berühren konnt dich jede und du hättest
jeder folgen können, lange,
und doch folgst du mir nun, ganz allein – und das bin ich.
Du folgst in mir dem *Mädchen* – in der einzigen Gestalt,

die es für dich zuletzt nur haben kann,
in der es heilig alle anderen umfasst, aber es ist zugleich ... *ich.*
Ja, ich bin deine Wahrheit – doch du auch meine.
So, wie du mich erwählt hast, durfte ich dich wählen.
Dir offenbare ich mich, nicht nur, weil du mich liebst,
sondern auch, weil ich es bin, die dich liebt.
Ich wollte ebenso deine Führerin sein,
wie du mich und mein Wesen suchtest.
Das ist das Geheimnis,
und die Welt kennt weder dich noch mich.

Aber wenn Du doch nur ein Trugbild vielleicht bist...

Du kannst stets von neuem an mir zweifeln,
nur kann ich dann nicht Führerin dir sein,
denn der Geist des Zweifels hält dich fest.
Den Zweifel überwindet nur die Liebe –
und sie *darf* aber auch vertrauen
denn wo auch immer sie erwacht,
dient sie dem Höchsten, tut es stets,
Vertrau dir also selbst – und vertraue mir,
es sei denn, du willst's nicht mehr...

O doch, das will ich, Mädchen, bitte lass mich nicht!

Das werd ich nicht, doch du, verlass den Zweifel nun,
damit du weiter folgen kannst, denn stehenbleiben kann ich nicht,
ich bin doch deine Führerin...
Solange deine Hingabe mich erwählt,
kann ich die Führerin dir sein,
nur stehenbleiben darfst du nicht, denn dann verlierst du mich...
und sinkst zurück in die Hände jener Macht,
die du verließest, seit du mich so heilig liebtest.
Denn den Zweifel nährt sie auch, und auch dieser reißt das Heilige.

Und Luzifer, o Mädchen...?

Kann mir nichts tun, ich bin zu rein.
Dir kann er auch nichts tun, wenn du mir *folgst.*
Zwar bist du durch ihn doch nicht so rein wie ich,
doch gerade darum hast du sehnsuchtsvoll mich ja gewählt –
dass ich dich führe, denn die Sehnsucht lebt in dir;

nicht nur die eine Sehnsucht, die mir gilt,
sondern auch die nach meiner Führung,
und das sind zwei – verschied'ne Dinge.
Du *hast* mich und wirst mich haben, solange ich dich führe –
und das ist deine eine Sehnsucht.
Doch *dass* ich dich auch wirklich führe, ist deine andre,
und es *weiß* dein Herz, dass ich zur Unschuld führe,
die ich selbst ganz bin, in der jedoch auch du sein kannst
und wirst, weil du dich mir und meinem Wesen anvertraust.
So werde auch ich mich heilig dir ganz anvertrauen
und jene Vereinigung wirst du erfahren, die das Nied're aufhebt.
Denn die Unschuld – sie ist immer heilig und heilt auch alles,
was diese Unschuld noch nicht hat und sie noch sucht...
Folge mir nur liebend, ich führe dich zu mir – und zu dir selbst...
Denn deine Seele ist, in Wahrheit, nicht weniger schön als ich.
Jetzt noch ja, doch deswegen gerade führ ich dich
und liebe dich, so wie du mich, denn du hast dich mir anvertraut.
Du weißt, dass ich nur *lieben* kann – so liebe ich auch den,
den ich jetzt führe, und tiefer noch, als er mich selbst.
Nur dadurch kann ich ja erlösen, das weißt du doch –
und hast mich darum auch gesucht und in Liebe so gefunden.
Nun folge mir und meiner treuen Führung...

*

Das Urbild des Mädchens, das wir uns auf geheimnisvolle
Weise erwählen und das *uns* erwählt, ist unendlich unschuldiger als wir. Es ist nicht erdacht – es ist wahrhaft die unschuldige Führerin.
Mag es auch sein, dass es vielleicht von unserem eigenen
Engel ins Leben gerufen wurde – wir können die letzte heilige Quelle seiner Existenz ebenso von einem Mysterium verborgen sein lassen wie die Existenz unseres eigenen Wesens
... bis wir würdig sein werden, einst beides tiefer zu erkennen
als jemals.

Und mögen hochmütige Stimmen pharisäerhaft lehren: Das Mädchen ist nur Idee – und man muss sich der Idee erlebend gegenüberstellen, sonst gerät man unter ihre Knechtschaft. So antworten wir: Habt ihr denn jemals wirklich auch nur – erlebt? Dies Mädchen ist unendlich mehr als nur Idee. Und wär es Knechtschaft, folgt ich ihr unendlich lieber als eurer abstrakten ‚Freiheit'! Doch kann es niemals Knechtschaft sein, wenn man aus Freiheit, ja mehr noch, aus lauter Liebe folgt. Und hier gilt jener heil'ge Satz aus Goethes Märchen: Von heute an ist keine Ehe gültig, die nicht aufs neue geschlossen wird. Bewusst folg' ich dem Mädchen und seiner Unschuld – folg' jeder, wem er möchte...

Die Einwände und Zweifel haben uns abgelenkt – und doch nur geholfen, sicherer zu wissen, zu erkennen und zu erleben, wem wir folgen wollen. Nun folgen wir wirklich jener *einen* heiligen Mädchengestalt, die unsere zarte, unschuldige Führerin sein kann. Mag noch so sehr eine heilige Sehnsucht unserer Seele diese Gestalt mitgemalt haben, es ist dennoch das Mädchen – und es offenbart sich selbst. Es lehrt uns Taten, Gefühle und Gedanken, die wir noch nicht einmal geahnt haben, geschweige denn, ihrer fähig zu sein ... ohne *sie*.

Und nun führt uns das Mädchen wirklich zuerst zur frommen Demut, um unseren hässlichen Kropf zu heilen...

Alle Beschreibungen dieses Buches können nur Versuche sein, dasjenige anzudeuten, was das individuelle Wesen des Mädchens dem einzelnen Leser wirklich zeigen wird. Es möge eine Hilfe sein – möge man darin so eintauchen können, dass auch die eigene Seele so rege und empfindsam wird, dass durch sie hindurch das Mädchen, das der Seele des *Lesers* Führerin werden möchte, sich ebenfalls lebendig offenbaren kann – mit *ihren* Gesten, mit ihrer Anmut, mit ihrem sanften, heiligenden Wesen...

Das schöne Mädchen, dessen Anmut so sanft leuchtet wie die Sonne eines Frühlingsmorgens, blickt sich also nach uns um, ob wir ihm auch folgen – und dann sinkt es in einer unnachahmlich anmutigen Bewegung auf die Knie, mitten in dieser auch um es leuchtenden Frühlingsnatur, in das zarte Gras, und es faltet seine Hände in den Schoß – und anmutig senkt es leicht sein Antlitz...
Wir wagen kaum noch, es anzublicken, so unschuldig kniet es nun – und hat uns ganz vergessen, ist es doch jetzt vereint mit jener Welt, der sich sein Herz in ganzer Tiefe zugewandt hat. Sanft atmet seine Brust unter dem weißen Stoff seines

Kleides, und sein Herz ist bei den Engeln – es ist auch selbst das Herz eines Engels ... eines *Mädchens*.

Lange verweilt es so – und schließlich finden wir den Mut, uns ihr zu nähern ... und es auch zu versuchen, vielleicht zum ersten Mal ... seit unserer Kindheit oder sogar überhaupt. Wir gehen neben ihr mühsam in die Knie – wie konnte sie dies nur in solcher Anmut? Wir fühlen ihre zarte Nähe, ihre unschuldige, unendliche Andacht. Wir sehen ihren sanften Atem, ihr lebendiges, so friedliches Antlitz – und dieses Bild der tiefsten Unschuld nimmt uns fast den Atem...

Und schließlich wagen auch wir es – die Augen zu schließen, unbeholfen, ja hilflos. Und doch hilft uns die Wärme, die wir von ihrer Seele zu uns strömen fühlen. Neben uns lebt *ihre* Andacht. Und voller Ehrfurcht vor ihrer Unschuld zieht auch in unsere Seele leise etwas ein...

Noch immer wissen wir nicht, was wir dann tun sollen. Und doch ruht unsere Seele ergeben in der heilig-unschuldigen Bewegung ihrer Seele, kniet unser Leib neben dem ihren, spürt unser Herz das ihre... Und allmählich ahnen wir, dass dieses Mädchenherz nicht Worte braucht zum Beten, nicht Gedanken – dass vielmehr das ganze Herz, die ganze Seele wie ein Vogel sich erhebt und fliegt, zu Gott, in frommer Demut. Leicht wie ein Vogel – dass wir beschämt uns vorkommen wie Stein...

Und wir begreifen: Diese fromme Demut ist nur möglich mit ganzem Herzen und ganzer Seele. So, wie *wir* dieses Mädchen lieben, so sehr kann es sich mit seinem *ganzen* Herzen hingeben, in frommer Demut, und sein Herz fliegt auf zu Gott...

Aber sein anmutiges Niedersinken, seine unendliche Hingabe in dieser frommen Andacht – und sogar seine ganze sanfte Gestalt ... all dies erweckt in unserer Seele das zarte Gefühl, was dies ist. Die Andacht des *Mädchens* – sie ist das Wesen der Andacht...

Und wir spüren – gegenüber dem *Mädchen* haben wir schon eine fromme Demut, denn unsere zarte Verehrung seines Wesens heilt jede Ich-Sucht, jeden Kropf... Aber auch die fromme Demut gegenüber der göttlichen Welt zu lernen, werden wir noch oft so knien müssen, mit dem Mädchen, lernend von ihr...

Was unschuldige Demut ist, können wir aber auch an Märchen der Brüder Grimm empfinden lernen. In dem folgenden geht es um ein vielleicht fünfzehnjähriges oder noch älteres Mädchen, denn ein Jahr später bekommt es vom König ein Kind:[4]

Die Müllerstochter war ein schönes und frommes Mädchen und lebte die drei Jahre in Gottesfurcht und ohne Sünde. Als nun die Zeit herum war, und der Tag kam, wo sie der Böse holen wollte, da wusch sie sich rein und machte mit Kreide einen Kranz um sich. Der Teufel erschien ganz frühe, aber er konnte ihr nicht nahekommen. Zornig sprach er zum Müller ‚tu ihr alles Wasser weg, damit sie sich nicht mehr waschen kann, denn sonst habe ich keine Gewalt über sie.' Der Müller fürchtete sich und tat es. Am andern Morgen kam der Teufel wieder, aber sie hatte auf ihre Hände geweint, und sie waren ganz rein. Da konnte er ihr wiederum nicht nahen und sprach wütend zu dem Müller ‚hau ihr die Hände ab, sonst kann ich ihr nichts anhaben.' Der Müller entsetzte sich und antwortete ‚wie könnt ich meinem eigenen Kinde die Hände abhauen!' Da drohte ihm der Böse und sprach ‚wo du es nicht tust, so bist du mein, und ich hole dich selber.' Dem Vater ward angst, und er versprach, ihm zu gehorchen. Da ging er zu dem Mädchen und sagte ‚mein Kind, wenn ich dir nicht beide Hände abhaue, so führt mich der Teufel fort, und in der Angst hab ich es ihm versprochen. Hilf mir doch in meiner Not und verzeihe mir, was ich Böses an dir tue.' Sie antwortete ‚lieber Vater, macht mit mir, was Ihr wollt, ich bin Euer Kind.' Darauf legte sie beide Hände hin und ließ

---

[4] Ausschnitt aus ‚Das Mädchen ohne Hände'.

sie sich abhauen. Der Teufel kam zum drittenmal, aber sie hatte so lange und so viel auf die Stümpfe geweint, daß sie doch ganz rein waren. Da mußte er weichen und hatte alles Recht auf sie verloren.

Rein muss die Seele werden – dann kann sie auch beten... Eine tiefe Sehnsucht nach Reinheit brauchen wir. Wenn unsere Seele unschuldig wird, wird sie das Beten lernen. Das Mädchen aber lehrt uns die Unschuld – und die Hingabe. Unschuldige Hingabe an die göttliche Welt aber ... *ist* Beten.

Schließlich schlägt das Mädchen die Augen auf. Ein engelgleich heiliger Friede liegt auf seinem Antlitz, und seine Augen blicken reiner als je – wenn dies möglich ist. Mit einem unendlich stillen, wie nach innen gehenden Lächeln erhebt es sich wieder in seiner ganzen natürlichen Anmut.
Dann schaut es uns an, lächelt noch einmal sanft – und mit dieser zarten Geste der Zuneigung bedeutet es uns, ihm weiter zu folgen...

*

Das Geheimnis der Mädchen ist ihre Sanftheit. Sanftheit ist das Geheimnis der Hingabe... Wo sie fehlt, wird alles oberflächlich getan, hart und hölzern, gewohnt und gewöhnlich, ohne nachzudenken und vor allem ohne zu fühlen. Sanftheit aber...
Sanftheit ist eine ganz andere Hingabe in jeder Bewegung. Beim Mädchen ist diese Hingabe ganz unschuldig, und deswegen wird sie zur Anmut. Die Hingabe des Mädchens strömt ganz unbewusst aus seinem Herzen – das gerade ist seine Sanftheit. Es muss nicht überlegen, wo es sich hingibt, es tut dies *immer*. Das Mädchen handelt aus seinem Herzen. Dadurch bekommt jede Handlung sein Fühlen und seine Zartheit.

Das Mädchen ist sanft, weil jede seiner Handlungen sanft ist – und sie ist es, weil in ihr das *Herz* des Mädchens lebt. Das Wesen des Mädchens ist sanft – und es offenbart sich immer. Das Wesen eines Jungen kann auch sanft sein – und sich dennoch nicht offenbaren... Das Wesen des Mädchens *kann* sich gleichsam nur offenbaren, denn es ist unschuldig und verbirgt sich nicht...

Diese Sanftheit des Mädchens zu erleben, ist auch für die männliche Seele eine Offenbarung. Sie erlebt etwas, was sie selbst nicht kennt. Es ist das Erleben dieser absoluten, tiefen Unschuld.

Die moderne Seele wird mit jeder Handlung schuldig. Sie bleibt ihr das schuldig, was das Mädchen ihr in Überfülle mitgibt – Sanftheit, Anmut, Hingabe... Die moderne Seele bleibt dies immer schuldig. Sie versagt ihren eigenen Handlungen die Hingabe – und damit die Seele selbst. Das Tun der modernen Seele ist mehr und mehr seelen-los geworden, armselig im buchstäblichen Sinne. Die Seele ist nicht dabei. Sie ist abwesend, nicht nur mit den Gedanken, sondern auch und erst recht im Fühlen. Die Handlungen haben kein Gefühl. Und darum keine Seele.

Das Mädchen aber ist ganz Seele – und darum ganz und gar Sanftheit. Denn seine *Seele* ist sanft.

Im Grunde müsste man jeden dieser Sätze einzeln meditieren – langsam und ... sanft.

Wir können für die Sanftheit der Mädchen nur ein Gefühl bekommen, wenn wir *selbst* viel, viel sanfter werden als sonst. Nur dann werden wir uns unserem Eindruck hingeben können – auch dem Eindruck des *Mädchens*. Zeit lassen ... Zeit lassen muss man sich, das ist das allererste.

Aber dann muss man sich auch wirklich hingeben können. Man muss es lernen, die Hingabe zu *lieben*... Es ist eigentlich eine Art tiefe Entspannung. Aber mehr noch – es ist eine wirkliche Liebe. Liebe zu den Eindrücken der Seele. Liebe zu dem, was die Seele wahrnimmt. Hingabe ist Liebe zum Wahrgenommenen, Liebe zur Wahrnehmung selbst. Das ganze Wahrnehmen geschieht *mit Liebe.*

Wir *haben* diese Liebe schon – aber wir haben sie nur zu dem Mädchen... Lernen wir, das Mädchen so sehr zu lieben, dass wir auch seine *Hingabe* zutiefst lieben – und so in uns die Sehnsucht nach dieser Hingabe erwacht... Nicht nach ihrer Hingabe an uns, sondern danach, von ihr diese Hingabe auch zu lernen... Lernen wir, das Mädchen so innig zu lieben, dass wir immer mehr zu spüren beginnen, wie sehr unsere Seele diese Hingabe *vermisst.* Nicht nur als Liebe des Mädchens zu uns, sondern als Sehnsucht unserer eigenen Seele, *selbst* lieben zu können und auch wirklich zu lieben. Alles zu lieben... Jenen Punkt müssen wir finden, an dem unsere tiefe Liebe zu diesem Mädchen zugleich zu einer tiefen Sehnsucht nach ihrem *Wesen* in unserer eigenen Seele wird. Wir müssen spüren, wie unsere eigene Seele dieses Mädchen *so sehr* liebt, dass sie beginnt, die Sanftheit selbst zu lieben. Eine geradezu schmerzliche Sehnsucht nach Sanftheit zu bekommen – Sanftheit auch der eigenen Seele. Dass die Seele sanft werden will... Bis ins Innerste muss diese Sehnsucht dringen, immer mehr, wie in einem zarten, nicht aufzuhaltenden Wachsen...

Die Sanftheit ist die alles überleuchtende Schönheit der Mädchen. Sie ist es, die wie eine zarte, zärtliche Sonne in unsere Seele einfällt, sie berührend, sie empfindsam machend, sie immer mehr erschütternd, je empfindsamer sie wird... Und diese sanfte, schließlich sogar schmerzliche, weil unendliche Schönheit beginnt, unsere Seele zu verwunden... Das ist das Erwachen dieser tiefen, tiefen Sehnsucht... Sehnsucht nach ihr, dieser unbeschreiblichen Sanftheit, die – das empfindet unsere tiefe Sehnsucht immer mehr – *die Sonne der Welt* ist.

Die Sanftheit ist das wahre Leuchten dieser Welt. Und es sind die *Mädchen*, die es in ihrem Herzen, ihrem ganzen Wesen tragen – und die es in die Welt hineinschenken. Die Welt leuchtet nur durch die Mädchen. Ohne ihre Sanftheit wäre sie finster und leer...

In dieser Sanftheit der Mädchen *lebt* bereits die ganze Liebe, die ein Herz empfinden kann. Die wirkliche Sanftheit *ist* bereits Hingabe und ist Liebe. Sanftheit ist die Liebe der Mädchen. So, wie die Sonne im Frühling sanft wird – so wird die Liebe in den Mädchen sanft...

In meinem Roman ,Engel-Mädchen' wird das Mädchen Marie zu einer sanften Lehrerin dieser Liebe... Leben wir einmal mit mit einer kleinen Passage:

Marie hatte sich gewünscht, noch einmal spazieren zu gehen, und so waren sie wieder auf dem Weg am Waldrand und gingen ihn nun weiter als jemals zuvor.
,Riechst du die Luft?', hatte Marie schon auf dem kleinen Feldweg gefragt.
Es war die ganz normale Luft gewesen.
,Nein', hatte das Mädchen widersprochen. ,Sie riecht *schön*. Man riecht die Natur. Und es ist jeden Tag anders! Die Natur ist jeden Tag anders – und die Luft auch...'
Nun blieb sie stehen und deutete auf einen Baum, der am Feldrand stand.
„Guck mal, Lisa..."
„Was denn?"
„Dieser Baum!"
„Ja, was ist damit?"
„Das ist ein Apfelbaum!"
Sie sah es auch. Aber was war daran so besonders?
„Was *fühlst* du, wenn du so einen Baum siehst, Lisa?"
„Nichts... Was soll ich denn fühlen?"
Die wunderschönen Augen sahen sie einen Moment nur schweigend an. Dann sagte das Mädchen:

„Wie viele Apfelbäume kennst du?"

„Kennen! Meinst du Sorten?"

„Nein, ich meine Bäume. Wie viele verschiedene Apfelbäume kennst du?"

„Keinen! Wie meinst du das? Ich kenne keine Apfelbäume..." Marie wandte sich wieder dem Baum zu.

„Dies ist *einer*... Er ist mein Lieblingsbaum. Schon als kleines Kind war er das. Guck mal hier..." Sie nahm einen Apfel in die Hand, der in ihrer Kopfhöhe hing.

„Siehst du, wie schön *rot* er ist?" Sie trug ihn weiter sanft auf ihrer Hand, öffnete diese aber ganz, so dass sie ihn sehen konnte. Ein Drittel des Apfels hatte ein leuchtendes Rot.

„Ja, ich sehe es."

Vorsichtig pflückte Marie den Apfel nun. Sie kam die wenigen Schritte bis zu ihr und reichte ihn ihr.

„Bitte, Lisa... Jetzt musst du ihn kosten..." Die sanfte Geste berührte sie noch, als sie ein kleines Stück von dem Apfel abbiss.

Sie zog ein bisschen das Gesicht zusammen.

„Etwas sauer!"

„Sauer?", fragte Marie verwundert. „Ich möchte auch mal..." Sie gab ihr den Apfel zurück.

Fast behutsam biss auch sie nun hinein. Dann sah sie sie völlig erstaunt wieder an und sagte:

„Aber er ist doch ganz süß!"

„Ja, aber auch sauer", verteidigte sie sich.

„Natürlich – ein Apfel *muss* doch sauer sein. Aber schmeckst du nicht, wie *süß* er ist?"

„Ja ... schon...", murmelte sie.

„Du hast es schon geschmeckt, oder?", eilte Marie ihr sanft zu Hilfe. „Du bist ... nur nicht das Saure gewohnt, nicht wahr?"

Dieses Mädchen war ein Wunder an Sanftheit...

„Ja."

„Dieser Baum...", fuhr das Mädchen fort. „Sieh doch mal all die Äcker. Sieht man da denn noch irgendeinen Baum? Sie sind alle nicht mehr da! Ich habe mal einen alten Bauern gefragt. Früher gab es viel, viel mehr Bäume und Büsche, auch mitten auf den Feldern. Da ist man dann einfach drumrum gefahren! Warum hat man damit irgendwann aufgehört? Alles weggemacht? Warum!? Nicht nur *auf* den Feldern, sogar an den *Rändern*! Dieser Baum hier, Lisa", sagte sie betont, „hat es als einziger geschafft. Es gibt hier in der ganzen Gegend keinen weiteren. Sie stehen nur noch alle auf *dieser* Seite" – sie zeigte auf den Wald –, „nicht auf *dieser*. Aber dieser Baum hier, der steht noch auf dieser Seite. Ganz allein. *Und* er hat so unglaublich leckere Äpfel..."

Sie hatte ihre lange Rede beendet und sah sie nun erwartungsvoll, fast strahlend an. Fast hilflos erwiderte sie diesen einzigartigen, wunderschönen Blick. Sie wusste kaum, worauf dieses Mädchen hinauswollte. Sie fühlte sich wie ein begriffsstutziges, altes Stück Holz...
Fast mitleidig, aber tief innig sagte Marie nun:
„Verstehst du denn nicht, Lisa? Man ... man *muss* so einen Baum doch liebhaben! Wieso können die Leute das nicht? Ich verstehe das nicht... Es ist ihnen so viel egal... Fast alles... Aber *du*, Lisa", sie sah sie noch inniger an, „wenn du es *lernen* willst, musst du dir auch *Mühe* geben... Für die Liebe *muss* man sich auch Mühe geben. Sie gibt sich doch auch Mühe..."
„Wieso gibt sich die Liebe auch Mühe?"
Fast mit einem sanften Tadel blickten die braunen Augen sie nun an.
„Wäre sie sonst jemals so *schön* – wenn sich nicht auch die Liebe Mühe geben würde?"
Diese unschuldige Antwort berührte sie tief – und auch etwas in ihr...
„Aber wie kann ich mir ‚Mühe geben', Marie? Was kann ich tun?"
„Der Baum muss dir etwas *bedeuten*, Lisa! Er ... steht doch auch für *dich* da..."
Sie bezweifelte das.
„Für mich?"
„Ja. Für jeden. Und er hofft, dass auch er ... *gesehen* wird. Er übersieht schließlich auch niemanden..."

„Aber er hat doch gar keine Augen."

„Das *macht* doch nichts!", erwiderte Marie innig. „Wenn du blind wärst, hättest du doch auch immer noch deine Ohren..."

„Aber der Baum hat doch auch keine Ohren."

„Das glaubst *du*... Was hat er denn dann? Er hat doch seine Blätter! Und denkst du, die Rinde fühlt *nichts*? Wie kann er überhaupt wachsen – wenn er doch in der Sonne steht? Warum *braucht* ein Baum denn Sonne – wenn er ... sie gar nicht fühlen könnte? Und denkst du, er bemerkt uns gar nicht? Wieso sollte er *uns* nicht bemerken, wenn er doch die Sonne bemerkt? Und den Wind? Und den Regen? Die Kälte, die Wärme? Der Baum bemerkt *alles*! Und er möchte, dass wir auch ihn bemerken. Ich weiß es, Lisa! Es ist nicht *egal*, ob wir ihn bemerken oder nicht. Das weiß ich auch von den Engeln..."

Wieder berührten auch diese Worte sie sehr – unabhängig davon, dass sie nicht wusste, wieviel Glauben sie alledem schenken sollte.

„Du glaubst mir nicht, Lisa...", sagte das Mädchen. „Dann denk darüber nach! Ich weiß, du magst das nicht so. Aber tu es! Wie kann der Baum die Sonne fühlen, wenn er *nichts* fühlt? Und wieso nur die Sonne? Ja, weil er sie braucht. Uns braucht er nicht – denkst du. Aber das stimmt nicht. Uns braucht er auch. Ich kann's nicht erklären – aber ich weiß es. Aber das ist ja nicht der Punkt. Der Punkt ist, dass ich diesen Baum schon als Kind geliebt habe – bevor ich das alles wusste. Es geht um die *Liebe*, Lisa! Nicht um das Verstehen..."

Sie war völlig überwältigt. Der innige ‚Unterricht' dieses Mädchens war wie ein sanftes Trommelfeuer – so paradox dieser Vergleich auch anmutete...

Noch immer stand Marie bei dem Baum – und suchte weitere Wege...

„Du kannst doch auch", sagte sie sanft, „versuchen, dir vorzustellen, wie dieser Baum ... geboren wurde! Aus einem winzigen Kern – einem Apfelkern! Hast du dir so einen schon einmal angeschaut? Ganz genau? Wie schön er glänzt? Aber wie winzig er ist? So schön dunkelbraun, so unglaublich glatt – wie kann so ein Kern so glatt sein? *Jeder* Kern?

Und dann...", sagte sie wiederum innig, „kommt da so ein ganz kleiner Spross raus, so ein Keim, ganz winzig... Hast du *das* schon einmal gesehen? Und der hat so eine kleine Wurzel! Und dann kommt das allererste Blättchen – hast du *das* mal gesehen? Lisa, das muss man sich alles mal vorstellen! Und wie dieser winzige Keim dann weiterwächst. Immer weiter – er hört nicht mehr auf. Und ... wie das dann nach langer, langer Zeit auf einmal *Holz* wird. Und immer noch weitergeht! Weiter und weiter und weiter... Während es regnet, und die Sonne scheint, und es schneit ... immer weiter. Man müsste das stundenlang erzählen, Lisa! Und wie dann die Jahre vergehen – und er wird größer und stärker und schöner. Und *dann* ... dann bildet er auf einmal, in einem ganz bestimmten Jahr, die ersten Äpfel! Und deswegen ist er ja gewachsen! Um das zu können! Und das tut er ... und er verschenkt sie, Lisa! Er verschenkt sie einfach... Jeder kann kommen – und sich einen Apfel pflücken, und er lässt es einfach zu! Kannst du das fühlen, Lisa? Wie glücklich man sein kann, wenn man so einem lieben Baum begegnet? Und ich habe wirklich noch nie so leckere Äpfel gesehen. Aber das ist nicht einmal das Wichtigste..."

*

Die wirkliche Sanftheit beginnt da, wo ein Herz gleichsam nicht mehr *nicht* lieben kann. Und das ist das Geheimnis des Mädchens. Das ist seine große, seine heilige Unschuld. Sein Herz *liebt* einfach.

Wenn ein Wesen ganz sanft ist – wenn nichts in ihm *nicht* sanft ist, dann leuchtet es mit dieser Sanftheit in die Welt, wie ein Licht im Dunkeln... Ein Herz, das ganz und gar Sanftheit ist – wie könnte ein solches nicht lieben?

Die Liebe ist der Ur-Zustand des Mädchens – und es ist gleichsam sein einziger Zustand. Es ist, wie wenn die Weltenliebe die Herzen der Mädchen ganz mit ihrer Sanftheit durchdrungen hätte – auf dass wenigstens ein Geschöpf auf Erden niemals aufhören würde, die Sanftheit in sich zu tragen, mit allem, was es hat...

Dieses Mysterium war ursprünglich allen Menschen verheißen. In meinem Buch ‚Die tiefste Sehnsucht' beschrieb ich es in folgendem Bild, das aber eine Wirklichkeit ist:

Die Seele des Menschen gleicht einer Königin – einer unsagbar edlen, wunderschönen Königin. Ihre Schönheit und ihre Anmut ließen alle Worte verstummen. Wenn man ihr Wesen beschreiben wollte, hatte man den Wunsch, zu *singen*, es in Musik und Poesie auszudrücken. Die Liebe des Reiches zu seiner Königin war unbeschreiblich – und spiegelte doch nur ihr eigenes Wesen, ihre Liebe, ihre Schönheit...
Das Leben in ihrem Reich glich einem Märchen, es *war* ein Märchen, aber als Realität. Jeder Gedanke verkörperte das Wahre, in jedem Gefühl lebte Schönheit, alles Wollen und Tun war auf das Gute gerichtet und ließ es Wirklichkeit werden. Dies alles war das innere *Leben* des Reiches, dessen Schönheit sich in unendlicher Fülle immer wieder erneuerte. Die Königin aber war wie die Sonne, die dieses Leben nährte.
Im Reiche der Königin war das Glück eine immerwährende Wirklichkeit – nicht das bloß äußere, sondern das wirkliche Glück. Es gab keinen Mangel, denn nichts wurde als Mangel empfunden. Es gab keinen Hass, denn welchen Sinn hatte dieser? Es war nicht nur sinnlos, es war unmöglich zu hassen; man hätte es als eine Art Selbstmord empfunden... Es gab kein Unglück, denn was auch geschah, war gut und war aufgenommen in das Ganze. Alles war *geheiligt*...
Das Wesen der Königin aber war in seiner unendlichen Schönheit und Güte wie der Quell alles dessen. Jeder Blick ihres wunderbaren Wesens erweckte von neuem die besten Impulse. Jede unheilige Regung, wenn eine solche denkbar gewesen wäre, wäre unter ihrem sanften Blick von selbst und aus freiem Willen fromm geworden...

Doch eines Tages begann eine unheilvolle Kraft ihre Wirksamkeit im Reiche der Königin. Sie wurde von niemandem bemerkt. Absolut unmerklich jedoch begann die Kraft der Königin abzunehmen. Es war, als ob sie durch etwas geschwächt wurde – unendlich langsam, für niemanden sichtbar.

Die unheilvolle Kraft hatte Zeit, sie hatte alle Zeit der Welt... Es verging gleichsam eine Ewigkeit. Nur jemand, der das ganze ungeheure Geschehen von außen hätte verfolgen können; nur jemand, der stets alle Zeitpunkte und Zustände nebeneinander und gleichzeitig gegenwärtig hätte, hätte die Entwicklung bemerken und erleben können – alle anderen waren *Teil* dieser Entwicklung, ohne sich ihrer bewusst zu werden. Das einst wunderbare und vollkommene Reich der Königin gewöhnte sich an die Veränderung, die es nicht wahrnahm. Niemand bemerkte, wie das innere *Leben* des Reiches unendlich langsam allmählich schwächer wurde. Wie das Wahre ein Weniges von seiner Kraft verlor; wie das Schöne in winzigen Schritten zu verblassen begann; wie das Gute ganz unmerklich schwächer wurde.

Eines Tages schließlich, nach einer sehr langen Zeit, war die Königin verschwunden. Auch dies bemerkte niemand, denn es schien noch immer eine Sonne, das Reich war noch immer durchlichtet und durchwärmt – anders als zuvor, aber der Unterschied war nicht erlebbar, denn jeder im Reich hatte bereits die gleiche Entwicklung durchgemacht. Alles, was geschah, war jeweils die Wirklichkeit. Das, was vergangen war, wurde nicht erinnert.

Vielleicht durchzog manchen eine ganz leise, traurige Erinnerung an etwas, was einmal da gewesen war, aber unaufhaltsam schwand sie, konnte nicht festgehalten werden. Zurück blieb, wenn überhaupt etwas, eine unendlich leise Traurigkeit, die nicht einmal wusste, woher sie kam, sich ihrer selbst auch gar nicht bewusst wurde...

Die Königin war immer noch da. Eines Tages hatte die unheilvolle Macht ihre Wirksamkeit begonnen und sich gleichsam unmerklich zwischen sie und ihr Reich geschoben. Diese Macht hatte unendlich langsam und leise alles durchdrungen und so immer mehr verhindert, dass das Wesen der Königin erlebt wurde.

Als diese Entwicklung weit genug vorgedrungen war, wurde die Königin in eine Art Gefangenschaft geführt. An ihre Stelle trat etwas, was sie ersetzte, ohne dass man den Verlust bemerkte. Die Königin selbst fühlte sich immer mehr getrennt von ihrem Reich. Sie fühlte, wie sie gleichsam wie von einem lähmenden Nebel immer mehr umsponnen wurde; fühlte, wie sich schließlich etwas auf sie legte, wie sie im Laufe unendlicher Zeiträume schließlich zugedeckt wurde, durch eine schleichend, aber unaufhaltsam wachsende Last. Lebendig begraben – und vergessen...

Niemand erinnerte sich an das Gewesene. Die wunderschöne, unendlich sanfte Königin, die einst die Lebenssonne ihres ganzen Reiches gewesen war – sie war nicht mehr da, und auch ihr Reich war nicht mehr da. Es war etwas völlig anderes geworden.

Blickte man auf das, was jetzt da war, sah man eine äußere Welt, in der Menschen ihrem Alltag nachgingen, ihre Steuererklärung abgaben, Partys feierten, sich den neuesten Tatort anschauten, Sex hatten...

Welche Seele kann empfinden, von welcher Realität hier gesprochen wird? Welche Seele kann sie erleben – und daran leiden? Wer sie wirklich erlebte, *würde* unendlich daran leiden. Wir aber können sie erleben lernen, wenn wir das heilige Wesen des *Mädchens* lieben lernen – immer tiefer.

Die Seele sollte einst ein Heiligtum sein. Wissen wir noch, was ein Heiligtum ist? Von dem Mädchen können wir es lernen. Es selbst hat ein heilig-unschuldiges Herz – und es kann sich dem Heiligen in tiefer Demut und frommer Verehrung hingeben. Wir aber können es von ihm lernen – denn liebend will es auch uns dies wieder beibringen, und in tiefer, aufrichtiger Liebe zu ihm wächst in uns zart die Liebe zu allem, was sein Wesen ist...

Die Seele sollte etwas Ur-Heiliges sein. Heilige, reine Gefühle sollten in der Seele leben. Und wir brauchen nur einen einzigen Blick in die Augen unserer sanften Führerin zu werfen – wie sie da steht, in ihrem weißen Kleid, liebend, abwartend, in leiser, hoffender Unsicherheit, ob wir verstehen... – und wir *sehen*, was wahre Unschuld ist.

Aber indem wir in ihre Augen blicken und unser Herz in *einem* einzigen Augenblick davon tief berührt wird, wird auch unsere Seele für einen Augenblick rein...

In den Augen des Mädchens begegnet uns seine reine Seele unmittelbar – und ihre erschütternde Sanftheit und Unschuld ist unsere Heilerin... Das Wesen des Mädchens heilt. Es heilt, indem es berührt. Es heilt, indem es verwundet. Und es verwundet nur, um die Härte unserer Seele aufzubrechen, aufzulösen. Es verwundet sanft – und es heilt noch sanfter...

*

Aber dieses Leuchten geht auf Erden verloren... Die Wahrheit ist, dass selbst in den Seelen der meisten Mädchen auf Erden dieses heilige Leuchten gar nicht mehr existiert. Nicht in dieser erschütternden Vollkommenheit, wie wir es jetzt kennenlernen. Und die Wahrheit ist, dass dieses Leuchten auf Erden nur allzuleicht *verspottet* wird. Verspottet, verfolgt und gequält...

In meinem Roman ‚Unschuld' begegnet eine sehr reine Seele einem anderen Mädchen, mit dem es das Zimmer teilen muss, weil es in einer fremden Stadt mit dem Studium begonnen hat. Dieses andere Mädchen, Freddie – eigentlich Friederike –, ist so ganz eine moderne Seele, wie sie heute überall zu finden ist...

Als sie das Immatrikulationsbüro wieder verließ, fiel ihr ein Stein vom Herzen. Wenigstens das hatte alles so geklappt, wie es sollte. Nun hatte sie jede Menge Papiere im Rucksack,

147

Studienordnung, erste Studienpläne und weitere Informationen zum Studiengang, Fristen, Prüfungstermine und so weiter. Vieles kannte sie schon, das andere musste sie durcharbeiten. In zwei Wochen begann das Semester.

Sie traf sich mit Freddie in einem Café in der Altstadt. Es war Freddies Vorschlag. Sie hatte ihr beschrieben, wo das ‚Maestro' lag, und es war leicht zu finden. Als sie das Café betrat, saß Freddie schon an einem Tisch am Fenster. Sie setzte sich zu ihr und sah sich um.

„Schön hier, nicht?", sagte Freddie.

„Ja."

„Und – hat alles geklappt?"

„Ja."

Die Bedienung kam und brachte die Karten.

Freddie sagte:

„Für mich bitte einen Milchkaffee."

„Ich muss noch kurz gucken..."

„Natürlich."

Die Bedienung entfernte sich wieder. Als sie kurze Zeit später den Milchkaffee brachte, sagte Saskia:

„Für mich bitte einen Apfelsaft."

Wieder spürte sie einen merkwürdigen Blick von Freddie.

„Wir sind hier in einem Café...", sagte diese mit dem verständnislosen Unterton eines ‚und was bestellst *du* für einen Quark?'

Saskia fühlte sich einmal mehr naiv und beschämt.

„Ich ... bin keine Kaffeetrinkerin. Ich habe auch sehr wenig Geld – und Apfelsaft schmeckt mir nun mal."

„Kaffee ist doch nicht Kaffee!", sagte Freddie. „Morgens trinkt man Kaffee. Hier trinkt man etwas ganz anderes – ein Milchkaffee am Nachmittag ist nicht Kaffee, es ist Kultur!"

Sie fühlte sich von Freddie in die Enge getrieben.

„Trotzdem ist das nicht ... *meine* Gewohnheit", versuchte sie unbeholfen, sich zu verteidigen.

„Okay, ist ja gut – wenn du meinst. Kommt es bei dir wirklich auf jeden Euro an?"

„Ja. Mein Vater war schon wegen des Zimmers ... na ja, etwas erstaunt... Und meine Eltern sind auch nicht reich. Sie können das Zimmer erst einmal bezahlen, aber ich brauche einen Job.

Und Taschengeld habe ich so gut wie nicht – auch nur so lange, bis ich einen Job gefunden habe."

Als der Apfelsaft gebracht wurde, musterte Freddie diesen noch einmal mit einem abschätzigen Blick. Dann sagte sie:
„Also ehrlich – zusammen in ein Café zu gehen und dann allein Milchkaffee trinken zu müssen, das ist schon hart!"
Beschämt sagte sie:
„Tut mir leid..."
„Na ja", wiegelte Freddie ab, „vielleicht kann ich dir ja mit der Zeit noch was beibringen."
Sie hasste es, wenn jemand so etwas sagte. Man konnte nicht anders, als sich dann sehr klein fühlen. Selbst wenn es gut war, was man lernen konnte, wurde es einem sozusagen ‚aufgepfropft', war es ausschließlich das Verdienst dessen, der einem etwas ‚beibrachte'. Man war bloß wie ein Kind... Sie hasste es auch, wenn sie spürte, dass *Kinder* anders behandelt wurden, als sie es eigentlich wollten. Sie spürte das immer sehr genau... Aber sie konnte dann nie etwas sagen, weder bei einem Kind noch bei sich selbst. Es war, als wenn ihr in solchen Momenten der Mund verschlossen wurde...
„Was studierst du überhaupt?"
Freddies Frage riss sie aus ihren Gedanken. Noch immer spürte sie ihre Abwehr. Dennoch erwiderte sie, als wenn nichts geschehen wäre:
„Tiermedizin."
Freddie pfiff leise durch die Zähne.
„Hat das nicht einen ziemlich hohen NC?"
„Na ja – ich bin im Nachrückverfahren reingekommen."
„Kann ja auch kein viel schlechteres Abi gewesen sein."
„Das ist doch nicht so wichtig..."
„Ich mein' ja nur. Du bist aber nicht so wie die Pharmazeutin, von der ich gestern erzählt hab'?"
„Nein."
„Und warum Tiermedizin? Doch nicht etwa wegen der Kleine-Mädchen-Liebe zu Tieren?"
Sie fühlte einen Stich tief in ihr Herz dringen. Wenn sie so etwas hörte, verschloss sich ihr Mund vollkommen ... für jede

wahrhaftige Antwort. In einem solchen Moment wusste sie von Grund auf, dass sie mit diesem Menschen nicht von ihrer wirklichen Liebe zu den Tieren sprechen konnte. Auch ein solcher wusste dann nichts von dieser Liebe... Schmerzlich durchdrang dann das Gefühl der Einsamkeit ihre ganze Seele. Sie wusste nicht, ob sie eine ‚Kleine-Mädchen-Liebe' hatte. Sie wusste nur, dass sie sie schon *seit* ihrer Kindheit hatte und dass diese Liebe, trotz aller Wandlungen, immer tiefer geworden war...

Freddie fragte stutzend:

„Was? Doch deswegen?" Sie studierte ihre Gesichtszüge. „Oh Gott – das rührt mich jetzt *echt*."

Hundeelend ... der Mund verschlossen, ein seltsames Ziehen im Magen wegen des absoluten Nicht-verstanden-Werdens, unsägliche Traurigkeit...

So schlimm hatte sie sich mit dieser Frage noch nie gefühlt. Deswegen brachte sie schließlich doch leise hervor:

„Was weißt *du* von der Liebe zu Tieren..."

Sie konnte in Freddies Augen genau lesen, was in dieser jetzt vorging. Sie rang gerade mit sich, ob sie das Gespräch überhaupt weiterführen wollte oder angesichts der ‚übertriebenen Dramatik' einfach weggehen sollte, nach dem Motto: ‚Diesen Schuh zieh' ich mir jetzt nicht an!' – Und wieder fühlte sie sich selbst auch schuldig und zugleich noch einsamer...

Schließlich entspannte Freddie sich wieder und sagte nur leichthin:

„Stimmt – ich weiß davon eigentlich nichts. Wär' mir ehrlich gesagt auch zu viel."

Wie konnte man dies so fast feindselig abtun! Sie fühlte eine tiefe Verzweiflung. Es gab niemanden, mit dem sie darüber sprechen konnte.

Freddie musterte sie noch einmal. Dann sagte sie:

„Okay – wir können jetzt hier ein Drama draus machen, oder wir lassen es einfach. Worauf hast du Lust? Ich meine, ich kann dir noch *so* weit entgegenkommen, dass ich sage: War wahrscheinlich auch mein Fehler. Falsche Frage zur falschen Zeit. Also vergessen wir's. Zurück auf Null. Kannst du das?"

Es war eine herausfordernde Frage, eigentlich wirklich eine Forderung.

Wenn wir im Laufe dieses Buches *etwas* in unserer eigenen Seele entwickeln konnten, dann muss dieses Etwas jetzt sehr, sehr stark und auch leidvoll mitempfunden haben, wie es einer reinen, unschuldigen und sehr sanften Seele in unserer heutigen Zeit ergeht... Wenn wir wirklich würdig geworden sind, mit unserer heiligen Führerin bis zu diesem Punkt gekommen zu sein, dann muss auch unsere eigene Seele fähig geworden sein, eine tiefe *Bestürzung* zu empfinden, mit welcher Härte Menschen heute miteinander umgehen – und gerade mit reinen Seelen umgehen... Die Art, wie das wahre Mädchen, Saskia, in dieser Szene behandelt wird, darf in uns keine Empörung auslösen – es muss uns wie eine Lanze mitten durch unser eigenes immer reiner werdendes Herz gehen... Leiden müssen wir mit dem Mädchen, mitleiden mit ihr. Denn die Liebe leidet, die Sanftheit leidet. Sie empört sich nicht – denn Empörung wäre auch wieder nur Kälte und Flucht vor der *wirklichen* Sanftheit...

Immer flieht die moderne Seele das Leiden – und so auch das wahre Mitleiden. Sie hat die größte Abneigung davor, sich selbst innerlich so schwach zu machen – und sie vermag es auch gar nicht mehr. Sie ist verhärtet... Aber die Schwäche ist nur vermeintlich. In Wirklichkeit geht es um das Mysterium der Sanftheit. Aber dafür muss die moderne Seele erst von ihrem hässlichen Kropf geheilt sein. Vorher kann sie dieses heilige Mysterium nicht in sich aufnehmen. Vorher darf sie es kennenlernen – aber wenn sie sich davon nicht berühren lässt, wird sie es noch immer verspotten...

In meinem Roman ‚Um Gottes willen' entscheidet sich ein sechzehnjähriges Mädchen, seinen Glauben an Gott mit einem selbstgemachten Gewand zu bezeugen. Daraufhin muss es den Spott seiner Umgebung ertragen.

Als der Bus nach zwanzig Minuten an der Schule angekommen war, leerte er sich wie immer fast völlig. Als sie ausstieg, fragte ein Junge, der gerade vor ihr ausgestiegen war, spöttisch: „Ist das eine Mönchskutte?"
Es war ein Junge aus einer der zehnten Klassen unter ihr, soweit sie sich erinnerte. Er gehörte zu denen, die sie in den letzten Jahren in größeren Abständen immer wieder geärgert hatten. Zwei Kameraden lachten über seinen Spaß. Dann wandten ihr alle drei den Rücken zu und gingen, immer noch lachend, Richtung Schultor.
Als sie das Schulgelände betraten, schaute sich derselbe Junge noch einmal kurz um. Dann rief er laut zu einem Mitschüler, den er in mehreren Metern Entfernung erblickte:
„He, Karsten, heute musst du besonders brav und fromm sein, da kommt die Mönchskutte!"
Spöttisch sah er sie an. Der andere Junge hatte sich umgedreht und begriff, wovon die Rede war. Sie sah, dass auch mehrere andere Schülerinnen und Schüler im Umkreis die Szene belustigt verfolgten. Der erste Junge trat nun direkt auf sie zu und fragte:
„Also, was ist? Ist das nun eine Mönchskutte oder was? Sieht aus wie selbstgemacht. Ist schon Fasching?"
Wieder drehte er sich zu seinen Freunden um und erntete allgemeines Gelächter. Aus der Menge der Umstehenden meldete sich ein Junge mit schwarzhaarigem Lockenkopf und einigen Pickeln im Gesicht, kleiner als der Andere, aber offenbar ein Mitschüler:
„Henry, kannst du sie nicht in Ruhe lassen?"
Dankbar schaute sie den Jungen an, ihre Blicke trafen sich kurz. Doch schon baute sich der andere Junge vor ihm auf und erwiderte kalt und drohend:
„Das wird *dich* kaum interessieren..."
Man konnte sehen, dass der Lockenkopf mit sich kämpfte, aber er sagte nichts mehr.
Nun trat der, der Henry hieß, wieder vor sie hin und fragte, ärgerlich über die Störung seines ‚Spaßes':
„Also, was ist, ist das jetzt deine Mönchstracht –"

„Mann, Henry", unterbrach ihn einer seiner beiden Freunde, „siehst du nicht, dass sie, wenn überhaupt, eine *Nonne* ist?" Alle drei lachten, außerdem mehrere der übrigen Umstehenden. „Stimmt! Jetzt seh' ich's auch!", sagte Henry. Er musterte sie noch einmal spöttisch. Dann bemerkte er: „Sie sagt nichts. Gehen wir mal von einem Faschingskostüm aus und sehen, ob sie's morgen noch einmal trägt..."

Sie war bis jetzt überwältigt von der Gemeinheit der Bemerkungen. Doch die letzte Bemerkung, die noch einmal ganz direkt gegen ihr Gewand gerichtet war, löste ihre Erstarrung, und sie sagte:

„Es ist kein Faschingskostüm – und ich werde es morgen wieder tragen."

Der Junge, der Henry hieß, war von der Antwort einen Moment lang verdutzt. Dann fand er seinen Standpunkt wieder und antwortete in gespieltem Erstaunen:

„Ach! Dann ist es also ein *echtes* Nonnenkostüm? Ähm – ich dachte – müssen Nonnen nicht schweigen?"

Großes Gelächter seiner Freunde und von ihm selbst. Wieder sagte der schwarze Lockenkopf, dessen Namen sie auch nicht kannte:

„Lass sie bitte in Ruhe, Henry!"

Sie bewunderte den Mut dieses Jungen, der ihr als Einziger zu helfen versuchte.

Henry baute sich noch einmal vor ihm auf und sagte:

„Verpiss dich, oder es gibt Ärger, das kann ich dir versprechen..."

Die Reinheit einer solchen Mädchenseele wird von manchen Jungen tief empfunden. Aber auch diese Jungen sind selten geworden...

Der Weg, den wir mit diesem Buch gehen, ist nicht, uns unmittelbar zur Hilfe der ‚schwachen Mädchen' aufzuschwingen, sondern überhaupt erst einmal bis in alle Tiefen fähig zu werden, ihr *unschuldiges Leuchten* wahrhaft zu empfinden.

Glauben wir niemals, damit schon weit gekommen zu sein, wenn es uns und unsere Seele noch nicht wirklich erschüttert.

Unser Weg ist, in der eigenen Seele so sanft zu werden wie die Mädchen selbst. Nicht empören wollen wir uns gegen die Spötter – leiden wollen wir an der erschütternden Kälte ihrer Worte. Niemals können wir hoffen, dem Mädchen wahrhaft nahezukommen und ihm wahrhaft zu folgen, wenn wir nicht auch dies können: die wahre Kälte wahrhaft zu empfinden, so stark wie die Sanftheit des Mädchens.

Das immer tiefere Erschrecken vor dieser Kälte ist gerade unser Organ für die Sanftheit des Mädchens – und umgekehrt. Die Tiefe, mit der wir vor dem Spott erschrecken, weil wir ihn wirklich empfinden, wird uns offenbaren, wie sehr wir auch das Wesen des Mädchens inzwischen wahrhaft empfinden können – oder auch noch nicht...

*

Neben dem Spott gibt es auch noch den Hochmut. Dies ist ein ebenso schlimmer Feind des reinen Herzens der Mädchen. Er stellt sich nicht offen spottend über sie – er tut es viel subtiler. Er findet diese Mädchen vielleicht ‚lieb' und sogar ‚liebenswert' – und hält sie dennoch für ein wenig oder sogar sehr naiv und mehr noch, für *übertreibend*.

Dieses Wort – Übertreiben – ist ein wahres Totschlagargument, es ist wahrhaft ein Mordinstrument für jede Reinheit der Seele. Denn die moderne Seele kann mit Leichtigkeit alles als ‚Übertreibung' definieren, was auch immer sie möchte. Wer wollte ihr die Definitionsmacht streitig machen? Es entscheidet einfach die Mehrheit – aber da die Mehrheit der Seelen nicht mehr rein, sondern *gewöhnlich* ist, vielfach sogar wirklich *gemein*, so kann diese Mehrheit jene erschütternde Reinheit, die weit über sie hinausgeht, immer nur verspotten und mit subtilem Hochmut auf sie herabsehen...

Die Seele bemerkt nicht einmal, dass sie urteilt – sie tut es einfach. Sie sagt: ‚übertrieben' – und glaubt, damit eine unmittelbare Wahrheit ausgesprochen zu haben. Aber die wahre Wahrheit ist, dass die gewöhnliche Seele gewöhnlich ist. Sie untertreibt. Sie ist durchtrieben. Durchtrieben von den Mächten der Widersacher, die jedes heilige Gefühl in ihr auslöschen wollen – und an seine Stelle den Spott säen... Spott ist in Wirklichkeit Flucht vor dem Heiligen – getarnt als Angriff... Spott ist Angst vor der Erkenntnis, dass die Seele wirklich *so* rein sein könnte – und nicht nur könnte, sondern *sollte*. Spott ist Angst vor der wirklichen Erkenntnis, wie unrein eigentlich die eigene Seele ist – verglichen mit der leuchtenden Unschuld eines *Mädchens*.

Wie könnte Unschuld je übertrieben sein? Dann müsste ja auch Schönheit übertrieben werden können? Wie hart muss eine Seele sein, die *Schönheit* übertrieben nennen muss, weil sie sie nicht mehr ertragen kann? Es ist, wie wenn man die Sonne übertrieben nennt, weil sie scheint, wärmt und Leben schenkt. Oder die Rose, weil sie schöner ist als die anderen Blumen. Oder die Demut, weil sie sich weigert, stolz ihre Nase in den Himmel zu recken.
Man nennt die Unschuld übertrieben, weil sie sich weigert, hässlich zu sein; weil sie sich weigert, *schuldig* zu werden. Und mit dem Urteil ‚übertrieben' eignet man sich widerrechtlich das illusionäre Gefühl an, nicht schuldig zu sein. Denn wenn die Unschuld *nicht* übertrieben wäre, müsste man ja seine eigene Schuld erkennen...

Dies ist das große, große Thema unserer Zeit – und es ist im Grunde auch das Thema meines langen Romans ‚Sonnenmädchen'. Sonja, ein Mädchen, das ebenfalls gerade begonnen hat, zu studieren, hält den Schmerz der eigenen Seele über all das, was in der Welt geschieht und sie zugrunde richtet, irgendwann nicht mehr aus und stellt sich schließlich im

Winter nur in einem weißen Kleid auf die Straße, um die anderen Menschen zu erreichen.

... Der siebzehnjährige Valentin, der sich in ihre ganze Erscheinung verliebt, versucht, seinem Vater zu erklären, was er an dem Mädchen wahrnimmt – aber er stößt auf dieses steinharte Urteil, das alles, was reiner ist als man selbst, nur als ‚übertrieben' ansehen kann...

„Es geht darum, dieses Mädchen wirklich zu verstehen."
„Was meinst du denn damit?"
Er seufzte leise. Wie konnte man erklären, was man fühlen musste?
„Man versteht sie um so mehr, je mehr man das fühlt, was *sie* fühlt."
„Und was fühlt sie?"
„Ihr bedeutet die ganze Welt so viel..."
„Aber anderen Menschen doch auch."
„Aber ihr mehr. Sie fühlt mehr das Schlimme ... und mehr das Schöne. Sie fühlt alles *mehr*."
„Woher weißt du das?"
„Weil ich es sehe. Jeder kann es sehen, wenn er will. Oder wenn er könnte. Man sieht es mit dem Herzen. Und man spürt es, wenn man mit ihr spricht. Bei jedem Wort. Bei jedem Blick. Bei allem."
„Das ist so, wenn man verliebt ist", sagte sein Vater.
„Nein", widersprach er. „Das ist so, wenn man einem solchen Mädchen begegnet und wirklich erkennt, was das für ein Mädchen ist."
„Mädchen in dem Alter können nun einmal sehr gefühlvoll sein."
„Nein, sie wird das immer sein. Und ich habe noch kein anderes Mädchen gesehen, das *so* gefühlt hat. So müssten *alle* Menschen fühlen."
„Damit wir uns alle barfuß im Winter auf den Alexanderplatz stellen würden?"
Er wollte schon wieder wütend werden, aber er dachte an sie und fühlte etwas von ihrem sanften Wesen in sich.

„Nein – wenn alle so wären, bräuchte man sich nicht mehr so hinstellen. Denn dann wäre die Welt ganz anders. Man bräuchte sie gar nicht retten, weil man sie gar nicht zerstören würde."

„Wer zerstört denn die Welt?"

„Wir alle."

„Ich nicht."

„Doch, wir alle."

„Nein, ich nicht."

In diesem Augenblick hätte er sich Unterstützung von Alex gewünscht. Oder von dem Sonnenmädchen. Was würde sie darauf antworten? Jeder machte doch mit. Aber wie genau? Ach, was hatte er in den letzten Jahren versäumt! Er wusste viel zu wenig. Mit einer einfachen Bemerkung konnte sein Vater alles aushebeln – und brauchte nach wie vor nicht zu verstehen...

„Die Dinge geschehen", sagte er. „Und wir sind beteiligt – oder wir gucken weg, ändern nichts. Es sind immer wir alle."

Er war froh, dass er diese Antwort gefunden hatte. Er hatte das Gefühl, dass *ihre* Antwort in dieser Richtung gelegen hätte.

„Das ist zu einfach", sagte sein Vater. „Es gibt Leute, die etwas Schlimmes machen, und andere, die es nicht tun. Die, die es nicht tun, tun es nicht. Es passiert sehr viel Schlimmes. Aber verantwortlich sind immer einige Wenige. Um die geht es. Würden die vernünftig werden, wäre alles gut. Fast alles. In ganz vielerlei Hinsicht."

Es war zum Verzweifeln. Das Sonnenmädchen wurde von seinem Vater überhaupt nicht verstanden. Und er musste unbedingt mehr wissen, um etwas erwidern zu können. Mit seiner Dummheit konnte er dem Sonnenmädchen überhaupt nicht helfen. Überhaupt nicht...

„Ich weiß, dass sie Recht hat", sagte er. „Ich weiß nur noch nicht, wie ich es jemandem wie dir erklären kann."

Damit wollte er sich umwenden und wieder zu seinem Zimmer gehen.

„Jemandem wie mir?", sagte sein Vater. „Das klingt ja, als sei ich irgendwie beschränkt. Pass nur auf, dass du nicht zum Missionar wirst! Ich habe das Gefühl, dass es schon ganz stark in diese Richtung geht."

„Nein, Papa", widersprach er. „Im Vergleich zu *ihr* sind wir alle beschränkt. Gerade deswegen sind wir auch alle an dem Schlimmen beteiligt. Weil wir viel zu beschränkt sind und es noch nicht einmal merken..."

„Hauptsache, du merkst es jetzt...", antwortete sein Vater mit leiser Ironie. „Ja, ich merke es jetzt", sagte er ernst. „Das mit dem Missionar meinte ich ernst, Valentin. Pass auf. Einfache Welterklärungen sind immer sehr bequem. Alles über einen Kamm scheren und so. Irgendwann hört man einfach auf zu unterscheiden. ,Wir alle' – das klingt auch noch so gut! Aber es *sind nicht* ,wir alle'. Es sind einige Wenige. Wenn man bei denen anfangen würde, wären wir unglaublich viel weiter – und bräuchte ebenfalls niemand mehr barfuß auf dem Alex zu stehen. Ganz abgesehen davon, dass das in jedem Fall völliger Unsinn ist, weil man die, um die es geht, damit definitiv nicht erreicht!

Kurz und gut: Es ist also Unsinn. Ich verstehe, dass du verliebt bist, aber werde darüber nicht zum Missionar, und fang nicht an, die anzuklagen, die selber unter vielem leiden, was die wirklich Verantwortlichen verbocken!"

Er konnte das nicht so stehen lassen.

„Ich weiß trotzdem, dass ich Recht habe. Ich hoffe, ich kann es dir sehr bald besser erklären."

„Nein, Valentin. Das bezweifle ich absolut. Ich meinerseits hoffe, dass du nicht weiter abdriftest!"

Er wollte so gern seine Mutter fragen, was sie dazu dachte. Aber wenn er von ihr dann keine Unterstützung bekam, wäre die Katastrophe perfekt. Dass sie jetzt nichts sagte, zeigte bereits, dass sie die Dinge tendenziell nicht anders sah als sein Vater. Nicht so anders, dass ein Widerspruch nötig war... Er konnte also nichts mehr machen.

„Es ist traurig, dass ihr sie so wenig versteht!"

„Wir verstehen sie", sagte sein Vater. „Aber sie hat die Wahrheit ja nicht gepachtet. Überleg mal, wie alt sie ist; wie alt du bist. Denkt ihr, ihr habt etwas erkannt, was noch niemand erkannt hat?"

Er fühlte sich immer mehr in die Enge getrieben.

„Erkennen tun viele vieles – aber wirklich auch etwas ändern, das tut keiner."

„Sie ja auch nicht. Sie stellt sich nur auf den Alex – und hält die Feuerwehr auf Trab..."

Er wurde wieder wütend ... aber fühlte doch wieder ihr Wesen...

„Ja, weil sie uns dazu bringen will, endlich etwas zu fühlen!"

„Zu fühlen! Mein Gott, Valentin. Was sollen wir denn fühlen? Ganz bestimmte Leute müssten fühlen – ja, das vielleicht. Will denn jemand irgendetwas von dem, wovon sie spricht – was so schlimm ist? Nein, niemand will das! Also guck, wer wirklich dafür verantwortlich ist – für Krieg, für Armut, für Naturzerstörung und so weiter. Und versuch dann meinetwegen, diese Leute ‚fühlen' zu lassen. Oder hindere sie einfach daran, wie auch immer. Aber die *verantwortlichen* Leute. Nicht ‚alle'! Wir fühlen wirklich genug, wie schlimm vieles ist. Aber wir sind nicht verantwortlich. Verantwortlich sind die, die tatsächlich nicht genug fühlen, was sie anrichten. Aber die kannst du barfuß auf dem Alex sowieso nicht erreichen. Also schütte das Kind nicht mit dem Bade aus. Und sag es am besten auch ihr, wenn du sie wieder sehen solltest. Sie mag ja ein liebes Mädchen sein. Aber sie übertreibt etwas – und sie wendet sich im Grunde an die Falschen..."

Er war völlig geschlagen. Er wusste nicht, was er erwidern sollte. Sein Vater war wie Granit – und er völlig unfähig.

*

Auch unsere Seele muss immer tiefer fühlen lernen... Nicht mit Argumenten ist die Welt zu überzeugen. Der Hochmut wird immer die besseren Argumente haben – und die Gefühlsarmut auch. Sie werden immer die Überzeugung haben, dass ‚übertrieben' ist, was sie nicht teilen können – oder wollen. Es gibt nur *einen* Weg, die Welt zu verwandeln, es gibt nur eine wahre Kraft der Wandlung. Und das ist die Sanftheit selbst.

Sie – sie ist die heilige Heilerin der kranken, kalten und harten Welt. Sie wird diese kranke Welt nicht an einem Tag heilen. Dafür ist die Krankheit zu weit fortgeschritten. Und auch das sanfte Wasser kann den harten Stein nicht an einem Tag auflösen. Doch die Sanftheit wird in ihrer Liebe nicht nachlassen. Und wenn sie *selbst* ihr Leuchten nicht verliert, so wird dieses Leuchten und seine Wärme eines Tages noch das härteste Herz wieder an seine tiefste Sehnsucht erinnern. Einst wird auch das härteste Herz von der Sanftheit wieder verwundet werden...

Wir aber, wenn wir das Wesen der Sanftheit, das *Mädchen*, wahrhaft lieben, können ihm nur treu zur Seite stehen, wenn wir seine heilende Kraft auch in uns aufnehmen. Wir helfen ihm kaum und nur schwach, wenn wir argumentieren, wenn wir kämpfen und dabei selbst auch böse werden, ungehalten, unbeherrscht, wütend. Das alles stärkt nur die Gegenseite. Wut ist letztlich immer Ohnmacht. Die wahre Stärke hat – und das kann man dann bis in die Tiefe erleben – die *Sanftheit*. Denn sie wird nicht wütend. Sie bleibt die Heilerin, egal, wie sehr sie verspottet wird...
Lernen wir also zu leiden. Lernen wir, an dem Spott zu leiden. Nicht, weil er uns trifft – selbst wenn er es täte –, sondern weil er das Mädchen trifft und mit ihr sein Wesen, die Sanftheit selbst... Lernen wir, zu leiden, weil die Menschheit ihre eigene Heilerin verspottet...

*

Und unsere heilige Führerin, deren sanfter, liebender Blick die ganze Zeit auf uns ruhte und die mit zärtlicher Freude sah, wie unser Verständnis ihres Wesens sanft immer mehr zunahm, wendet sich nun, indem sie sich mit einem letzten Blick versichert, dass wir ihr weiter folgen, mit einer unbe-

schreiblichen Anmut um und führt uns weiter auf unserem
Weg, der *ihr* Weg ist...

*

Worte des Mädchens an die Seele

Spürst du jetzt, was wir erleiden?
Willig leiden wir das Schicksal der Weltenliebe.
Spott und Hohn, Verkanntwerden und Niedrigkeit.
Wer sind wir in den Augen der Anderen?
Aber wir leiden es gern. Denn wir wissen –
es kann nicht ewig so bleiben.

Ach, wie lang wurden unsere Wege
nicht mehr verstanden!
Du aber siehst, wer ich wirklich bin –
und dafür liebe ich dich, wie du mich,
denn wir haben uns gegenseitig erwählt.
Folge mir weiter, Geliebter,
denn wer mich ganz versteht,
mit dem darf ich mich vermählen.

Die Liebe selbst wird unser Zeuge sein...

Das Mädchen geht uns sanft voran, und wir folgen ihr, bezaubert von ihrer Anmut... Auf einmal bückt sie sich so zart zum Erdboden nieder, wie es nur ein Mädchen kann. Sie hebt etwas auf – und schon hält sie uns lächelnd ein schönes Blatt auf ihrer Hand entgegen. Wir sehen, wie *schön* sie es findet – aber unser Herz ist nicht empfindsam genug, um mit ihr mitzufühlen, oder wir sind von ihrer Schönheit viel zu sehr berührt, oder beides... Wir sehen, wie ihr Blick sich in leise Traurigkeit verwandelt, wie eine leise Verletzung ihres unendlichen Vertrauens. Allein dies zu sehen, ist uns schon ein weher Schmerz in unserer Seele, und wir schämen uns ... dass unser Fühlen noch immer so arm, so schwach, so abwesend ist. Bei *ihr* ist es das nicht – aber bei allem anderen...

Unsere heilige Führerin geht weiter – und wir folgen ihr mit diesem wehen Herzen, uns fragend, was wir falsch machen, wie wir unser Fühlen lebendig machen können, zart machen können wie das ihre... Wenn unsere Scham unser Herz sanft machen könnte, wäre es längst so sanft, dass wir ihr würdig folgen könnten... Wir hoffen mit ganzem Herzen, dass sie unserem Mangel an Fühlen verzeiht. Wir hoffen es, obwohl wir wissen, dass sie niemals böse sein kann, nur traurig. Aber auch diese Traurigkeit, und wenn sie nur einen Augenblick gewährt hätte, tat und tut uns bereits so weh...
Ihre Hand, die das Blatt sanft wieder zur Erde fallen ließ, diese liebevolle Geste... Könnte unser Herz nur halb so sanft und empfindsam sein wie diese eine Geste! Indem wir ihr beschämt weiter folgten, hoben wir das Blatt wieder auf, mit zarter Ehrfurcht, hatte sie es doch in ihrer Hand gehalten... Wir betrachten es. Es ist schön... Aber wie können wir lernen, dies auch wirklich zu *empfinden*?

Da sieht das Mädchen unweit auf einem Ast ein Vogel sitzen, den es noch nie gesehen hat – auch wir nicht. Sogleich blieb es stehen und betrachtete ihn... Und wir spüren seine ganze sanfte Hingabe. Aber wir spüren noch mehr. Wir spüren seine *Verwunderung*. Auch diese ist ganz zart... Alles an dem Mädchen ist zart, ist wie sein Herz, strömt aus seinem Herzen hervor. Aber diese zarte Verwunderung ist trotzdem etwas anderes als die sanfte Hingabe, die es allem gegenüber hat. Es ist etwas Neues, etwas Zusätzliches. Ein Staunen, das gleichzeitig bereits Liebe ist. Liebevolles Sich-Verwundern ... verwunderte Liebe...

Es ist, wie wenn das Herz, wie wenn die Seele des Mädchens in diesem zärtlichen Staunen gleichsam so sanft wird wie nie zuvor... War es vorher schon gegenüber allem ein Wunder, so wird es jetzt, im Erstaunen, ein *wirkliches* Wunder. Wie kann sich eine Zartheit, die bereits alles übertrifft, was man auf Erden kennt, nochmals steigern?
Mit unendlicher Zartheit schaut das Mädchen auf jede Einzelheit dieses kleinen Vogels. Es ist, als ob ihr Blick ihn streicheln würde, aber sie schaut wirklich nur – und doch müsste der Vogel sich gleichsam gestreichelt *fühlen*, wenn er spürte, wie innig zart das Mädchen ihn anschaut, seine Federn, sein Köpfchen, seine Brust, wie er sich festhält... Die Verwunderung eines Mädchens ist selbst ein Wunder...
Und dann fragt sich ihr Herz – ja, auch dies ist ihr Herz, nicht ihr Kopf – schließlich auch, woher dieses Vögelchen kommt. Es kommt doch gewiss nicht aus den Wäldern der Heimat. Sie hat es ja noch nie gesehen? Aber woher dann... Wo mag *seine* Heimat sein? Wohin fliegt es... Es sind keine Fragen für den Kopf. Auch dies ist reines Mitfühlen, reine Teilnahme, Liebe und noch immer ... Verwunderung.

Jede Regung der Seele hat bei dem Mädchen dieses Zarte. Deswegen sind seine seelischen Gesten auch so berührend.

Das Grobe berührt nicht – es verletzt höchstens. Das Zarte berührt, weil es so sanft ist. Die Seele spürt diese unglaubliche Sanftheit und *lässt* sich berühren ... selbst heilig verwundert und längst schon berührt.

Die Verwunderung, das zarte Staunen, das sofort in neue Hingabe übergeht ... man könnte es mit dem Staunen und der Hingabe der Kinder vergleichen, und doch ist es ganz anders. Die *Tiefe* der Hingabe ist vergleichbar, aber die Farbe ihrer Unschuld ist anders...
Wenn ein kleines Kind eine Geschichte hört, dann ist seine Hingabe vollkommen. Es taucht ein in die Geschichte, diese nimmt es mit in ihr Reich. Wer einmal kleine Kinder wahrhaft *zuhören* gesehen hat, weiß, was gemeint ist. Die Geschichte zieht sie in Bann. Sie sind wie gefesselt, gefangen genommen. All diese Worte drücken aus, wie ihre ganze, tiefe Aufmerksamkeit ‚absorbiert' wird. Ihre Hingabe ist – vollkommen. Sie schlafen gleichsam in die Geschichte hinein. Für die übrige Welt schlafen sie ein – und leben ganz in der Geschichte.
Man könnte meinen, der Mädchenseele ginge es mit dem Vogel genauso ... doch so ist es nicht. Auch seine Hingabe ist tief und heilig, aber sie ist durchdrungen von Liebe, von bewusst-unbewusstem eigenem Hinströmenlassen der Seele zu dem Vogel. Das Mädchen ist ja viel wacher als ein Kind – auch wenn seine Unschuld ebenso vollkommen ist. Das Mädchen gibt sich gleichsam aus eigenem Willen hin. Und die Hingabe der Verwunderung ist nicht ein Naturereignis, sie ist gewollt – vielleicht nicht bewusst, aber von seinem Herzen. Das Mädchen muss nicht ‚beschließen', sich hinzugeben. Und trotzdem wird es von dem Vogel nicht ‚gefangengenommen'. Sein Herz wendet sich dem Vogel zu. In all seiner Sanftheit ist es etwas ganz Eigenes.
Träumend ist die Mädchenseele vielleicht – und doch viel lebendiger und aktiver als die unsrige, die bei dem Vogel tot

bleibt. Keine träumende Zuneigung und Hingabe, sondern ... nichts. Die Mädchenseele fühlt immer *etwas* – und sie tut es, weil sein Herz es so *will*. Es wird nicht von außen erregt – es strömt von innen allem zu ...

Zarte Hingabe gegenüber den Dingen der Welt, den Eindrücken seiner Sinne. Es ist, als ob das Mädchen die Dinge gleichsam mit seinen Sinnen sanft streichelt – als ob es mit dieser Sanftheit in den Sinnen lebt. Nicht nur reagiert es auf die Sinneseindrücke sanft, nein, seine Seele lebt sanft *in* den Sinnen – und geht mit ihnen hinaus zu den Dingen. Nur *wir* bleiben plump in unserem Leib und warten, bis die Dinge durch die Sinne zu uns kommen. Das Mädchen aber ist mit den Dingen längst verbunden – bevor wir sie überhaupt entdecken... Darum sieht es alles, bemerkt so unendlich viel. Es ist *bei* den Dingen... Hingabe bis in die Sinne hinein.
Wo das Wesen der Seele sanft ist, da wird jede ihrer Regungen sanft. Dadurch kennt die Seele des Mädchens Regungen, die wir überhaupt nicht mehr kennen. Dazu gehört eben die so zarte Regung der Verwunderung. Wir müssen empfinden lernen, was das ist: zarte Verwunderung...
Wir können uns nur über das Wesen des Mädchens verwundern – und nur bei ihm wird unsere Seele zart... Seine Seele aber ist gegenüber *allem* zart, und alles kann zart seine Verwunderung erwecken.

*

Eine noch andere, uns noch wesentlich fremdere Empfindung kennt die Seele des Mädchens, wenn sie das zarte Erleben von etwas *Heiligem* hat. Dieses kennt die moderne Seele gar nicht mehr – denn ihr ist schlicht nichts mehr heilig. Das Mädchen aber, das frei von aller Krankheit des hässlichen Selbstbezuges ist, kann allem gegenüber das Heilige empfinden, wenn es da ist... Die Mädchenseele empfindet niemals *sich*, sondern immer das, was da ist – und wenn etwas Heiliges anwesend ist, empfindet sie auch dies heilig... Die unschuldige Seele des Mädchens ist so zart wie ein Gras. Sie lässt sich von allem bewegen, berühren. Das Heilige berührt seine Seele – und das Mädchen empfindet ... Ehrfurcht. Wenn die unschuldige Seele Ehrfurcht empfindet, ist dies nichts anderes als die reine, zarte Berührung durch das Heilige. Es ist die unmittelbare, unschuldige Antwort der reinen Seele... Nichts ist hier gekünstelt, nichts übertrieben. Alles ist so rein, wie es nur denkbar ist. Reine, unschuldige Ehrfurcht. Berührtwerden von etwas Heiligem...

Man muss nicht an eine eng begrenzte Bedeutung des Wortes ‚heilig' denken. Ein Mädchen könnte einem uralt-großen, mächtig gewachsenen Baum begegnen, einer sehr alten Eiche vielleicht. Staunend würde es vor diesem wunderbaren Baum stehenbleiben, seine Hingabe würde liebevoll und sanft den mächtigen Stamm bewundern, die Krone hinaufwandern, langsam, staunend, und dann würde dieses Staunen seiner sanften Seele wachsen ... und sich immer mehr zu einer Bewunderung vertiefen ... und schließlich zu einem wirklichen Gefühl der Ehrfurcht... Ehrfurcht vor diesem alt-uralten Baum. Ehrfurcht vor seiner Standhaftigkeit, seiner Treue, seinem bloßen Dasein. Ehrfurcht vor den Kräften, die ihn wachsen ließen. Ehrfurcht vor so vielem, was das Mädchenherz gar nicht benennen könnte – und auch nicht einmal wollen würde.

Und selbst die Ehrfurcht hat mit dieser tiefen, tiefen Liebesfähigkeit der Mädchen zu tun.
In meinem Roman ‚Engel-Mädchen' versucht das Mädchen Marie, diese Empfindung zu beschreiben. Es entspinnt sich dann das folgende Gespräch:

„Wenn zum Beispiel ... jemand zu einer Königin kommt; und dann kniet er nieder... Wie heißt denn diese Kraft...?"

„Meinst du Respekt?"

„Nein, es ist ... viel mehr."

„Gehorsam?"

„Nein, ganz anders..."

„Untertänigkeit?"

„Nein, Lisa! Ganz, ganz anders. Ich meine, wenn ... wenn die Königin für ihn wirklich ... etwas Heiliges ist, sozusagen."

„Heilig?"

Sie wusste nicht, was Marie meinte. Sie versuchte es zu begreifen. Plötzlich kam ihr eine Erleuchtung.

„Meinst du vielleicht – so was wie ‚Ehrfurcht'?"

„Ja! Ja, das meine ich! Ehrfurcht..."

Langsam sprach Marie das Wort nach.

„Aber das ist doch auch nur eine Art Gehorsam", wandte sie ein.

„Nein...", widersprach das Mädchen innig. „Ehrfurcht... Das ist etwas ganz, ganz Anderes... Es ist mehr ... *Liebe* als Gehorsam. Und es ist fast *mehr* als Liebe – aber das kann man nicht sagen, weil *alles* Liebe ist. Aber es ist eine *Art* Liebe, eine ganz heilige Art. Ehrfurcht eben... Wie soll man das erklären? Weißt du wirklich nicht, was Ehrfurcht ist?"

„Nein", gab sie zu. „Nicht wirklich. Ich hab's nicht so mit solchen Sachen..."

„Das sind doch keine ‚Sachen', Lisa! Das sind Kräfte! Das ist ein Engel! Es ist ein sehr heiliger Engel. Und –"

„Aber das ist mir etwas *zu* heilig, Marie... Ich geb's ja ehrlich zu..."

Die braunen Augen schwiegen kurz, und in ihnen vertiefte sich so etwas wie Mitleid und Wärme...

„Nein, Lisa – es *kann* nicht zu heilig sein. Auch dir nicht. *Gerade* dir nicht. Du ... du weißt es nur noch nicht..."

„Was weiß ich noch nicht?", erwiderte sie überrascht, fast ungläubig.

„Es ist", begann das Mädchen leise, „für *niemanden* zu heilig. Die Menschen *denken* nur so. Sie wollen das nicht, weil... Sie

wollen es nicht, weil ... ja, warum eigentlich nicht? Warum haben es die meisten Menschen so schwer mit solchen Kräften ... Gefühlen? Gibt es deswegen keine Königinnen mehr? Weil die Menschen so ein Gefühl nicht mehr haben wollen? Oder –"
„Ich glaube eher, weil es völlig unnötig ist. Ich meine, warum sollte heute noch eine Königin über den anderen Menschen stehen. Es ist doch *gut*, dass es das nicht mehr gibt."
Marie verstummte. Sie hatte sie offenbar wirklich ein wenig aus der Bahn geworfen.
„Das weiß ich nicht...", erwiderte sie schließlich leise. „Ist das wirklich gut? Ich meine ... hat es nicht vielleicht auch eine ... traurige Seite? Wo haben die Menschen dieses Gefühl denn *jetzt*?"

„Wozu braucht man es denn?", fragte sie ratlos. Sie konnte es einfach nicht verstehen.
Die wunderschönen braunen Augen schienen nun ebenfalls zutiefst verwundert zu blicken.
„Man ‚braucht' es doch fast *überall*! Wenn man zum Beispiel einen Schmetterling sieht... Oder einen Regenbogen... Oder ein kleines Blatt..."
„Meinst du Freude?"
„Nein, ich meine *dieses* Gefühl..."
„Ehrfurcht?", wiederholte sie langsam, wie wenn sie eine fremde Vokabel aussprechen müsste.
„Hast du das ... kennst du das gar nicht, Lisa?"
Sie suchte in ihrem Inneren, in Situationen aus ihrer Erinnerung – aber sie fand es nicht.
„Nein."
„Wenn du einen Schmetterling siehst, der auf einer Blume sitzt...? Was fühlst du denn dann?"
Sie überlegte, dann zuckte sie nicht mit den Schultern, aber mit den Lippen.
„Nichts... Was soll ich denn fühlen?"
„Seine Schönheit... Unglaubliche Schönheit..."
„Na ja... Das ist bei mir nicht so stark."
Marie schwieg einen Moment.
[...]

„Aber *dieses* Gefühl", sagte sie nun, „das ist viel mehr, als etwas nur ‚schön' zu finden. Es ist eine Liebe, Lisa. Und zwar eine Art *heiliges* Gefühl. Weil etwas *so* schön ist! Unglaublich schön. Wenn man *das* fühlt ... dann hat man dieses Gefühl..."

„Ja, und das habe ich eben nicht."

„Aber jeder Mensch kennt es trotzdem."

„Woher denn?"

„Das, was man am meisten liebt, mit seinem ganzen Herzen ... das *ist* dieses Gefühl."

„Also die tiefste Liebe, die man kennt?"

„Ja."

„Und wenn jemand das gar nicht kennt?"

„Er weiß es nur noch nicht."

[...]

Sie verstand es nicht.

„Aber das ist noch nicht Ehrfurcht."

„Warum nicht?"

„Weil Ehrfurcht..."

Sie wusste nicht, wie sie es beschreiben sollte.

„Du meinst ... wegen dem Gehorsam und allem?"

„Ja – so ungefähr. Zum Beispiel."

„Das hat damit nichts zu tun. Es geht um die Liebe. Um die Liebe, die so groß ist, dass sie etwas Heiliges hat. Sie bekommt das..."

Das Mädchen dachte nach.

„Der ... also der Ritter, der zu der Königin kommt ... er *muss* nicht gehorchen. Er *will* gehorchen. Aber ... dem Schmetterling muss man ja nicht gehorchen. Man muss ihn nur schön finden. Aber man muss nicht – man tut es einfach. Und man findet ihn nicht nur schön, sondern ... man liebt ihn. Weil er so schön ist. Man liebt ihn sehr, sehr ... und das ist dieses Gefühl, Lisa. Es ist heilig."

Heilig... Sie dachte über dieses Gefühl nach.

[...]

„Aber das *Gefühl* ist doch gar nicht heilig", wandte sie ein.

„Sondern das, was man so liebt..."

„Ja... Aber das Gefühl ist auch heilig. Denn die meisten Menschen haben es ja gar nicht mehr. Also sehen sie auch nichts mehr. Sie sehen nicht mehr das Wunderschöne, weil sie dieses heilige Gefühl nicht mehr haben. Für sie ist alles ‚normal'. Dabei ist *nichts* normal! Ja, Lisa – in Wirklichkeit ist *alles* heilig...“

Wenn sich die Liebe zur Welt vertieft, kann sie zu einer Ehrfurcht vor allem Leben werden. Ein Mann könnte dies vielleicht sogar philosophisch begründen. Bei einem Mädchen strömt diese Empfindung einfach wie seine ganze tiefe, sanfte Liebe aus seinem Herzen...

Für uns ist die Ehrfurcht, wenn wir sie überhaupt kennen, nur deshalb ein so seltenes Gefühl geworden, weil uns fast nichts mehr heilig ist. Vielleicht überkommt uns eine ehrfürchtige ‚Stimmung', wenn wir einen alten Kirchenbau betreten. Vielleicht, wenn wir an die Wiege eines Neugeborenen treten. Vielleicht auch am Krankenbett eines sehr alten Menschen... Aber im ‚gewöhnlichen' Leben empfinden wir nichts dergleichen – uns hat sich das Leben entheiligt. Aber das bedeutet nicht, dass es nicht noch immer heilig wäre. Es bedeutet nur, dass wir dies nicht mehr empfinden können ... und noch nicht *wieder*...

In dem Roman ‚Um Gottes willen' sucht das Mädchen Juliane in all seiner Gottesliebe immer wieder die heilige Atmosphäre des Kirchenbaus – nicht etwa, weil man nur hier Gott finden könnte, aber sehr wohl, weil hier diese Sphäre des Heiligen um so stärker lebt. Indem wir ihr folgen, können auch wir eine Empfindung davon bekommen, wie die Seele diese zarte Atmosphäre wieder fühlen lernen kann:

Es war eigentlich furchtbar, dass Menschen so dachten. Sie verstand es einfach nicht. Aber sie wusste, dass die meisten Menschen mehr oder weniger so dachten. Jeder, dem Religion nicht wichtig war, hielt sie doch letztlich für einen Aberglauben – oder zumindest interessierte ihn Gott nicht. Für sie war das unfassbar. Wenn Gott das Höchste und Heiligste war, wie konnte man dann einfach daran vorbeigehen, vorbeisprechen, vorbeileben? Wie konnte man die ganze Zeit so leben, als gäbe es Gott nicht?

Sie verstand zwar, dass das möglich war, aber ihr selbst erschien dies wie ein Leben ohne Sinn – ja mehr noch, man stellte sich doch unmittelbar gegen Gott. Man lebte ganz bewusst ohne Gott – und das war nichts anderes als gegen Gott. Wenn es aber Gott für einen gab; wenn man an ihn glaubte; wenn man sicher war, dass es Gott gab, dann wollte man doch auch in jedem Moment ein frommer Mensch *sein!*

Es war doch überhaupt nicht so, wie ihr Vater sagte. Sie ging doch gar nicht in die Kirche, weil sie sonst nicht an Gott dachte. Eigentlich war es genau umgekehrt. Sie dachte immer an Gott – und ging deswegen jeden Morgen in die Kirche. Weil es in der Kirche noch religiöser war, weil dies gerade der heilige Ort war. Weil hier nicht nur der Mensch betete, sondern der ganze Ort... Sie lächelte bei diesem Gedanken. Ein betender Ort... Aber so war es doch! Jeder einzelne Stein einer Kirche war heilig. Die ganze Kirche wusste sehr genau, wer Gott war – und einem Stein, der zu einer Kirche gehörte, würde es nie einfallen, sich zu sagen, Gott sei ihm egal oder Gott gebe es nicht. Der Stein betete fortwährend, und er wusste immer, dass es Gott gab! Eine Kirche war also heilig, weil sie selbst betete, egal, ob Menschen in ihr waren oder nicht.

Ein Mensch, der also in eine Kirche trat, trat in eine Art heiligen Schutz – denn er trat in ein Gebäude, das Gott kannte und zu Gott betete und Gott heiligte. Der Mensch brauchte nur niederknien und mitbeten...

Mit solchen Gedanken war sie bei der Kirche angekommen. Sie öffnete die Tür und betrat das schweigende Gebäude. Sie liebte die großen Türen und die großen, alten Türklinken. Dann kam man in einen Vorraum. Die eine große Tür schloss man hinter sich... Und nun musste man noch einmal eine Tür öffnen. Man ging auch hier hinein – und jetzt war man wirklich in dem eigentlichen heiligen Raum.

Andächtig faltete sie wieder die Hände, blickte mit Ehrfurcht auf den Altar mit dem Kreuz und ging langsam den Gang entlang, bis sie wieder bei der fünften oder sechsten Bankreihe angekommen war. Diesmal setzte sie sich zuerst und verweilte einen Moment. Dann kniete sie nieder, in derselben Haltung wie am Morgen zuvor, und wandte wieder all ihre Gedanken und Gefühle zu Gott.

Voller Hingabe öffnete sie ihr Herz, flüchtete sich gleichsam in Gottes Schutz, in dem sie aber schon war, und empfand in tiefstem Glück die einzigartige Atmosphäre einer Kirche, eines heiligen Gotteshauses an einem frühen Morgen... Und all dieses Glück gab sie wiederum hin – ihr ganzes Glück und ihren ganzen guten Willen, alles ließ sie hinströmen zu Ihm...

In ‚Tagebuch eines Mädchens' empfindet ein jüngeres Mädchen eine solche Liebe zur Natur und zu den Tieren, dass sie ebenfalls dieses Empfinden hat – ohne dass ihr dies bewusst ist oder sie es je so nennen würde. Aber wenn die Liebe tief genug wird, *wird* sie einfach Ehrfurcht – sie durchdringt sich mit dem Gefühl, dass diese ganze unbeschreibliche Schönheit etwas Heiliges ist...

Warum lieben die Menschen die Tiere nicht? Wie geht das? Wie kann man die Tiere nicht lieben? Ich kann das nicht, ich weiß nicht, wie das geht...
Diesen Sommer habe ich, als ich mit Mama und Papa einmal an einem See spazieren ging, eine Ringelnatter auf dem Wasser gesehen. Ich hatte vorher noch nie eine Ringelnatter schwimmen sehen! Ich war wie verzaubert. So schöne Bewegungen – und wie ist es möglich, damit zu schwimmen? Scheinbar mühelos, als könnte sie überhaupt nicht untergehen. So schön... Ich kann es nicht erklären, liebes Tagebuch. Ich glaube, ich habe noch nie eine so schöne Bewegung gesehen, in ihrer Art. So elegant, aber das ist das ganz falsche Wort... Es war ein Traum, ein Zauber, es war reine Schönheit! Du verstehst mich ja, selbst wenn mir die Worte fehlen...
Aber weißt Du, was Mama sagte? Sie sagte „Ih, eine Schlange!" Ich fragte, wo, und als ich sie sah, sah ich dieses Wunder...

Aber warum nur ich? Liebes Tagebuch – warum sehen die Anderen das nicht...?
Am liebsten würde ich es den anderen Menschen erklären – aber wie kann ich es, wenn mir die Worte fehlen? Oder wenn Worte gar nichts nützen? Denn was nützen die Worte, wenn sie es dann immer noch nicht sehen? Am liebsten würde ich das Herz der anderen Menschen an die Hand nehmen und ihm die ganze Schönheit zeigen. Das Herz müsste sie doch sehen? Aber wo ist es bei den anderen Menschen in einem solchen Augenblick?
Wo ist es überhaupt in so vielen Augenblicken?

Ich habe auch nie verstanden, wie man noch das kleinste Tier totmachen kann. Mama macht immer die Motten tot, wenn sie sie erwischt. Na ja, sie sollten natürlich nicht die Kleider fressen – aber was können sie tun? Sie können doch nur das... Selbst bei einer kleinen Motte werden meine Augen feucht, wenn Mama wieder eine totgemacht hat. Ich muss dann immer denken: Auch diese kleine Motte wollte doch leben... Und ich sehe doch, wie sie leben will! Und wie schön sie ist, so goldschimmernd. Ein bisschen zappelig, wenn sie irgendwo langläuft. Mama findet sie eklig. Aber ich verstehe das nicht...
Ich glaube, ich muss aufhören, liebes Tagebuch. Wenn ich daran denke, werde ich einfach zu traurig. Aber glaubst Du, ich könnte noch ein kleines Gedicht schreiben? Ich will es versuchen, mir kam diese Idee gerade. Ein Gedicht für die kleine Motte – für alle Motten auf der Welt.

Liebe kleine Motte,
gold schimmert Dein zarter Flügel,
schön bist Du,
auch wenn man es nicht sieht,
aber ich sehe es,
und wie gern ließe ich Dich leben,
unruhig läufst Du hin und her,
und man versteht nicht Dein kleines Leben,
man schlägt es tot,
weil Du Löcher machst,

das reicht als Grund,
doch Deine Schönheit sehen sie nicht,
Dein Gold,
Deinen Willen zu leben,
sie sehen es nicht...
Verzeih, kleine Motte, verzeih ihnen,
und verzeih auch mir,
dass ich Dich nicht retten konnte...
Sie sehen es nicht...

*

Aber auch die Begegnung mit dem anderen Menschen ist
dem Mädchen etwas Heiliges – auch wenn es dies nicht so
nennen würde. Und dieses Erlebnis vertieft sich wiederum,
wenn ein Mädchen wirklich beginnt zu lieben. Jenen einen
Jungen, den es mit seinem ganzen Herzen zu lieben beginnt...
Dann lebt in dem Herzen des Mädchens eine so zarte Liebe
zu diesem Jungen, dass man nicht anders kann, als von Ehrfurcht zu sprechen. Es ist weniger Ehrfurcht vor dem Jungen
als Ehrfurcht vor der Begegnung selbst, Ehrfurcht vor dem
Wesen der Liebe. Die Liebe des Mädchens ist so heilig, weil
sie selbst diese Liebe so unendlich heiligt. Niemand kann
scheuer und romantischer lieben als ein Mädchen. Ein Mädchen empfindet die Liebe heiliger als jedes andere Herz...

In meinem Roman ,Ein Urlaub für's Leben' entfaltet sich
zwischen einem alten Holzschnitzer und dem Mädchen Cindy
das folgende Gespräch, nachdem Cindy ihm ihre Sorge anvertraut hat, dass ihre Freundschaft zu einem anderen Mädchen zerbrechen könnte:

Sie sprach den Satz nicht zuende und seufzte.
„Wie war sie denn schon immer anders?", fragte Johannes
warm.

„Ach ... halt zum Beispiel, dass sie sich schon immer – ich meine, schon lange – für Jungen interessiert hat und schon einen Freund hat und davor auch schon zwei oder drei..."
„Hm, und da bist du also anders?"
„Ja, ich glaube, sie hält mich da für etwas altmodisch oder auch langsam und so. Schüchtern..."
„Und du selbst? Was denkst du? Wie siehst du auf diese Dinge?"
„Na ja, ich ... will halt nicht einfach so einen Freund. Das geht mir zu schnell und ist ... ist mir eben auch zu oberflächlich. Ich meine, die lieben sich ja und so. Und trotzdem... Ich könnte das nicht. Ich weiß auch nicht, warum. Es *ist* mir zu oberflächlich. Zum Beispiel dieses ständige Umarme und dieses Rumküssen, in aller Öffentlichkeit."
Sie sah Johannes an und sagte:
„Das ist doch oberflächlich? Oder ist es das falsche Wort? Ich weiß nicht, warum ich das so empfinde, aber es ist so. Kannst du es mir erklären?"

„Nun ja", erwiderte Johannes. „Ich weiß genau, wovon du sprichst. Aber es ist gar nicht so einfach, zu ergründen, was man dann empfindet und warum. Ich muss mich selbst auch erst darauf besinnen und es einmal innerlich nacherleben..."
Er blickte auf irgendeine Stelle des Tisches und schien unbeweglich in Nachdenken versunken zu sein. Sie wartete.
Schließlich sah er auf und sagte:
„Es ist tatsächlich eine Frage des ganzen Verhältnisses zwischen Öffentlichkeit und Nicht-Öffentlichkeit. Du fühlst dich peinlich berührt, wenn du so etwas siehst, nicht wahr?"
„Na ja – mir ist es ja eigentlich egal. Aber irgendwie schon."
„Das ist ganz verständlich", sagte Johannes. „Denn du würdest es einerseits nicht so machen. Und andererseits fühlst du dich ein wenig bedrängt, denn du *musst* es ja mit anschauen, ob du willst oder nicht."
Er nahm einen Schluck Tee.
„Es ist eben nichts Normales, so wie wenn man zum Beispiel zwei Menschen mit einer Einkaufstüte vorbeigehen sähe. Es ist etwas Intimes. Und das bedeutet, dass die Seele mit Recht die

Sehnsucht hat, so etwas in Einsamkeit zu zweit zu tun und zu erleben. Das Wort ‚intim' bedeutet lateinisch eigentlich ‚das Innerste' – es ist also etwas, was einem irgendwie heilig ist, was man nicht vor aller Augen zur Schau stellen möchte. Wer möchte schon sein Heiliges allen Augen, allen Urteilen und so weiter aussetzen? Und wie sollte das innige, liebevolle Zusammensein mit einem geliebten Menschen nicht etwas Heiliges und Intimes sein?"

Johannes sah sie an.

„Man fühlt sich also bedrängt, weil man das gar nicht sehen *möchte*, weil man dem Anderen diese Intimität lassen möchte, und weil man selbst dies vielleicht sogar niemals öffentlich tun würde, jedenfalls auch nicht dabei beobachtet werden wollen würde. Zugleich ist man aber gezwungen, es mit anzusehen, es wird einem gewissermaßen aufgedrängt, also fühlt man sich bedrängt."

Erleichtert wurde Cindy klar, dass es nichts mit Verklemmtsein oder so etwas zu tun hatte.

Der alte Holzschnitzer fuhr fort:

„Und deswegen ist es zugleich oberflächlich. Denn das Intime ist eigentlich etwas Heiliges und Innerliches – in diesem öffentlichen Tun wird es aber sozusagen zur Schau gestellt, jedenfalls nach außen, an die Öffentlichkeit, an die Oberfläche gezogen. Dass es oberflächlich ist, sagen schon die Worte, die du benutzt hast: Umarme, Rumküssen. Und du hast recht. Glaubst du, man könnte sich vor aller Augen innig küssen, ohne gleichzeitig zu wissen, dass man durchaus beobachtet wird? Mit diesem Wissen *kann* die Seele aber nicht die gleiche Innigkeit empfinden, wie wenn es im Verborgenen geschähe. Und so *muss* die Seele in ihrem Tun oberflächlich werden. Das genau gibt dann das Affektierte, das ganz bewusst stolze oder ‚unerschrockene', sich scheinbar um die ganze Umgebung nicht kümmernde Küssen und Umarmen und so weiter. In Wirklichkeit kümmert man sich sehr wohl um die Umgebung, nur ohne es wirklich zu merken. Irgendwo fühlt und weiß die Seele immer die Augen der anderen im Rücken und kann sich deshalb in keinem Fall *so* sehr hingeben, wie es eigentlich tiefster Liebe entsprechen würde. Völlige Hingabe ist nur in der Intimität der völligen Zweisamkeit möglich. Und deswegen sind alle Liebesbezeugungen in der Öffentlichkeit irgendwo oberflächlich und werden von dir auch so empfunden."

„Danke, Johannes...", sagte sie unendlich erleichtert. „Ich bin so froh, dass ich ‚richtig' fühle. Ich hätte sowieso immer so gefühlt, aber jetzt weiß ich, dass ich mich dafür wirklich nicht zu schämen brauche."

„Nein", erwiderte er, „die anderen müssen sich schämen, weil sie es an Scham fehlen lassen, das Heilige nach außen kehren und es in dieser veräußerlichten Form anderen aufdrängen."

„Und trotzdem sagen sie, man sei verklemmt und schüchtern..."

„Ja, je mehr die Empfindsamkeit und Sanftheit im Gefühl verlorengeht, desto mehr verkehrt sich das ganze Urteil. Irgendwann wird man vielleicht dasselbe sagen, wenn jemand keinen Sex in der Öffentlichkeit haben will – oder sich weigert, sich an einer brutalen Gewalttat zu beteiligen..."

Entsetzt fragte Cindy:

„Das wäre ja schrecklich! Glaubst du das wirklich?"

„Ich hoffe es nicht. Aber es ist leider nicht unmöglich. Wenn man die Entwicklung betrachtet, dann ist die Menschheit wirklich dabei, ihre Empfindungsfähigkeit mehr und mehr zu verlieren. Es gibt so viele Tendenzen, die dies zeigen und befördern."

„Welche denn?"

„Das Rumküssen und so weiter gehört dazu. Ich will nicht sagen, dass frühere Jahrzehnte mit ihrer Tabuisierung unbedingt besser waren, denn was hinter verschlossenen Türen geschah, war auch sehr oft nicht schön. Aber es kommt immer auf die Frage an: Was geschieht mit der menschlichen Fähigkeit zu fühlen? Wohin geht sie? Vertieft sie sich – oder verliert sie sich? Wo alles öffentlich wird, muss sie sich verlieren. Das gleiche gilt für die Sexualisierung der Werbung. Überall nackte Körper – wohin soll man eigentlich noch gucken? Wenn das aber normal wird, vor was soll man dann noch eine heilige Ehrfurcht haben? Wir hatten früher vor dem unbekleideten Leib einer Frau eine unendliche Ehrfurcht – er war sozusagen ein Heiligtum. Und heute? Eine Normalität, ein Ausstellungsstück, vielleicht noch ein überall zugängliches Lustobjekt. Die *körperlichen* Gefühle bleiben vielleicht, aber das Seelische ... geht spurlos verloren."

Sie hörte beschämt zu. Es war die Welt, in der sie aufwuchs. Aber sie fühlte genauso wie Johannes.

Dies ist ein entscheidender Punkt. Der reinen Mädchenseele kann deshalb so vieles noch heilig sein, weil sie auf der anderen Seite noch die wahre, heilige *Scham* kennt. Sie schämt sich, wenn ihre Geschlechtsgenossinnen fast nackt auf Plakaten gezeigt werden. Sie schämt sich aber auch, wenn sie zusehen muss – ohnmächtig –, wie unschuldigen Geschöpfen Gewalt angetan wird. Im Grunde schämt sich die Seele, wenn die Mutter eine Motte totschlägt, dass sie nichts tun konnte... Überall, wo Scham lebt, ist der Seele noch etwas heilig. Wo die Seele schamlos wird, verliert sie auch das Heilige...

Ehrfurcht bedeutet, dass es Bereiche des Lebens gibt, die man nicht ohne ein heiliges Empfinden zu betreten wagt – oder die man ohne ein zutiefst sanftes, liebendes Empfinden gar nicht betreten *möchte*. Die unschuldige Seele *weigert* sich, gegenüber dem Heiligen und der Schönheit *gewöhnliche* Gefühle zu haben... Dies ist vielleicht die zutreffendste Beschreibung der Seele des Mädchens. Gerade sie beschreibt die *Sanftheit*, die sich eben jederzeit zur Ehrfurcht vertiefen kann. Eine tiefe innere Weigerung, gewöhnliche Gefühle zu haben...

*

Und wieder bemerken wir, wie der sanfte Blick unserer heilig-unschuldigen Führerin auf uns ruht – und wir erschrecken leise: wie lange schon? Beschämt schlagen wir die Augen nieder – aber nun wendet sich das Mädchen, um uns nicht zu beschämen, mit feinstem Taktgefühl bereits um und setzt mit liebender Anmut seinen Weg fort. Wir aber haben gesehen, wie froh es über das war, was es sah ... und wir fühlen dankbar, dass unsere Seele vielleicht nicht mehr ganz so starr und unlebendig ist, wie wir dachten.

Beschämte Dankbarkeit empfinden wir – die aus unserer tiefen Liebe zu diesem Mädchen entspringt. Aber nicht nur Liebe. Ihm gegenüber kennen wir doch wirklich die Ehrfurcht, die zarte Ehrfurcht vor seinem so heilig-sanften Wesen...

In zweifacher Weise lehrt uns das Mädchen wieder, Ehrfurcht empfinden zu können. Indem wir einfach sein Wesen empfinden, erleben wir die Ehrfurcht vor dem Heiligen seines Wesens... Indem wir lernen, was es empfindet, lernen wir, was es bedeutet und wie es möglich ist, Ehrfurcht vor allem zu haben. Auch wir könnten dies haben, wenn wir lernen, *mit* dem Mädchen und *wie* das Mädchen zu empfinden...
Zu empfinden, was das Mädchen ist, schenkt uns die Ehrfurcht vor *ihm*. Zu empfinden, was das Mädchen empfindet, schenkt uns *seine* Ehrfurcht.

Die Frage ist dann nur, ob wir dies überhaupt lernen wollen: *mit* dem Mädchen zu empfinden. Diese Frage ist sehr entscheidend – auch für unsere Liebe zu dem Mädchen... Denn wäre unsere Liebe wahrhaftig, wenn wir dies gar nicht wollten? Wäre unsere Ehrfurcht vor dem Wesen des Mädchens aufrichtig, wenn wir dies gar nicht wollten – *mit* dem Mädchen zu empfinden?
Wie weit geht unser Mut – wie weit geht unsere Liebe – wie weit geht unsere Ehrfurcht? Ist uns das Wesen des Mädchens heilig? Oder ist es nur angenehm und voller Liebreiz?
Wenn unsere Liebe *wahr* ist, kann unsere Seele nicht *nicht* den Wunsch haben, so sanft zu werden wie das Mädchen...
Dann aber muss sie den Wunsch in sich finden und fühlen, auch seine Ehrfurcht zu lernen... Würde sie dies nicht wollen,

würde sie das Mädchen noch immer allein und einsam in einer Welt lassen, die die Ehrfurcht und auch alle anderen so unendlich sanften, zarten Empfindungen nicht mehr kennt. Selbst *unsere* Seele würde das Mädchen dann allein lassen...

Wie treu sind wir dem Mädchen, das uns als unsere unschuldige Führerin *unendlich* treu ist, eigentlich? Wie ernst nehmen wir unsere eigene Liebe zu diesem Mädchen? Ich habe dieser Frage schon in meinem Buch ‚Bewusstsein der Unschuld' einen langen Abschnitt gewidmet. Nur eine kleinere Passage sei hier wiedergegeben:

Hier stehen wir an dem entscheidenden Punkt unseres Weges. Es ist wie ein Markstein in einer offenen Landschaft. Wir könnten ihn ohne weiteres überschreiten, aber wir wissen zugleich: Dahinter beginnt etwas völlig anderes. Es ist gleichsam ein heiliges Königreich, das aber vollkommen von Feinden besetzt ist. Ab hier betreten wir heiligen, aber gleichzeitig feindlichen, lebensgefährlichen Boden.

Das ist die Situation der Seele, die an diesem Markstein steht. Es ist eine unsichtbare Grenze, und diese Grenze hat einen Namen, und dieser ist: Treue zu dem unschuldigen Mädchen.

Der reine Teil unserer Seele ist dem unschuldigen Mädchen begegnet und liebt es. Aber nun steht er an dem Markstein. Wie weit ist er bereit, für seine Liebe zu diesem Mädchen zu gehen? Wie groß ist seine *Treue* zu dem unschuldigen Mädchen?

Was bedeutet diese Treue überhaupt? Gerade auf diese Frage müsste sich der reine Teil unserer Seele einmal besinnen, und zwar sehr, sehr tief...

Diese Besinnung müsste so tief sein, dass wir erschrecken müssten – tief erschrecken davor, wie sehr wir mit der Liebe zu diesem Mädchen und mit seiner Unschuld noch immer nur *spielen*, ohne Ernst, wirklich ohne Ernst. Ja, wir lieben es – vielleicht –, aber stehen an dem Markstein, und wir müssten einen Schritt tun, um unsere Liebe auch zu *beweisen*.

Liebe ist einfach, solange sie nur in Gedanken stattfindet – oder nur in dem reinen Teil der Seele. Sie ist einfach und schön, aber ohne Gefahr, solange sie diesseits des Marksteins bleibt. Wie sehr sind wir bereit, die Grenze, die dieser Markstein bildet, zu überschreiten ... und unsere Liebe zu dem unschuldigen Mädchen auch dann nicht ... zu *verraten*?

Wie weit sind wir bereit zu gehen? Was würden wir zögernd zugeben – und wo würde unser Verleugnen beginnen? Oder haben wir den Mut, *alles* zuzugeben? Ja, sogar den Mut, der Welt entgegenzuhalten, wie krank sie wirklich ist? Dass jede Seele krank ist, die das unschuldige Mädchen *nicht* liebt?

Wie weit sind wir bereit zu gehen? Und wo beginnen unsere Rückzugsgefechte? In einer Welt, die nicht einmal mehr an eine *Seele* glaubt und die uns nur noch verlachen und verspotten würde, wenn wir zugäben, dass wir ein reales unschuldiges Mädchen lieben, das man aber nicht sehen kann, nur innerlich. Man denke an seine Nachbarn, seine Freunde, Verwandten, Arbeitskollegen – Unverständnis und Spott würde uns entgegenschlagen. Und wir würden kleinlaut verstummen. Wir würden uns schämen, und wir würden nichts von einer Krankheit unserer gesamten Gegenwart sagen.

Nur ein Verrückter kann seine ganze Umwelt für krank erklären – während er als Einziger auf dem Weg der Gesundung ist, ein unsichtbares Mädchen liebend, das trotz allem real sein soll...

Aber das ist die Wirklichkeit, die Wahrheit.

Noch einmal blickt uns das Mädchen an. Seine Augen... Sie sind vollkommen rein und vollkommen unschuldig.

In diesem Moment ist auch unsere Liebe vollkommen. In diesem einen, kurzen Moment wissen wir zugleich, was vollkommene *Treue* ist. Aber haben wir auch die Sehnsucht, diese Treue immer stärker zu machen – auch da, wo unser Alltag beginnt, wo wir unsere Liebe bezeugen müssten, um ehrlich zu sein? Wie sehr halten wir dem von uns geliebten Mädchen die Treue? Wie ernst ist es uns mit unserer eigenen Wandlung? Wie sehr wollen wir ihm auf seinem Weg der Sanftheit wirklich folgen?

Reicht unsere Ehrfurcht nur dafür, sein Wesen zu lieben ...
und es *trotzdem* allein zu lassen? Ist unsere Seele so untreu,
so unwahrhaftig?

Oder werden wir den Mut finden, unsere Liebe wahr und
ernst werden zu lassen, unsere Treue wahr und ernst werden
zu lassen – und das heilige Mädchen *nicht* allein zu lassen?
Nicht allein zu lassen in der Zartheit seiner Empfindungen ...
die von der Welt verspottet werden...

Wieviel Mut haben wir?

*

In unendlicher Reinheit blickt das Mädchen uns an. Nicht
seine Seele stellt die Frage, unsere Seele stellt sie sich selbst.
Seine Seele hat nur eine reine *Hoffnung*... Und zugleich eine
so tiefe Liebe, dass es nichts anderes will, als uns Mut zu
machen. Mut zu machen, ihm folgen zu können. Denn es
weiß, dass es das nicht verlangen kann...
Die Seele des Mädchens erträgt schon lange jeden Spott.
Aber sie kann es von niemand anderem verlangen. Lieber
würde sie für immer allein bleiben, als je etwas zu fordern,
was nicht gefordert werden, sondern nur aus Liebe und Sehnsucht getan werden kann...
Aber seine reinen Augen sehen uns an – mit einer reinen
Hoffnung, in unschuldigem Vertrauen...

Und wieder wendet es sich in fast verletzlicher Anmut um
und geht weiter – auch hierin voller Hoffnung und voller
Vertrauen: dass wir ihm weiter folgen... Und in tiefster Seele
berührt folgen wir ihm. Unsere Seele will nichts anderes,
dafür ist die Liebe zu ihm viel zu groß... Und wir spüren das
Glück des Mädchens, als es fühlt, dass wir es tun...

Was ist die Liebe? Die gewöhnliche Seele kennt nicht das Wesen der Liebe. Nicht nur Empfindungen können gewöhnlich sein, sondern was in der Seele lebt, das ist das Wesen der Seele. Hat die Seele nur gewöhnliche Empfindungen, *ist* sie auch nur gewöhnlich – wie könnte es anders sein? Jeder möchte etwas Außergewöhnliches sein. Jede Seele empfindet sich selbst als außergewöhnlichen Mittelpunkt von allem, als das Besondere schlechthin, als Ich, um das sich alles andere dreht. Die eigene Seele soll etwas Außergewöhnliches sein? Aber was tut sie denn dafür? Sie hat gewöhnliche Gefühle wie alle anderen Seelen auch, aber dieser Vergleich ist nicht einmal wesentlich – sie hat *gewöhnliche* Gefühle. Wie sollte sie dann je etwas anderes sein als ... gewöhnlich?

Und zutiefst in ihrem Inneren *weiß* das die Seele... Zutiefst, ganz tief im Inneren leiden doch die Seelen der heutigen Zeit an ihrer eigenen Gewöhnlichkeit und auch der Gewöhnlichkeit all dessen, was sie umgibt. Aber wirklich auch an der eigenen Gewöhnlichkeit. An der Armut des eigenen Empfindens, des eigenen Seins. Tief innerlich *weiß* die Seele um ihre ganze erschütternde Gewöhnlichkeit und die damit einhergehende Hässlichkeit – Hässlichkeit deswegen, weil die Seele zu ganz anderem berufen wäre, und Hässlichkeit deswegen, weil ... es das *Mädchen* gibt.

Das Mädchen offenbart, was Schönheit ist. Es offenbart aber nicht nur *seine* Schönheit, die innere Schönheit seines Wesens, es offenbart zugleich damit, was Schönheit überhaupt ist. Seine Schönheit *ist* die Schönheit, die die Seele haben könnte. Es ist jene unvergleichliche Schönheit, die eine Seele annimmt, wenn ihre Regungen – ihre Empfindungen, ihre Gedanken, ihr Tun – *alles* Gewöhnliche ablegen, ja, nie hatten.

Das ist wirkliche Schönheit. Hier stehen wir vor der Offenbarung des eigentlichen Wesens von Schönheit. Es ist das Sich-Erheben der Seele zu einem Sein, das vor Schönheit erstrahlt, weil man unmittelbar empfinden kann: hier, in diesem Sein, lebt die tiefste Bestimmung, der tiefste Sinn, die allerberührendste Schönheit... Aber *warum* ist diese Schönheit so schön, so berührend? Was ist es, was die Seele dies unmittelbar erkennen und empfinden lässt?

Was ist das tiefste Wesen dieser Schönheit – und warum wird die Seele davon unmittelbar berührt, kann ihm gar nicht entgehen; warum wird in der Seele unweigerlich eine Liebe zu dieser Schönheit entzündet; warum muss sie hilflos beginnen, diese Schönheit zu lieben...?

Man sollte diesen Zustand einmal ganz empfinden und ganz in dieser Frage ruhen, mit all der Sehnsucht, die diesen Zustand durchdringt... Warum berührt einen die Offenbarung des *Mädchens* so sehr, dass man hilflos anfängt zu *lieben*? Warum kann das Herz nicht anders, als sich dieser Erscheinung hinzugeben und auf einmal eine unendliche, wehe, aber auch heilige Sehnsucht zu empfinden?

Im Mädchen, in dem, was das Mädchen offenbart, im Erleben seines Wesens – erlebt die Seele etwas Unbeschreibliches. Sie erlebt, und zwar unmittelbar und in aller Tiefe, was ... das *Heilige* der Seele ist. *So* heilig könnte eine Seele sein – so heilig, so unschuldig, so rein, so unendlich schön... Die äußere Schönheit, die das Mädchen zugleich mit seiner inneren Schönheit offenbart, verstärkt diesen Eindruck auf geheimnisvolle Weise gerade bis in jenes Unendliche. Von der inneren Schönheit sind wir zutiefst berührt. Wenn aber diese sich mit äußerer Schönheit vermählt, so dass man unmittelbar den Eindruck hat, die innere Schönheit sei wie ein Leuchten durch den ganzen Leib nach außen gedrungen und hat auch ihn so unendlich schön gemacht – dann entsteht diese gleichsam weltenbezwingende Macht der Sanftheit ... und wir erliegen mit unserem ganzen Sein dieser ergreifenden Schönheit ... Leiblich kann das ‚schöne Zarte' unterworfen werden. Seelisch unterwirft es selbst. Der Sanftheit und ihrer unbezwinglichen, aber alles bezwingenden Schönheit kann nichts widerstehen. Sie löst allen Widerstand auf, unmittelbar, wie die Sonne den Schnee – und sie bezwingt das Herz. Es kann nicht anders, als zu lieben. Selbst wenn es anders wollte, selbst wenn es sich weigern wollte, es *muss* lieben ... aber es will sich ja gar nicht weigern...

Wenn Sanftheit und Schönheit sich vollkommen durchdringen, weil eines aus dem anderen hervorgeht, so entfalten sie eine unbeschreibliche Macht – gleichsam die welten- und seelenerschütternde Macht eines Engelsflügels...

Und wieder stehen wir vor dem Mysterium, wie unendlich auch die Anziehung des Leiblichen, der sinnlichen Erscheinung ist.

Der Mann *möchte* sich mit dem vollkommen unschuldigen und bis in seine Leiblichkeit unendlich schönen Mädchen vollkommen vereinigen. Aber man darf es nicht leiblich verstehen. Es ist eine unendliche Anziehung in Bezug auf *alles*. Er möchte dieses Mädchen *besitzen* – aber auch dies kann nicht tief genug verstanden werden. Er möchte von einem *solchen* Mädchen geliebt werden – von keinem anderen. Und auch dies muss man tiefer empfinden als je zuvor. Was *ist* diese unendliche Sehnsucht? Warum ist diese Anziehung so unbeschreiblich?

Es ist nicht nur das Leibliche. Es ist nicht nur das Seelische. Es ist beider Schönheit – in ihrem nicht zu begreifenden, alles bezwingenden Zusammenwirken. Und dies ist wirklich ein Mysterium. Ein heiliges Rätsel, ein Wunder... Wenn ein Mann sich empfindend *allem* gegenüber öffnet, der ganzen Welt – so hat nichts in dieser ganzen Welt auf ihn eine solche unendliche Anziehung wie die unschuldige Schönheit ... eines *Mädchens*. Sie, diese Schönheit, ist wahrhaft das Leuchten in der Welt... Ohne diese Schönheit, die Schönheit der Mädchen, würde auch alle andere Schönheit in sich zusammenfallen. Sie, die Mädchen, sind die einzigen Botinnen für die durch sie geahnte Gewissheit, dass die Erde *ein heiliger Ort* ist. Die Erde *kann* nichts anderes als ein heiliger Ort, ein Ort von unendlicher Bedeutung sein, wenn auch nur ein einziges Geschöpf von so ergreifender Schönheit und so unendlich berührendem Wesen auf Erden lebt...

In dem Mädchen ergreift nicht eine seelische Schönheit die Seele und eine leibliche Schönheit den Leib – sondern dies alles durchdringt sich und verstärkt sich gegenseitig, und die leibliche Anziehung wird durch die unschuldige Seelenschönheit zutiefst geheiligt. Es ist wirklich, wie wenn das Mädchen als Botin der göttlichen Welt selbst in die irdische Welt gesandt wurde, um die Seelen durch die *sinnliche* Schönheit für die Sehnsucht nach dem wahrhaft seelischen Leuchten wiederzugewinnen...

Es ist, wie wenn die Gegenmächte in Seele und Leib das niedere Begehren, die Sinnessucht, und auch die seelische Hässlichkeit, die Ich-Sucht, eingepflanzt hätten – und die göttliche Welt selbst eine Heilerin schickt, die die völlige Überwindung der seelischen Hässlichkeit bringt, indem sie durch ihre leibliche Schönheit und Anziehung die Seelen aus ihrer Gefangenschaft reißt.

Die Seelen sind schon zu sehr in diese Gefangenschaft geraten, um allein durch die seelische Schönheit so sehr berührt zu werden, dass sie der heiligen Botin folgen würden. Das Zusammenfließen beider Schönheiten aber, das das Mädchen wahrhaft zu einem Engel macht, einer buchstäblich himmlischen Erscheinung, *ist* in der Lage, die Seele und den Leib so sehr anzuziehen, dass beide dem Mädchen folgen – und *beide* in einer heiligen Liebe.

Der Leib will das Mädchen besitzen – aber eigentlich möchte er sich nur dessen Schönheit hingeben, und so wird alle Sinnessucht geheiligt und geheilt. Die Seele möchte von diesem Mädchen geliebt werden – aber eigentlich möchte alles in ihr sich zugleich dem Mädchen hingeben – und so wird alle Ich-Sucht geheiligt und geheilt...

Überall sonst im niederen Irdischen würde Anziehung nur Begehren und Besitzenwollen auslösen. Aber die absolute *Unschuld* dessen, was der niedere Teil der Seele auf diese Weise besitzen möchte, legt auch in diesen Teil das heilende Leuchten seines unschuldigen Wesens hinein ... und das zuvor Hässliche empfängt eine unbezwingliche Sehnsucht nach dem *Sanften* ... und wird dadurch selber sanft...

Wenn das absolut Reine in einen dunklen Sumpf fällt, wird es nicht unrein – es durchdringt den Sumpf mit seiner Reinheit...

Dies ist das heilige Geheimnis von allem, das aus den Reichen der Himmel gesandt wird...

Das *Mädchen* ist eine reine Botin aus den Welten des Heiligen. Ihre Sanftheit besänftigt alle dunklen Kräfte. Sie zieht die gefallenen Seelen an, indem sie sich selbst in das Feld der Anziehung hineinbegibt. Die Botin der Engel *soll* anziehen – und genau das tut sie, mit der sanften Gewalt himmlischer Schönheit...

Und was sie dann erweckt, ist nicht Begehren – das auch –, sondern Liebe. In Leib und Seele wird *beides* geweckt, aber die Liebe heilt das Begehren, macht es sanft, immer zarter, immer reiner – und so führt die Liebe selbst das Begehren zu einer Heiligung. Und zuletzt ist das zarteste Begehren nichts anderes mehr als die Liebe selbst. Es ist vollkommen in sie übergegangen, eingegangen, verwandelt worden...

Dies macht das Mädchen zu der unsäglich sanften Heilerin. Es erweckt die *Liebe* – und es erweckt eine solche Liebe, dass diese Liebe alles zu heilen beginnt, was *außerdem* noch erweckt worden sein könnte – und erweckt werden musste, damit Seele und Leib *angezogen* werden...

*

Die von Ich-Sucht und Ich-Bezug todkranken Seelen kennen die Liebe überhaupt nicht mehr. Sie kennen nur noch ärmliche Reste – Reste, die selbst auch sofort umschlagen können, wenn nicht alles nach eigenem Wunsch und schöner Angenehmheit verläuft.
Überall sehen wir auf Erden ‚Liebe' – aber allzu schnell kann sich die Liebe wieder anderem zuwenden oder anderweitig erkalten. Allzu schnell offenbart sich das, was wir ‚Liebe' nennen, als ein selbstbezogenes Strohfeuer, das letztlich nur seinen eigenen Genuss genießt. Wir wollen lieben – aber auch hier versinken wir in Gewöhnlichkeit, in innerer Armut. Liebe ist ‚Schall und Rauch' – nicht, weil es die Liebe nicht gäbe, aber weil wir selbst dazu gar nicht wahrhaft fähig sind.

Aber eines konnte unsere ganze Liebe erwecken: Es ist das *Mädchen*. Ihm gegenüber erwachte wirklich eine so tiefe und auch so andere Liebe, wie wir sie noch nie empfunden haben. Sie war und ist nicht nur stärker als alles, was wir jemals zuvor an ‚Liebe' empfunden haben, sie ist auch reiner als alles, was wir bis dahin gefühlt haben.
Mag die Stärke dieser Liebe zum Teil auch dem zu verdanken sein, was das Mädchen auch in *nicht* ganz reiner Hinsicht so unaussprechlich anziehend macht, so wird doch auch dieser Teil unserer Liebe immer reiner, je länger das Mädchen seine sanfte Anziehung ausübt und so unsere Führerin wird – und geht *nicht* verloren. Das gerade ist das Geheimnis, dass das Mädchen unsere *ganze* Liebe erwecken kann – und dann alles an ihr heilt, was geheilt werden will... Sie erweckt erst *alles* – und *heilt* dann alles...

Die heutige Seele kennt also das Wesen der Liebe überhaupt nicht. Aber das *Mädchen* erweckt sie – und so lernt die Seele die tiefe, wirkliche Liebe in diesem Moment kennen. Es ist die Liebe zu ihm, zu dem Mädchen... Und doch ist diese Liebe nur der Beginn. Denn die Liebe zu dem Mädchen bewirkt, dass unsere Sehnsucht schließlich dazu führt, dass wir ihm folgen. Dass wir es aus freiem Willen zu unserer Führerin erwählen. Wir beginnen, ihr mit liebendem Herzen zu folgen, weil unser Herz der Liebe zu dem Mädchen längst erlegen ist. Wir sind bereit, von seinem Wesen verwandelt zu werden, weil sein Wesen uns längst verwundet hat – den Panzer der Ich-Sucht zerschlagen, zugleich aber die Krankheit, die Wunde der Ich-Sucht geheilt, begonnen zu heilen...

Unmerklich ist unsere Seele vom ersten Moment an auf den Weg des Mädchens mitgenommen worden – und spürt, was ihr auf diese Weise geschieht. Und dies erweckt gerade ihre Sehnsucht. Die Seele *sehnt* sich nach dieser Heilung. In tiefster Hinsicht möchte sie so unendlich schön werden wie dieser Engel... In tiefster Hinsicht ist jedes Begehren eine allertiefste Sehnsucht nach Verwandlung, nach Heilung, nach Einswerden mit dem Begehrten – das aber gerade deshalb begehrt wird, weil tief in dem Begehren diese heilige Sehnsucht nach absoluter Schönheit, nach absoluter Unschuld lebt. Nicht als Besitz – sondern als Eigentum, als dem eigenen Wesen zueigen gemacht ... als wahrhafte *Wandlung*.

Wir wollen das Mädchen besitzen. Aber in Wirklichkeit wollen wir mit ihm eins werden. Das aber geht nicht, indem man das Mädchen ‚verschlingt‘ und dennoch derselbe bleibt. Es geht nur, indem die eigene Seele *die ganze Schönheit in sich aufnimmt*. Die eigene Seele muss Mädchen werden. Wenn sie dies vermag, dann ist das Mädchen in ihr, dann ist sie mit ihm eins geworden. Man muss dies wirklich empfinden können. Es ist eine reale Einswerdung. Das Mädchen vermählt sich wahrhaftig mit einem – und es wird wirklich mit einem eins. Leiblich vereint es sich nicht mit einem – aber viel, viel tiefer, viel inniger noch...

Wir schlafen nicht mit dem Mädchen – und doch schlafen wir mit ihm. Denn indem wir uns ihm ganz hingeben, kann es sich auch uns ganz hingeben. Und indem dies beides geschieht, schläft unsere Ich-Sucht ein, unsere ganze Krankheit schläft ein, wird geheilt, wird verwandelt. Im Mädchen schläft diese Krankheit immer – und nun schlafen wir *mit* ihr. Das selbstbezogene Ich schläft im Mädchen – und weil unser Wesen sich dem seinen so sehr hingibt, schlafen wir in sein unendlich schönes Wesen hinein – und schläft es mit uns...

Man muss einfach erleben, wie real diese innerliche Vereinigung mit dem Mädchen ist. Sie ist inniger als jede äußere Vereinigung. In der leiblichen Vereinigung würde man die *Liebe* unendlich stark spüren – aber diese wäre auch deshalb so stark, weil in ihr verborgen noch immer eine viel tiefere, stärkere Sehnsucht lebt, die in dieser leiblichen Vereinigung immer ungestillt bleibt. In dieser tiefen Liebe und auch dem tiefen Begehren nach dem Mädchen lebt immer auch diese allertiefste Sehnsucht nach vollkommener Wesensbegegnung und Wesens-Verschmelzung, nach einer Hochzeit in *jeder* Hinsicht.

Jede Liebe, die so stark ist wie diese gegenüber dem Mädchen, zielt auf das Mysterium einer nicht zu beschreibenden und auf Erden auch nicht möglichen Vereinigung – die das Getrennte nicht aufhebt, ihm aber doch eine unsägliche Verschmelzung und Berührung ermöglicht. Die tiefste Liebe sehnt sich immer nach diesem Mysterium...

Man kann diesen ‚mystischen' Zustand nur nachvollziehen, indem man ihn ganz innerlich zu erleben versucht – oder sogar zu erleben beginnt. Es ist nicht so, dass man sich einredet, man hätte etwas von dem Mädchen, wenn man einige seiner Wesenszüge aufnimmt. Das abstrakte Denken und Fühlen muss hier *völlig* aufhören. Man kann sich einem Begreifen dieses Zustandes nur durch die tiefe Sehnsucht nähern. In der Sehnsucht spürt man die tiefe Realität des anderen Wesens. Man spürt, wie unendlich verschieden das Wesen des Mädchens ist – und man spürt die unendliche Sehnsucht nach dem Mädchen und seinem Wesen.

Und wenn man das eigene innere Fühlen nun genügend verlangsamen und vertiefen kann, zu seiner wirklichen Realität, und diese tief erlebend, nicht davor weglaufend ... dann erlebt man, was Sehnsucht, was Sehnen, Suchen des anderen Wesens wirklich ist...

Wenn man aber so schließlich ganz und gar *innerlich* erleben kann, dann spürt man, wie eine innerliche Vereinigung möglich werden kann. Dann *ist* es nichts Abstraktes mehr, wenn man fühlt, wie mit jedem Sanftwerden der Seele etwas vom Wesen des Mädchens vollwirklich *in* einem lebt und anwesend ist. Und wie mit der zarten *Zunahme* dieser Sanftheit, Tag für Tag, auch wirklich das Wesen des Mädchens immer mehr in einen eingeht, sich mit einem vermählt, eins wird mit einem.

Man wird nicht *wie* ein Mädchen – und man bleibt sogar dennoch ganz man selbst –, aber das Mädchen ist *bei* einem, in einem, mit einem. Es hat sich wirklich ganz hingegeben – und sich mit einem vereint.

Hingabe ist immer gegenseitig. Indem wir uns ganz ihm und seinem Wesen hingegeben haben, konnte sein heiliges Wesen uns ganz verwandeln. Aber nun ist unsere Seele nicht wie die des Mädchens, das auch, aber zugleich ist sie es nur deshalb, weil wir dem Mädchen in ihr Wohnung gaben. Sein Wesen ist nun in unserem Wesen – es hat sich mit uns vereint. Und wir können sein Wesen spüren. Wir sind es nicht selbst. Wir haben sein Wesen angenommen und sind so auch selbst wie es, zugleich aber kann, *weil* wir sein Wesen angenommen haben, auch das Mädchen *selbst* in uns anwesend sein.

Wir werden dies nur fühlen, wenn wir es fühlen *wollen*. Wenn wir es aber wollen, werden wir es auch fühlen *können*. Wir müssen uns dazu nur auf das Wesen des Mädchens besinnen – und es wird dann immer in dem Maße real in uns *anwesend* sein, wie wir uns seinem Wesen hingeben. Die Hingabe ist gegenseitig. Wenn unsere Seele sich suchend-hingebend in sein Wesen verwandelt, ist auch das Mädchen selbst da. Unsere eigene Verwandlung, die sanfteste Hingabe der Seele ist, ein Sich-Verwandeln in das Wesen des Mädchens, ist nur das *Organ*, mit dem wir auch die Anwesenheit des Mädchens selbst *wahrnehmen*. Indem wir uns in liebender Hingabe dem Mädchen so gleich wie möglich machen, nehmen wir wahr, dass es *selbst* anwesend ist. Die liebende Verwandlung in das Andere spürt dessen eigene Gegenwart...

*

Und dann geschieht ein weiteres Mysterium.
Noch immer sind wir scheinbar nur bei der Liebe zu dem Mädchen. Und doch ist uns das Mädchen längst Führerin zu seiner *eigenen* Liebe – je mehr wir uns ihm in Liebe hingegeben haben.
Der Mann liebt das Mädchen – aber das Mädchen liebt *alles*. Und von ihr lernt auch er, alles zu lieben, denn seine Seele folgt ihr...

Die Liebe des Mädchens! Sie ist die reine Liebe – und die reine Liebe kennt keine Beschränktheit. Sie kennt nicht das Gewöhnliche, sie kennt nicht die Grenze des Ich-Bezuges – sie kennt nur eines: das *Leuchten*. Die Liebe leuchtet in die Welt hinaus – und alles, worauf ihr Licht fällt, wird geliebt, unterschiedslos, bedingungslos.
Das ist die Liebe der Mädchen... Natürlich kann auch das Herz des Mädchens hell und dunkel unterscheiden. Es kann

dies sogar viel besser als wir – denn es *empfindet* diesen Unterschied. Und doch will es überall das Helle sehen, ist immer bereit zu verzeihen; dem Guten das Übergewicht über das weniger Gute zu geben – und unter dem weniger Guten oder sogar Bösen leidet es, nicht selbstbezogen, sondern ganz und gar selbstlos. *Und all dies ist Liebe.*

Das Herz des Mädchens leidet noch unter der kleinsten Tat, die nicht *gut* ist, mehr, als wir es je vermögen würden. Denn seine Sehnsucht nach einer guten Welt ist vollkommen – wie seine Liebe zum Guten, aus der diese Sehnsucht in jedem Moment lebendig hervorströmt.

Die Liebe zum Guten ist aber zugleich Liebe *überhaupt*. Denn das Mädchen selbst ist gerade dadurch eine so leuchtende Seele, dass es überall und immer liebt. Es selbst ist eine Bringerin des wahrhaft Guten – ob es mit Liebe einen Vogel ansieht, ob es mit Liebe einen verletzenden Fehler verzeiht oder ob es mit Liebe da hilft, wo ein Wesen Hilfe braucht. Das Herz des Mädchens ist *voller* Liebe – und es schenkt seine Liebe ohne Warum...

Das ist das unendliche Wunder der Liebe. Das Mädchen offenbart sie. Es ist ein Wunder, weil es eine *Trägerin* des Wunders selbst ist.

Das Mädchen ist ein Engel. Aber ein Engel will nichts für sich selbst. Er ist ein Bote der Liebe. Das Mädchen ist eine Botin der Liebe, weil es ihre Trägerin ist. Es trägt die Liebe in seinem Herzen. Das Mädchen gibt der *Liebe* Wohnung...

Während wir uns innig nach einer Vereinigung mit dem Mädchen sehnen, ist das Mädchen längst mit dem vereint, was es so erschütternd in die Welt trägt: mit der völligen Unschuld und der ganz reinen Liebe... Diese wohnen im Herzen des Mädchens – und von dort schenken sie sich an alles hin, weil das *Mädchen* sie hinschenkt. Dennoch ist das Mädchen ihre heilige Trägerin...

*

Die Liebe selbst ist ein Mysterium. Das Mädchen hat sie scheinbar von Natur aus, es ist in seiner ganzen natürlichen Unschuld von Liebe durchdrungen. Aber woher *hat* es diese Liebe – woher hat es diese Unschuld, woher hat es diese unsägliche Sanftheit...?
Wenn wir lernen, nichts mehr gewöhnlich zu nehmen, mit gewöhnlichen Gefühlen daran vorbeizugehen, dann wird uns an dem Wunder des Mädchens auch die Liebe und die Unschuld *selbst* immer mehr zu einem Wunder werden können, zu einem Rätsel...

Wenn wir lernen, dieses Rätsel zu empfinden, verliert das Mädchen nichts von seinem berührenden Wunder, im Gegenteil. In all seiner natürlichen Unschuld ist es noch immer so berührend wie vorher. Aber etwas Heiliges kommt noch dazu. Woher kommt die Liebe des Mädchens? Woher kommt seine Unschuld? Wieso darf es sie in seinem Herzen tragen? Aus welchem heiligen Reich hat es diese unsäglich berührenden Züge seines Wesens verliehen bekommen...? Woher stammt dieser überirdische Schönheitsglanz, diese heilende Macht der wärmenden Liebe und der leuchtenden Unschuld? Nicht beantworten wollen wir diese Fragen, schon gar nicht schnell und hastig, gierig oder tot-abstrakt. *Haben* sollen wir sie. Empfinden sollen wir sie. Leben sollen wir mit ihnen... Das Mädchen soll uns ein immer heiligeres Rätsel werden. Sie ist eine heilige Trägerin von etwas... Immer mehr sollen wir empfinden, was man daran empfinden kann. Ohne die Mädchen wäre die Welt kalt und wie erstarrend. Die Mädchen sind heilige *Botinnen*. Aber sie bringen es auch wirklich auf die Erde. Sie sind seine Trägerinnen, in ihrer ganzen heiligen Unschuld...

Die Liebe der Mädchen...

*

Und die Mädchen führen uns weiter – immer weiter in das Geheimnis hinein. Nun geht es wirklich in die Tiefe, in den Ernst, da, wo alles Heilige geläutert wird, um sich als heilig zu erweisen. Da, wo das Leichte aufhört. Da, wo es schwer wird, aber auch Gewicht bekommt. Da, wo die Sphäre des Unvergänglichen, des Ewigen fühlbar betreten wird...

So unendlich schwer es für uns schon zu sein scheint, liebevoll und sogar in unschuldigem Staunen einen kleinen Vogel anzuschauen – dies ist noch nicht das Ende der Wege der Liebe. Wie weit werden wir dem Mädchen folgen können, wenn es uns erst das *Mitleid* lehrt?
Ist es nicht leicht, einem schönen, lieblichen Vogel zuzusehen – ist dies der Seele nicht sogar angenehm? Lässt sie sich nicht gern von dem Süßen, Kleinen und Schönen gefangennehmen? Aber was, wenn dieses Schöne, uns Gefallende auf einmal unsere Hilfe bräuchte? Oder in anderer Form unser Mitleid? Wenn es aufhört, nur schön zu sein? Wenn es traurig wird, schwierig, zeitaufwendig – was auch immer? Was tut unsere ‚Liebe' *dann*?

Man könnte auch annehmen, das Mitleid sei leichter zu empfinden als die wirkliche Liebe zu einem ganz gewöhnlichen Vogel. Fühlen wir uns doch in jeder Situation, wo ein Wesen Hilfe braucht, leise aufgerufen – und wird Hilfsbedürftigkeit immer unmittelbar empfunden. Die Seele kann sich dagegen abstumpfen, aber selbst das würde sie noch immer empfinden...

Und doch geht es nicht darum, jene Regung in der Seele zu empfinden, die dem Herzen untrüglich sagt, dass ein Wesen Hilfe braucht. Es geht um das, was ein Herz *dann* empfindet, was also seine eigene Antwort auf dieses Bemerken ist... Allzu oft wird in der heutigen Zeit schon ‚Mitleid' genannt, wenn die Hilfsbedürftigkeit empfunden wird. Natürlich, auch dies beruht schon auf einem ganz kurzen Mitleiden – Hilfsbedürftigkeit wird immer mit dem *Herzen* erkannt. Doch was nützt dies, wenn dasselbe Herz sich im nächsten Moment verhärtet – und an dem Wesen, das Hilfe braucht, *vorbeigeht*?

Wieder würde uns das Mädchen, das unsere heilige Führerin geworden ist, weil wir es aus tiefstem Herzen lieben, innigst beschämen – und mehr als je zuvor –, denn *sie* würde *unmittelbar* niederknien, viel inniger noch als damals, als sie das schöne Blatt aufhob ... und sie würde nicht einen Moment fürchten, dass ihr weißes Kleid schmutzig werden würde. Ihre Liebe würde sich ganz dem hilfsbedürftigen Wesen zuwenden – und sie würde *Mitleid* geworden sein.
Das Mädchen kniet nieder neben einem Bettler, der nicht aufstehen kann. Sie kniet nieder zu einem Vogel, der aus dem Nest gefallen ist. Sie setzt sich neben den Menschen, der traurig auf einer Bank sitzt. ... Und sie hilft, sie fragt, sie tröstet, sie reicht die Hand, sie tut alles, was ihr Herz ihr in diesem Moment sagt – und ihr Herz sagt ihr, was das *Gute* ist, in jedem Moment...
Das Mädchen hat *Mitleid*, weil es mit-leidet. Es lässt die Menschen und die anderen Wesen nicht allein. Es *kann* das gar nicht – seine Liebe ist immer schon da, und wenn ein anderes Wesen leidet, so leidet seine Liebe auch...

*

Das kalte Herz und der trockene, nüchterne, so schrecklich gewöhnliche Verstand würde jetzt sagen: ‚Da würde ich ja verrückt werden.' Oder: ‚Da hätte man ja gar kein eigenes Leben mehr.' Oder: ‚Das ist ein Helfersyndrom in höchster Ausprägung. Aktionismus, weil man das Leid der Welt nicht erträgt. Armes Mädchen – aber übertrieben...' Bei dem Verstand, der sich vor der Wärme des Herzens zu schützen versucht, um sich nicht schämen zu müssen, geht alles durcheinander. Jedes Argument ist ihm recht, um sich von der Notwendigkeit, etwas zu empfinden, und der Not anderer Wesen freizusprechen.

Aber das Mädchen *fragt* gar nicht, ob es dann noch ein ‚eigenes' Leben haben kann. Sein Leben ist ja gerade das, was es tut. Sein Leben lebt in der Liebe – und es würde einen Zustand ohne Liebe gar nicht mehr als *Leben* empfinden... Sein lebendiges Herz fühlt die Wahrheit dessen noch sehr genau. Die übrigen Seelen aber ersticken an ihrer Gefühlsarmut und wissen gar nicht mehr, wie tot sie sind – denn auch das müssten sie ja wieder fühlen können...
Und ein Mädchen wird niemals verrückt – selbst dann nicht, wenn es den ganzen Tag helfen müsste. Verrückt wird es nur vor Leid, wenn es sieht, wie *niemand anders* hilft... Es gibt nur eines, was dem Herzen des Mädchens unendliches Leid bereiten kann – der unvorstellbare Mangel an Liebe und an Mitleid in der Welt, die es umgibt...
Ja, das Mädchen erträgt im Grunde das Leid der Welt nicht – und gerade dies *ist* sein Mitleid. Mitleid bedeutet immer, Leid nicht ertragen zu können, sondern *mit*tragen zu wollen. Was das Mädchen aber wirklich nicht ertragen kann, ist, zu wissen, dass es keine Überfülle an Leid geben bräuchte – wenn es auf Erden auch das Mitleid gäbe... Die Härte der Herzen ist es, die dem Mädchen das Herz bricht – nichts anderes. Alles Leid berührt sein Herz – der Mangel an Mitleid bricht es...

Es gibt Menschen, die sich aus lauter Ich-Schwäche und tiefer Sehnsucht, geliebt zu werden und ‚das Gefallene zu erlösen', in ein ewiges ‚Helfenwollen' verstricken, oft genug auch in völlig aussichtslose Situationen. Aussichtslos sind diese Situationen aber auch deshalb, weil diese Menschen im Grunde auch selbst Hilfe brauchen. Menschen mit einem echten ‚Helfersyndrom' wirken oftmals nicht heilend, sondern werden selbst wie eine Klammer, eine Last; die Hilfe ‚atmet' nicht, sie ist auch selbst nicht rein und unschuldig, ist auch viel zu schwach, um helfen zu können. Oberflächliche Gedanken würden hier Ähnlichkeiten zum Mädchen zu finden meinen. Aber wahres Mitleid ist *niemals* schwach – selbst dann nicht, wenn es zunächst nichts ausrichten kann. Das Helfersyndrom kann nur das Leid nicht ertragen, es muss ‚helfen', aber wirkliches Mitleid geht viel tiefer. Es reicht manchmal schon, neben dem leidenden Wesen zu sitzen. Vor dem ‚Helfenwollen' liegt das Mitleid selbst. Reines Mitleid, wirkliches Mitleid, aufrichtig empfundenes Teilen des fremden Leides. Unschuldiges Mit-Leiden, das wirklich *Liebe* ist. Dies ist mit nichts anderem vergleichbar. Und so vermag wahres Mitleid Wunder zu vollbringen, die auf keinem anderen Wege möglich gewesen wären...

Und gerade deshalb, weil das Mitleid aufrichtig ist, geht daraus kein ‚Aktionismus' hervor. Denn die wirkliche Liebe ist immer sehend, nicht blind. Sie sieht, was getan werden kann, was versucht werden kann – und das tut sie dann, aus Liebe. Echte Liebe trägt eine tiefe Weisheit in sich. Das Herz hat seine eigene Genialität, von der der Kopf nicht das Leiseste ahnt. Wunder können immer nur aus Taten des Herzens hervorgehen...

Liebe und so auch Mitleid können niemals übertrieben werden. Ein Verstand oder gar ein Herz, das so denkt, leidet selbst an einer ganz und gar übertriebenen Krankheit – an dem wuchernden Mangel an Liebe.

Und selbst wenn man in diesem falschen Urteil bleiben wollte: *Müsste* die Liebe in unserer Welt nicht ganz und gar übertreiben, um den erschütternden Mangel an unendlicher Lieblosigkeit auch nur ein wenig auszugleichen, mit allem, was sie hat?

Das hart bleiben wollende Herz sinniert über ‚Aktionismus' und ‚Übertreibung' – das liebende Herz hilft, wo es kann, weil es Mitleid empfindet, wo immer es Leid erlebt. Übertrieben kann das liebende Herz nur all die Gedanken empfinden, die andere Herzen daran hindern zu lieben. Aktionismus der Gedanken, die um jeden Preis verhindern wollen, dasjenige zu empfinden, was die heiligste Stufe der Liebe ist: *Mitleid.*

Aber man kann die Verhärtung des eigenen Herzens nur dann wahrhaft empfinden, wenn man in all seiner erschütternden Schlichtheit mit ansieht, was das unschuldige Mädchen einfach *tut.* Wie es da, wo es das Leid sieht, dieses Leid unmittelbar *empfindet* – und wie es dann ebenso unmittelbar, ohne nachdenken zu müssen, *niederkniet* und hilft...

Nirgendwo wird die ganze erschütternde Schönheit seines Wesens so sichtbar wie hier. In dieser Situation, wo alles darauf ankommt, was getan wird ... zeigt sich das ganze engelhaft schöne Wesen des *Mädchens.* Und hier erreicht unsere eigene Beschämung ihre größte Tiefe...

Denn hier zeigt sich, wie weit das, was wir Liebe nennen, und die Liebe des Mädchens auseinanderliegen. Die Liebe des Mädchens ist rein und wahr, sie ist in seinem Herzen lebendig, sie ist völlig unschuldig – und sie verwandelt sich in Mitleid, wo immer sie Leid spürt...

Konnte das Mädchen noch mit einer leisen Traurigkeit darüber hinweggehen, dass wir die Schönheit des Blattes nicht wirklich sahen, und uns mit seinen ganz und gar reinen Augen ansehen, in der Hoffnung, dass wir es einst auch empfinden könnten – nun, wo es neben dem verletzten Vogel niederkniet, wo es ihn liebend in seiner Hand birgt und nun zu uns aufblickt, können dieselben reinen Augen, die noch immer sein ganzes Mitleid spiegeln, nicht verstehen, dass *wir* nur so wenig, fast gar nichts, empfinden können...

Leise erschrickt es vor unserer Gefühlsarmut, ja -kälte, und es fühlt sich auch von uns verlassen, ganz allein mit dem Vogel, einsam in seinem Mitleid – und es gibt noch so viel anderes Leid in der Welt. Einsam ... einsam ist das Mädchen in seinem Mitleid. Es dachte, wir folgen ihm...

*

Einem verletzten Vogel werden vielleicht auch wir noch Mitleid schenken können. Dennoch kommt alles darauf an, überall den *Abstand* zwischen den reinen und tiefen Empfindungen des Mädchens und unseren eigenen Empfindungen wirklich zu fühlen.

Und was dann notwendig ist, damit wir dem Mädchen weiter folgen können auf seinem unschuldigen, einsamen, heiligen Weg, das ist, an diesem Abstand zu leiden – wahrhaft zu leiden, aufrichtig. Wenn wir schon das Mitleid so wenig kennen, so müssen wir lernen, gerade *daran* tief zu leiden. Nun nicht in Selbstmitleid, sondern in aufrichtigem, reinem Leid, das den Abstand zu dem Herzen des Mädchens wahr und rein empfinden kann.

Überall folgen wir dem Mädchen, wo wir unser Selbst *vergessen* können, wo es aufhört, uns wichtig zu sein – und wo wir ganz zart und langsam beginnen, lieben zu können, *weil* wir unser Selbst vergessen.

Wo es um den Abstand zu dem Mädchen geht, geht es in keinster Weise um Selbstmitleid, dieses würde nur wieder das *Mädchen* vergessen und den Abstand und das eigene Selbst in den Mittelpunkt stellen – sich egoistisch bedauernd, dass das Mädchen so fern von einem ist. Man würde die ‚Scham' und die ‚Reue' genießen und insgeheim hoffen, dass dieser so ‚leidvoll' empfundene Abstand einem recht kräftig helfen möge, ihn sogleich zu überwinden, weil die Seele ja nun schon viel schöner geworden sei...

Um Selbstmitleid geht es in keiner Weise – und wir müssen mit aller Kraft und in aller Reinheit versuchen, den *Unterschied* zu erleben. Die Aufrichtigkeit muss sich noch viel mehr steigern. Die Scham muss wahrhaftig werden – und darf nicht wiederum genossen werden. Das Erleben muss wirklich sehr selbstlos werden – und die Liebe zu dem Mädchen sehr rein. Dann spürt man den Abstand *wirklich* – und dann leidet man daran *wirklich* ... und dann meint man wirklich nicht, dass man allein schon dadurch dem Mädchen wiederum näher käme, sondern man spürt, dass der Abstand da ist – und man erkennt, was man tun muss, um in wirklicher Läuterung, die aufrichtige Arbeit ist, die Seele so zu verwandeln, *dass* sie dem Mädchen auch hier immer würdiger wird.

Reine Selbsterkenntnis ohne jede falsche Zerknirschung oder wohlige Ohnmacht – nur die reine Liebe zu dem Mädchen und das reine Erkennen des gegenwärtigen Abstandes...
Gerade dies – das reine Erkennen und das reine Leiden, zugleich aber auch Ertragen dieses Abstandes – ist ein selbstloser Zustand; und wird dieser Zustand des inneren Erlebens immer wieder gesucht und geübt, so wird auch das Selbstloswerden geübt. Denn es braucht Kraft, diese reine Selbsterkenntnis zu üben, und es schenkt Kraft – jene Kraft, das Selbst schweigen zu lassen...

Wir werden das Mädchen nicht schnell erreichen können, auch wenn wir uns nach ihm sehnen. Was wir zuerst tun müssen, bevor wir von ihm auch das *Mitleid* wahrhaft lernen können, ist, unser Selbst schweigen lassen zu lernen.
Wenn das Mädchen aber sieht, dass wir uns aufrichtig bemühen, diesen notwendigen Weg zu gehen, wird es uns alle Schwäche verzeihen, denn es *versteht* ja... Es versteht, dass

unsere Seele nicht so ist wie die seine. Noch nicht... Es hofft nur auf die Aufrichtigkeit des Bemühens, ihm zu folgen, auch wenn der Weg immer schwerer wurde. Es hofft gar nicht, dass wir mühelos bei ihm bleiben – sondern nur, dass wir bei ihm bleiben wollen, und dass, wenn der Abstand größer wird, wir die Sehnsucht nach ihm nicht verlieren... Und wenn es *dies* spürt – dann kommt es auch immer wieder zu uns zurück, um uns an die Hand zu nehmen; um *mit* uns niederzuknien; um auf jede nur erdenkliche Weise zu helfen, dass wir den Weg zu seinem Herzen finden. Denn es hat *auch mit uns* Mitleid...

*

Um auch das Mitleid zu lernen, können wir keinen direkten Weg gehen. Wir können nur immer weiter dem Mädchen folgen... Und dieser Weg besteht aus dem Erleben des Abstandes zwischen seinem und unserem Herzen – und aus dem Sich-Berühren-Lassen von seinem Herzen... Wenn wir aber die Kraft des Mitleids nicht unmittelbar finden können, berührt von seinem Wesen und ihm ganz und gar folgend, so müssen wir voller Aufrichtigkeit zu seinem heiligen Grundgeheimnis zurückkehren. Zu der *Sanftheit*...
Sanftheit *ist* Liebe – und sie, sie kann immer gelernt werden, wenn unsere Liebe zu dem Mädchen wahrhaftig ist. In jedem Moment können wir lernen, mit *ihren* Augen zu blicken – den Augen des Mädchens, aber auch den Augen der Sanftheit selbst. Wir kennen das Mädchen so gut, wir lieben es so innig, dass wir *wissen*, wie das Mädchen blickt.
Wenn wir einen Vogel sehen, kann unser Herz sich fragen: Wie würde das Mädchen jetzt blicken? Mit welcher Sanftheit, mit welcher Tiefe des Empfindens würde es den Vogel begleiten... Wir wissen es, denn wir fühlen es fortwährend. Wir müssen nur versuchen, es *ebenfalls* zu fühlen, seine Sanftheit nachzumachen...

Es geht nicht um Imitation, es geht um wirkliches Aufnehmen seiner Sanftheit in das eigene Herz. Wir *können* so sanft blicken wie das Mädchen. Auch wir können das – nur will unsere Seele das zunächst nicht, aber sie kann lernen, es zu wollen... Wenn wir sie erziehen, wird sie es wollen. Ein Teil unserer Seele will dies sehr wohl. Es ist jener Teil, der das Mädchen am allertiefsten liebt. Aber auch der übrige Teil der Seele kann dazu gebracht werden, immer mehr zu lernen, wie unendlich *schön* dieses Wahrnehmen eigentlich ist. Sanft wahrnehmen, fast zärtlich – nein wahrhaftig zärtlich... So wie das Mädchen... So zärtlich kann man einen Vogel wahrnehmen. Und auch anderes. Immer mehr können wir entdecken, wie das *Mädchen* es macht. Diese Sanftheit, diese Sanftmut... So wahrnehmen, nicht anders... In tiefer, friedvoller Unschuld, ohne alle Hast, dafür mit Liebe, mit Ruhe und Liebe, die Dinge vorsichtig berühren, streicheln – nur mit den Augen...

Diese Zärtlichkeit, diese Sanftheit im Wahrnehmen braucht eine ganz andere innere Ruhe. Man muss es gleichsam verlernen wollen, über die Dinge nur so dahinzuhuschen, weil sie einen ja auch gar nicht interessieren. Man muss beginnen, zu verstehen, dass man auch hier nicht sein Herz betrügen kann – und in der Liebe eine Auswahl treffen kann. Die Wahrnehmung kann *entweder* liebevoll oder *nicht* liebevoll sein. Wenn man dazwischen hin und her läuft, ist die Liebe nicht aufrichtig. Wählerische Liebe ist keine echte Liebe. Es gibt nur *eine* Wahrnehmung. Entweder diese ist von Liebe durchzogen oder nicht. Sanft oder nicht. Die *ganze* Seele muss sanft werden – sonst lernt sie die Sanftheit nicht kennen... Sonst bleibt es etwas Aufgesetztes, etwas von Zeit zu Zeit ,Aktiviertes' – aber das ist niemals die wahre Sanftheit, das ist niemals das, was das *Mädchen* empfindet und *wie* es empfindet...

Die Sanftheit des Mädchens ist schon sanft, bevor das Herz überhaupt fragen kann, ob das, was jetzt wahrgenommen wird, diese Sanftheit überhaupt ‚verdient‘. Nicht danach geht das Mädchen, sondern es bringt die Sanftheit seines Herzens allem entgegen. Das Herz will gar nicht anders schauen – und es kann es auch gar nicht. Das Geheimnis der Sanftheit ist, dass sie das Wesen des ganzen Mädchens ist. Die Sanftheit kann das Wesen der Seele werden. Dann ist die *Seele* sanft – nicht mehr nur ein einzelner Augen-Blick...

Natürlich können wir dieses völlig andere Blicken zunächst da üben, wo es uns überhaupt möglich erscheint. Aber wenn wir da empfinden, was sein Wesen ist – wenn wir lernen, wie diese Sanftheit sich anfühlt, wenn wir spüren, wie das sanfte Blicken unser ganzes Inneres sanft macht und umgekehrt überhaupt nur möglich ist, wenn das ganze Innere ebenfalls sanft ist – wenn wir dies leise wirklich kennenlernen, dann kann sich unser aufrichtiges Bemühen auch auf anderes ausdehnen. Mit aller Aufrichtigkeit können wir lernen, unser Inneres immer *mehr* so sanft zu machen, dass wir wie das Mädchen blicken können, leise annähernd wie sie, niemals wirklich so wie sie – und doch so sanft wie möglich sich an *ihr* Herz annähernd...

In dem kleinen Büchlein ‚Liebesbriefe einer reinen Seele‘ schreibt ein siebzehnjähriges Mädchen Briefe an die Reichen und Mächtigen, die sie ihre Brüder nennt – und sie möchte ihr Herz erreichen. Mit immer wieder anderen Worten versucht sie dies...

Liebe Brüder!

Bitte probiert es, was ich zu beschreiben versuche. Bitte haltet mich nicht einfach nur für ein naives Mädchen, sondern versucht es trotzdem. Selbst wenn Ihr mich für naiv haltet, versucht es trotzdem! Wenigstens einmal... Ein einziges Mal...

Ich verspreche Euch: Wenn ihr auch nur ein einziges Mal von Herzen helft, wo jemand Hilfe braucht, ein ganz fremder Mensch, dann werdet Ihr selbst erleben, wie unbeschreiblich schön dies ist. Anders als alles, was man bis dahin gekannt hat. Aber es muss wirklich aus tiefstem Herzen sein, wenigstens ein einziges Mal...

Aber ... vielleicht lernt man, all dies zu lieben und auch ein einziges Mal wirklich von ganzem Herzen etwas für jemanden ganz Fremden zu tun, nur auf andere Art. Ich musste gerade daran denken, dass man vielleicht *alle* Dinge liebhaben muss, ja sogar alle Augenblicke.

Ich erschrecke oft davor, wie Menschen etwas tun. So achtlos... So, als ob es nur eine lästige Pflicht ist – oder nicht mal das! Es ist vielleicht ein etwas ekliges Beispiel für Sie, aber ich finde, man kann selbst den Müll lieben. Wenn ich sehe, wie meine Eltern etwas wegwerfen, werde ich immer traurig. Es ist wirklich so achtlos, sogar mit Abneigung... Wenn ich Gemüse geschält habe, macht es mich immer traurig, dass ich überhaupt etwas wegwerfen muss, was die Müllberge erst einmal vergrößert. Es gibt doch irgendwo auch Kompostmüll. Wir haben in unserem Haus leider keinen... Aber dann sehe ich diese Möhren- und diese Gurkenstreifen, diese Zwiebelschalen, und ich denke mir: Danke, dass ihr für die Möhren, die Gurke, die Zwiebel da wart; es tut mir leid, dass ich euch jetzt wegwerfen muss. Und mit Liebe tue ich sie in den Abfalleimer. Es ist wie ein Abschied – ja, ist es auch! Selbst den Abfalleimer würde ich anders nennen wollen! Kann man ihn denn nicht wirklich anders nennen? Abschiedseimer... Trennungseimer...

Es tut mir wirklich auch weh, in den Plastikmülleimer die Verpackungen noch hineinzustopfen, wenn er eigentlich schon voll ist. Meine Eltern machen das. Aber es kommt mir wie richtige Gewalt vor. Wenn die Verpackungen bis oben darin liegen, bringe ich alles hinunter – und auch das mit Liebe, mit diesem Gefühl: Danke, dass ihr für mich da wart; und es tut mir leid, dass ich überhaupt Müll machen muss...

Aber diese Liebe habe ich auch bei allem anderen, ich *will* gar nicht irgendetwas tun ohne dies. Es ist eine Aufmerksamkeit, nein, wirklich eine Zuneigung zu allem. Wenn ich zum Beispiel im Supermarkt an der Kasse bezahlen muss, dann suche ich auch das Geld mit diesem Gefühl heraus: den Schein, die Münzen. Ich nehme sie nicht einfach, sondern es ist, wie wenn man selbst zu den Münzen noch freundlich ist. Nicht nur freundlich, sondern ... ja, sanft. Liebevoll eben... Wenn ich es für Sie so beschreibe, schäme ich mich fast, darüber zu reden, weil ich finde, dass es so selbstverständlich sein sollte. Versuchen Sie es doch nur einmal, liebe Brüder! Ich glaube, das Leben wird erst dadurch wirklich schön... Ich kann es mir ohne diese ,Sanftheit' und wirkliche Zuneigung gegenüber allem gar nicht wirklich vorstellen...

Wenn ich andere Menschen beobachte, erschrecke ich oft, und ich frage mich: Wie fühlen sie eigentlich das Leben? Wie fühlt man sich, wenn man gegenüber nichts wirklich etwas fühlt?

Wenn man sich einen Tee gemacht hat – kann man ihn dann wirklich einfach so trinken? Ich nehme schon den Becher, wie soll ich sagen ... behutsam, sanft in die Hand, ich trinke vorsichtig und dankbar einen Schluck. Jeder Moment ist doch eigentlich etwas Besonderes, aber nicht nur der Moment, sondern das, womit man zu tun hat – der Becher, der Rand des Bechers, der heiße Tee, ja sogar dieser Schluck. Man kann alles nicht beachten – oder man kann alles so sehr beachten wie möglich; mit Zuneigung behandeln und mit Zuneigung tun. Man kann wirklich auch die Dinge lieben, wirklich lieben! Diesen einen Schluck Tee werde ich nur ein einziges Mal in meinem Leben trinken, aber jetzt ist er ganz für mich da. Warum sollte ich nicht auch ganz für ihn da sein, in diesem Moment ganz an ihn denken, voller Dankbarkeit?

Sanft ... liebevoll ... ich glaube, nur so lebt man wirklich mit den Dingen, begegnet ihnen wirklich. Auch der kleine Schluck ist *etwas*. Auch er lebt sozusagen. Ich kann ihm in diesem Moment begegnen oder auch nicht. Ich kann ihn beachten und lieben, in diesem einen einzigen Moment, wo er da ist, nur für mich ... oder ich kann ihn einfach herunterschlucken, nie beachtet, einfach nur geschluckt, wie ein Sklave, ein bedeutungsloses Etwas, ein Nichts.

So will ich nicht leben! Ich will noch das Kleinste, das für mich da ist, mit derselben Liebe beachten, wie es für mich da ist. Die Dinge dienen den Menschen immer *ganz* – und bleiben doch fast immer ganz unbeachtet. Gibt es einmal einen Menschen, der auch die Dinge ganz beachten und lieben kann? Können wir in unserem Herzen fühlen, wie sehr uns die Dinge dienen? Ganz und gar dienen, sozusagen voller Liebe? Fühlt man dann nicht, wie sie hoffen, dass auch wir sie beachten? Ich glaube, dass es so ist. Ich glaube wirklich, dass die Dinge eine Sehnsucht danach haben, dass wir sie nicht wie tote Dinge behandeln und wie ein Nichts beachten. Aber ich kann es niemandem beweisen. Ich weiß nur, dass ich dies wirklich zu fühlen beginne, wenn ich selbst die Dinge zu beachten anfange. Wenn ich sie selbst als lebendige behandle, dann werden sie auch lebendig – und ich glaube, dass dies keine Täuschung ist. Man muss erst anfangen, die Dinge mit Liebe zu behandeln, dann zeigen sie sich einem, wie sie wirklich sind...

Aber, liebe Brüder, selbst wenn Ihr mir dies nicht glaubt, so glaubt mir bitte wenigstens, wie schön das Leben wird, wenn man dies trotzdem tut. Wie kann ein Moment schön sein, in dem man etwas nur ganz achtlos tut? Wie kann ein Leben schön sein, das aus achtlosen Momenten besteht? Und warum sollte ein Leben nur aus wenigen, wirklich besonderen Momenten bestehen, während der Rest mit achtlosen Augenblicken gefüllt ist? Wird es nicht um so schöner, je mehr *jeder* Moment ein besonderer wird? Kann man denn nicht wirklich jedem Ding gegenüber eine Art Freundlichkeit zu empfinden beginnen...

Dieses Mädchen versucht mit größter Innigkeit, ihre Brüder zu erreichen. Doch wer dieser Brüder wird sie hören? Werden sie nicht alle ihre tiefe Empfindsamkeit, die reine Liebe ist, für ‚übertrieben‘ halten? Wessen Herz werden ihre Gedanken, ihre Gefühle, ihre Hoffnungen wirklich berühren? Wer wird das reine Herz eines Mädchens, dessen Seele voller

Liebe ist, verstehen ... und selbst in voller Reinheit lieben lernen?

Mit einer allergrößten Sehnsucht versucht sie, ihren Brüdern zu helfen, etwas zu *fühlen*, ja, ihnen die ganze Schönheit nahezubringen – damit auch ihr Herz berührt wird...

Liebe Brüder!

Wenn Ihr nun aber trotz allem die Welt zu wenig liebhabt, dann lasst mich versuchen, Euch zu helfen, Euch an Eure Liebe wieder zu erinnern. Denn irgendwo in Euch wartet sie ganz sicher darauf, da sein zu dürfen. Man ist nicht geboren worden, um keine Liebe zu haben...

Seid Ihr einmal an einem frühen Morgen aufgestanden und habt alles in diesem besonderen Licht gesehen? In diesem wunderbaren Morgenlicht? Alles ist dann so zart, so neu, so frisch... Es gibt noch überall diese Morgenschatten und dann überall diese wunderbaren Farben, so deutlich, so farbig... Wie ein Wunder! Man schaut sich um, alles liegt noch ruhig und still da – und alles fühlt sich so ... heilig an.
Hier müsst Ihr es wirklich verstehen, wenn ich das sage, liebe Brüder! Heilig, unberührt, vom Wunder des frühen Morgenlichtes überstrahlt ... das müsst Ihr doch auch schon erlebt haben? Und dann das tauglänzende Gras. Von irgendwo vielleicht schon das leise Bimmeln weidender Schafe. Stille, Frieden, der langsam erwachende Morgen...
Liebe Brüder, das ist einfach ein Wunder! Aber das muss doch eigentlich jeder erleben?

Aber wenn man das nicht erleben würde... Ich habe mich gerade gefragt, ob es etwas Schlimmeres, Traurigeres geben könnte. Aber was könnte noch trauriger sein, als ein *Wunder* nicht mehr erleben zu können? Dann kann man doch eigentlich *gar* nichts mehr erleben...

Und wenn ich dann an einem frühen Morgen ... ich muss es einfach erzählen, liebe Brüder! Wenn dann an einem frühen Morgen in den Bergen auch die kleine Kirche des nächsten Ortes noch vollkommen friedlich daliegt, wenn noch kein Mensch unterwegs ist, aber das Morgenlicht hüllt schon die ganze Welt in seinen frischen, zauberhaften Glanz ein, und die kleine Kirche erhebt sich vor dem Hintergrund der friedlich-majestätischen, wunderschönen Berge – ach, dieser Augenblick ist nicht zu beschreiben![5]
Aber dann ist man an der kleinen Kirche angekommen. Kein Mensch ist zu sehen, man steht ganz allein vor der großen Tür. Man öffnet sie... Man steht im Vorraum, schließt die Tür wieder, völlige Stille... Und nun öffnet man die andere Tür – zum Raum der Kirche... *Diese* Stille, die einen nun umgibt, ja empfängt, dieser unglaubliche Friede ist wirklich niemals und niemals mit Worten zu beschreiben! Es ist das Heiligste von allem. Draußen ist der Morgen heilig, so wunderschön! Aber es ist, als würde selbst der zauberschöne Morgen sagen: ‚Ja, ich bin heilig, und du sollst es fühlen, denn ich bin es für dich... Aber eigentlich, im tiefsten Sinne, bin ich es für Gott und durch Gott, und wenn du einen noch viel heiligeren Zauber finden willst, ja, wenn du ihn ertragen kannst, so gibt es noch einen unaussprechbaren Ort...'
Das ist die ganz frühe Morgenstunde in einer Kirche in den Bergen! Oh, liebe Brüder, wenn ich noch andere Worte finden könnte! Wie ist es möglich, dass wir Menschen so etwas erleben dürfen? Was für ein Wundergeschenk ist unsere ganze Welt – eine Welt, in der man so etwas erleben kann, immer wieder...
Und wenn man erst einmal die einen Wunder erlebt, erlebt man auf einmal auch alle anderen. Man ist *umgeben* von Wundern!

Ein Spinnennetz am frühen Morgen... habt Ihr einmal überlegt, wie eine so kleine, liebe Spinne ein so wunderschönes Netz machen kann? Über Nacht? Vielleicht sogar nur in den frühen

---

[5] Das Mädchen, das die Liebesbriefe an seine ‚Brüder' schreibt, ist dasselbe wie in dem Roman ‚Um Gottes willen' (siehe S. 171), nur ein Jahr älter...

Morgenstunden? Wie fleißig dieses kleine Tier ist – und wie wunderschön sein kleines Netz? Oder hattet Ihr einmal einen Schmetterling auf der Hand ... habt Ihr einmal aus nächster Nähe seine schimmernden Flügel gesehen? Und seinen winzigen Rüssel, mit dem er versucht, auf Eurem Finger zu lecken? Man staunt nur ... man staunt und liebt dieses winzige Tier, das so zart ist, das nur so kurz lebt, aber jetzt ist es hier, jetzt leckt es mit seinem ausgerollten Rüssel den Finger...

Oder habt Ihr einmal das Nachmittagslicht gesehen? Wenn bald die Sonne untergeht? So anders als am Morgen! Zartes, frisches Frühlicht ... goldenes warmes Nachmittagslicht. Beides ist so friedlich, aber selbst der Friede ist anders. Das wundervolle Erwachen des Tages ... und das wundervolle, so andere Sich-Neigen des Tages. Goldenes Licht, das die warmen Kiefernstämme bescheint, während unter ihren Zweigen die Mücken spielen... Am Boden liegen die Kiefernzapfen, man sieht einige Ameisen krabbeln, einen Käfer ... man riecht den Duft der Kiefern, und alles ist, wie es sein soll – man ist einfach glücklich.

Ach, es ist aber immer wieder das Licht, das alles so besonders macht! Das Morgenlicht, das Abendgoldeslicht, die Mittagssonne... Das Frühlingslicht, die Herbstsonne, die Sonne an einem Wintermorgen! Ach, haben Sie schon einmal wirklich gesehen, wie das Licht durch die herbstlichen Blätter scheint? Was für ein Wunder... Selbst wenn die Blätter schon am Boden liegen! Die Menschen gehen da einfach daran vorbei, aber für mich ist dann selbst der Boden bedeckt mit einem Wunder von Licht, von farbigem Leuchten...Und die lieben, abgefallenen, ja vielleicht schon vertrockneten Blätter, welche Schönheit, noch wenn sie am Boden liegen!

Und dann aber auch der Geruch des Herbstes; die Ruhe, die ganz anders ist als im Sommer, das langsame, langsame Sich-Vorbereiten auf den Winter. Das alles gehört immer zusammen...

Haben Sie einmal einen Regenbogen gesehen? Ein Vogelnest mit kleinen Vögeln drin? Ein ganz kleines Lamm? Ich meine, wenn man eines dieser Wunder gesehen hat, wenn man eines dieser wunderschönen Erlebnisse hatte, kann man die Welt – die *ganze* Welt! – nicht mehr *nicht* lieben... Aber vielleicht vergisst man das Wunder. Oder vielleicht denkt man: Das eine war ein Wunder, das Übrige ist es nicht. Aber man kann doch nicht in einer Welt, in der es einen Regenbogen oder ein Nest mit kleinen Vögeln gibt, dem Anderen gegenüber gleichgültig sein? Man kann dann doch nichts gegenüber mehr gleichgültig sein?

Ach, liebe Brüder, man kann doch nicht das kleine Lamm lieben und nicht auch den überfahrenen Frosch, die vielleicht lästige Wespe oder eine vielleicht eklig wirkende Nacktschnecke? Man hat doch trotzdem alles lieb, wenn man das kleine Lamm liebhat? Anders kann ich es mir einfach nicht vorstellen, anders kann ich es nicht verstehen...

Nein – ein Mädchen mit einer so reinen Seele kann nicht verstehen, wie man etwas *nicht* lieben kann...

Alles berührt das Herz eines solchen Mädchens, aber nur eines kann es zerbrechen – die Lieblosigkeit. Doch während das Mädchen Juliane in innig sanfter Leidenschaft versucht, das Herz ihrer Brüder zu erreichen, erfährt das Mädchen Saskia, dessen Empfindungen und Gedanken wir in ‚Tagebuch eines Mädchens' lesen dürfen, eines Tages von der ganzen Wirklichkeit der Massentierhaltung.[6]

Wir können uns nicht einmal ansatzweise mehr vorstellen, was dies in einem reinen Herzen auslöst. In einem Herzen, das schon gegenüber dem kleinsten Leid ein reines Mitleid empfinden kann – und auch empfindet. Was aber fühlt ein reines Mädchenherz, wenn ihm millionenfaches, unschuldiges Leid begegnet...

---

[6] Sie ist dasselbe Mädchen, dem wir einige Jahre später in ‚Unschuld' begegnen, als sie begonnen hat, Tiermedizin zu studieren.

Liebes Tagebuch!

Heute war der schlimmste Tag in meinem Leben!
Zuerst habe ich gelesen, dass Hühner heute nur noch sechs
Wochen leben, bis sie geschlachtet werden – und dass Millionen männliche Küken einfach getötet werden. Ein Küken kostet nur 20 Cent, und Hühnerfleisch ist inzwischen billiger als
Salat! Und dann ... dann habe ich gesehen, wie die Küken sterben.
Sie werden am Fließband in einen Schredder geworfen! Sie
werden bei lebendigem Leibe geschreddert! Die lebenden, kleinen, flauschigen, piepsenden Küken! Mitleidlos lässt man sie da
hineinfallen! Und vorher untersucht man sie: weibliche Küken
werden zu ‚Legehennen', männliche Küken müssen sterben...
Das Aussortieren geschieht auf dem Fließband, ohne jede Rücksicht. Während die Küken in Scharen vorbeifahren und vom einen auf das nächste Fließband geschüttet (!) werden, stehen da
Menschen und behandeln sie wie tote Flauschbälle auf einem
Grabbeltisch. Obwohl sie noch leben, werden sie wie wertlose
Gegenstände behandelt! Die flauschigen, piepsenden Küken!
Den ganzen Film über musste ich weinen. Und am Ende fallen
sie in diese sich drehende Walze, wo sie einfach zerquetscht
werden!

Ich musste mich unendlich zwingen, diesen Film zu sehen, aber
ich musste es einfach tun, um die Brutalität kennenzulernen. Es
ist noch schlimmer als alles, was ich mir bisher vorgestellt
habe. Es geht alles mit Maschinen. Jetzt weiß ich, was mit
Fleischproduktion gemeint ist! Die Tiere werden von Anfang an
als tote Wesen behandelt. Dicht an dicht drängen sich die
Küken auf dem Fließband und suchen eine Mutter. Aber sie
finden nur Kälte – kalte Menschen *ohne* Herz!
Das Ganze ist so unfassbar, dass ich jetzt, wo ich es Dir erzähle,
fast schon glaube, ich werde abgehärtet. Ich kann nicht einmal
mehr weinen. Ich fühle mich einfach nur ganz leer und will
nicht mehr leben... Ich muss unbedingt ein Gedicht schreiben,
sonst verliere ich noch mein eigenes Herz.

Ein kleines Küken,
es durchbricht die Schale,
voller Hoffnung,
es will leben,
und erblickt ...
die *Fabrik*.

Keine Mutter,
kein liebendes Wesen,
kein gnädiges Wesen,
sondern
den *Menschen*.

Flauschig weich
ist sein Fell,
und jedes Kind
würde es streicheln
und beschützen
und um sein Leben bitten,
doch es trifft
nur *Erwachsene*.

Das Küken
und sein Bruder
und sein Bruder
und Tausende von ihnen
drängen sich
dicht an dicht,
voll Angst
und noch immer

in Hoffnung –
aber es gibt
keine Hoffnung.

Man sieht nicht,
dass sie leben,
diese Kleinen,
Flauschigen,
Unschuldigen.
Obwohl sie fiepsen,
flattern,
verzweifelt,
sind sie nur Fleisch
für *die Herzlosen*.

Nichts bedeutet ihr Leben,
nichts rettet ihr Leben,
es gibt keine Kinder
in ihrer Nähe,
zu weit weg sind
die Retter.
Umgeben von Mördern,
unter Augen ohne Mitleid,
fahren sie,
bis zuletzt flauschig
und ängstlich,
in ihren unsagbar
grausamen
Tod...

Nein, es ist noch viel schlimmer geworden. Ich habe mein Herz
endgültig verloren. Es ist 1 Uhr, und ich bin todmüde. Diese
Welt ist nicht mehr meine.

Können wir mitempfinden, was in der Seele dieses Mädchens
geschehen ist – an nur einem Tag, von einer Stunde zur anderen? Haben wir auch nur einen Hauch Fähigkeit, mitzu-
leiden – und es wirklich zu *empfinden*? Wie dieses Mädchen
Tränen um Tränen vergossen hat, als es dieses eine Video sah

– und wie von da an sein Herz vor Leid, vor Mitleid, *zerbrochen* war?

Kann man empfinden, dass für ein reines Mädchenherz das sinnlose Leid, das wir wehrlosen, unschuldigen Geschöpfen antun, *zu groß* sein kann, um es zu tragen ... und dass ein solches Herz dann zerbricht, weil es nicht anders *kann*, als alles zu fühlen, alles mitzutragen, voller Liebe, voller Mitleid...?

Die nächsten Einträge des Mädchens in sein treues Tagebuch lauten:

9. Januar

Liebes Tagebuch!
Etwas in mir ist zerbrochen. Die Hoffnung? Der Glaube an die Menschen?

~·~

10. Januar

Liebes Tagebuch!
Ich bin krank geworden. Bitte warte auf mich, bis ich wieder gesund bin...

~·~

13. Januar

Liebes Tagebuch!
Heute geht es mir wieder etwas besser. Mama sagte, ich habe zwei Tage lang fast 39°C Fieber gehabt. Ich habe von allem nur die Hälfte mitbekommen. Wie Mama mir Wadenwickel gemacht hat. Die Stirn mit einem Waschlappen abgetupft hat... Ich habe mindestens dreimal geträumt, ich versuche auf dem Fließband die Küken zu beschützen, und war auch nicht größer als sie. Aber am Ende kam immer die Walze, es war grauenvoll. Wenn man Fieber hat, sind alle diese schlimmen Träume noch echter als sonst...

~·~

216

Liebes Tagebuch!

Heute ist es wieder etwas besser als gestern. Ich fühle mich aber immer noch sehr schwach. Ich habe wieder lange Omas Anhänger angeschaut. Es erscheint mir alles so leer...

Wir werden einem reinen Mädchenherzen erst dann folgen können, wenn uns zumindest bei dem Leiden dieses *Mädchens* fast das Herz bricht... Können wir vielleicht bei dem namenlosen Leid so vieler unschuldiger Geschöpfe noch nicht fühlen, was das Mädchen in erschüttertem, fassungslosem Mitleid fühlt, so muss uns doch aber das Leid einer so reinen Seele durch unser Innerstes gehen und dort ein reines, ein wirkliches, ein tiefes Mitleid auslösen... Würde selbst hier unser Mitleid nicht einen tiefen, aufrichtigen Anfang machen, so müssten wir wirklich alle Hoffnung aufgeben, auch nur irgendeinem dieser reinen, unschuldigen Mädchen folgen zu dürfen... Denn dann wäre unsere Sehnsucht nicht wahr, dann wären wir wahrhaft ohne alle Liebe, ohne allen Ernst...

*

Wenn ein solches Mädchen dann trotz allem wieder gesund wird, dann nur durch die heilende Macht der Liebe selbst. Nun ist es die Weltenliebe, deren treue, reine Dienerin ein solches Mädchen ist, die das Mädchen wieder heilt. Ohne sie würde es sich nie wieder freuen können... Aber die Sanftheit einer solchen Mädchenseele hat einen heiligen Hüter – und durch Ihn kann alles Leid immer wieder neu getragen werden. Denn durch Ihn gibt es in der Welt die Hoffnung und immer wieder neu die Liebe. Trost, heilig-sanfte Tröstung ... inmitten aller Verzweiflung. Dieser Hüter ist der Tröster der reinen Seelen, auch da, wo sie ganz allein scheinen, einsam

217

und verlassen in einer Welt, die ihr unendliches Mitleid nicht kennt...

Von diesem größten Geheimnis, das so heilig gerade die Mädchen umgibt, erzählt das Mädchen Marei – eine junge Frau – in dem Roman ‚Der Tod und das Mädchen' in einer sehr innigen Szene.

„Ich war auch schon einmal fast tot, Christian..."
Sie konnten fast flüsternd sprechen, sie waren einander so nah...
„Du?", fragte er bestürzt. Der Gedanke war fast unerträglich.
„Ja..."
Voller Liebe sah er sie an, wartend.
„Es war ein Unfall. Ich war mit dem Fahrrad unterwegs. Es war abends. Ein Abend im Herbst..."
Sie erzählte, als wenn sie es noch einmal erlebte.
„Es hatte geregnet. Ich kam von einer Geburtstagsfeier. Ich war gerade erst losgefahren. Ich musste auf der Landstraße nach Hause fahren. Aber dazu kam es nicht. Das Letzte, was ich sah, waren Scheinwerfer. Später sagte man mir, dass der Autofahrer völlig betrunken gewesen war... Ich hörte dann noch ein schreckliches Geräusch – das war ich, mit meinem Fahrrad ... und dann nichts mehr..."
„Nichts mehr?", fragte er entsetzt.
„Doch, Christian...", sagte sie nun auf einmal mit einer Wärme, die alles in den Schatten stellte, was er bisher an ihr erlebt hatte.
„Doch – da war etwas. Aber nichts mehr von der Welt... Ich spürte meinen Körper nicht mehr. Ich war noch da. Und da war dieses Licht... Und das kam immer näher, oder *ich* kam näher, aber auch das Licht... Und dann ... dann, Christian –"
Nun standen *ihr* Tränen in den Augen, und sie sah ihn fast hilflos an. Aber es war keine Hilflosigkeit, es war das allertiefste Erstaunen, was er in ihren Augen sah...
„Dann wurde dieses Licht *ein Wesen*!", brachte sie mit den Tränen in ihren Augen hervor, und nun perlte eine Träne an ihrer Wange hinunter – und nun war er es, der sie ihr sanft fortstreichelte...

Aber nun überwältigte auch sie ihre Rührung, und sie musste weinen.

„Christian – ich habe nie wieder etwas *so Schönes* erlebt! Dieses Wesen ... es ist ... es umfasst alles! Es hat alles in seiner Hand – und es kann nichts *passieren*, verstehst du? Es kann einfach nichts passieren...!"

Sie schluchzte einmal.

„Es kann nichts passieren...", wiederholte sie. „Dieses Wesen ist *immer* bei einem..."

Tränenglänzende Augen schauten ihn an.

„Immer...", wiederholte sie noch einmal. Dann schniefte sie einmal und wischte sich verlegen das eine Auge.

Erschüttert sah er sie an.

Er wollte so gerne glauben, verstehen, was sie sagte. Es kam ihm so vor, als sei sein ganzer Verstand aus Stein, aus abgestorbenem Holz, vollkommen unbeweglich...

„Ein Wesen...?", sagte er, und er kam sich selbst vor wie ein Schüler, der nur scheinbar interessiert fragte, ohne es zu sein. Er *wollte* es aber so gerne sein.

„Ja, ein Wesen..."

Sie sah ihn an, nun fast kummervoll.

„Ich wusste, welches Wesen das war. Aber ich wusste, dass niemand dieses Wesen kannte, der es nicht selbst erlebt hatte. Oder fast niemand. Die, die es kannten, *hatten* es bereits erlebt – egal, ob sie es wussten oder nicht... Die anderen kennen nur seinen Namen. Aber sie kennen *Ihn* nicht..."

„Ihn?"

„Ja – Ihn..."

„Wen ... was meinst du?", fragte er scheu.

„Christian...", sagte sie fast bittend, und ihre Augen bezeugten es – sie bat ihn... Aber um was?

„Was ist, Marei?", fragte er voller Wärme.

„Du musst mir versprechen", sagte sie bittend, „dass du *mir* mehr glaubst als dem Namen. Kannst du es mir versprechen? Du *musst* es. Bitte...!"

„Ja, ich verspreche es dir", sagte er bestürzt. „Was meinst du?"

„Dieses Wesen ist *Christus*..."

„Christus?"

Jetzt erst erinnerte er sich an das, was man sich über Nahtoderlebnisse erzählte. Ein Licht – ein Wesen ... und dieses Wesen sollte Christus sein. Er hatte dies alles völlig vergessen, als *sie* ihre wirklichen Erlebnisse erzählt hatte... Nun lagerte sich darüber das, was man darüber sagte.

Fast furchtsam fragte sie:

„Was denkst du?"

„Ich weiß nicht...", sagte er wahrheitsgemäß. „Ich muss mich daran gewöhnen..."

„Nein!", bat sie wiederum. „Nicht daran gewöhnen! Du hast es versprochen..."

„Aber ich glaube dir doch."

„Dann vergiss alles andere", bat sie. „Glaube nur dem, was ich ... eben gesagt habe. Lass nichts dazukommen... Nicht jetzt... Du musst bei mir bleiben, Christian. Nicht woanders hingehen mit deinen Gedanken. Sag deinen Gedanken, sie sollen nicht woanders hingehen, bitte..."

Sie sah ihn so bittend an, dass schon ihre Augen ihn hinderten, woanders zu sein – er wollte gar nicht irgendwo anders sein...

„Ich bin ja bei dir", sagte er sanft. „Also Christus..."

„Ja", erwiderte sie, mit unsäglicher Anmut noch in ihrer Sprache, im Klang ihrer Stimme, „Christus..."

Er sah ihr lange in die Augen. Dann fragte er vorsichtig:

„Und dann ... Marei? Was geschah dann?"

Wieder sah er, wie ihre Augen feucht wurden, zu glänzen begannen, schließlich in Tränen schwammen...

Durchdrungen von unsäglicher Wärme, ja Sehnsucht, sagte sie leise:

„Man kann es nicht beschreiben, Christian. *Er* war einfach da – und man war bei Ihm... Es gibt dafür keine Worte... Es gab keine Angst mehr, kein Leid, keine Traurigkeit, es gab..."

Wieder versagten ihr die Worte, gehorchte ihr die Stimme nicht mehr.

„...es gab nur noch *Liebe*, verstehst du? Liebe, so unvorstellbar groß, so tief, so unendlich ... man *kann* es sich nicht vorstellen..."

Die Tränen perlten wieder über ihre Wangen. Tränen der Liebe, des Glücks... noch in der Erinnerung.

Noch nie hatte er etwas so Heiliges gesehen, empfunden. Dieses weinende Mädchen, dieser Moment, diese tiefste Schönheit ihrer Augen, ihres Wesens ... und das, worüber sie weinte ... woran sie sich erinnerte... Sein Herz erzitterte in sanftester, tiefster Rührung... Und leise perlte auch aus seinem Auge eine Träne.

„Und dann...", fragte er schließlich scheu. „Du bist ja doch wieder ... zurückgekehrt, Marei. Wie ... wie konntest du das?"

Ihre glänzenden Augen sahen ihn an, und er wünschte sich, er könnte mit diesem Mädchen eine Ewigkeit vereint bleiben.

„Ja...", sagte sie mit leiser Wehmut. „Er hat mich wieder zurückgeschickt. Ich sollte noch leben. Es war ... es war wie ein Auftrag..."

„Ein Auftrag?"

Sie schniefte einmal.

„Ja..."

Sie lebte noch immer wie in ihrer Erinnerung, und er wartete vorsichtig – es gab gar nichts Schöneres, als so bei ihr zu sein und sie ansehen zu dürfen, auf sie warten zu dürfen...

„Ein Auftrag...", sagte sie noch einmal leise und wie zu sich selbst. „Wie ein Auftrag..."

Sie sah ihn lange an. Dann sagte sie langsam:

„Weißt du, Christian, was man *da* erlebt hat, wird immer das Schönste sein, an das man sich überhaupt erinnern kann. Es gibt nichts Vergleichbares. Man spürt so eine tiefe Sehnsucht danach, zu *Ihm* zurückzukehren, für immer bei Ihm zu sein, nur noch dies... Aber ... es ist nur noch Erinnerung, verstehst du? Man ist wieder hier ... wieder in seinem Körper ... und wieder ohne Ihn... Scheinbar. Und doch weiß man, dass man es niemals ist, aber es fühlt sich so an ... im Vergleich... Ach, es ist manchmal so schwer..."

Sie wischte sich noch einmal mit einer zarten Bewegung die Augen.

„Aber, ja, da war dann dieser Auftrag, dieses ... Zurückgeschicktwerden... Und auch dies voller Liebe. Aber wie kann man Abschied nehmen von Ihm...

Aber, Christian, in dieser Zeit, wo ich bei Ihm war, da sah ich ...
da zeigte Er mir ... es war, wie wenn ich mitten in den Ge-
heimnissen der Welt war. Es war unendlich groß, was ich da
sah; ich weiß nicht, *wie* ich es sehen konnte ... es war unendlich
groß, unendlich schön, weisheitsvoll, wie ein wunderschönes
Leuchten, ein Schmuck, ein unendlich schöner Schmuck, aber
lebendig..."
Er verstand nicht, wovon sie in dieser Zartheit zu sprechen versuchte...
„Ich weiß nicht, wie ich es erklären soll. Als ich bei Ihm war,
da verstand ich alles – alles, was ich sah, was Er mir zeigte. Es
gibt dafür keine Worte. Alle Worte führen zu falschen Vorstellungen. Ich sah ... ich sah, wie alles zusammenhängt. Ich sah ...
Christian, ich sah die Schicksale der Menschen... Nicht die einzelnen, nicht, indem ich sie einzeln erkannte, aber ich sah, dass
alles ein unendlich schöner Zusammenhang war, ein unendlich
bedeutsamer – –"
Sie musste wieder still weinen...
Sanft wischte er ihre Tränen ab – und dankbar sah sie ihn an.
„Es ... es leuchtete... Es war ein leuchtender Zusammenhang,
unendlich schön... Ach, wenn ich es nur noch anders erklären
könnte! Wenn man es doch nur selbst sehen könnte..."

Wieder wartete er in tiefem Glück, bis sie weitersprechen würde. Und nach einer Weile sagte sie:
„Ich verstand, wie jeder Mensch immer wiedergeboren wird,
begleitet von Ihm... Wie sich die Wege der Menschen begegnen, begleitet von Ihm... Wie sich diese Wege verflechten, zu
einem wunderschönen Muster... Unbeschreiblich schön... Heilig, verstehst du, Christian, heilig – einfach *heilig*...
Ich sah auch, wie...", ein heiliger Schmerz schien sie zu durch-
schauern, „wie sich in dieses wunderschöne Muster, dieses heilige, leuchtende Geflecht, dunkle Flecken hineinwoben; etwas,
was nicht darin sein sollte ... sein dürfte ... und wie auch dies
alles begleitet war von Ihm ... leidend ... liebend ... mit unendlicher Geduld ... mit unendlichem Mitleid...
Und ich sah ... ich verstand ... wie dies unsere Aufgabe ist,
Christian, unsere Aufgabe, die Aufgabe aller Menschen... Sie

sind es, wir sind es ... wir sind es, die das Dunkle tun, wir sind es, die mit Seiner Hilfe dieses wunderschöne, kostbare Gewebe weben – es sind alles *wir*, verstehst du?"

Wieder sahen ihre glitzernden, feuchten Augen ihn an, zitterte ihr Augenstern in ihren Tränen...

„Ja...", sagte er fast unhörbar. Er wollte es verstehen, um ihretwillen...

„Und, Christian, dies alles war unendlich groß. Ich schien in einem Moment *alles* zu sehen. Wie ein Bild, aber zugleich ein heiliges Geschehen. Ich sah alles – aber ich sah gleichsam zugleich das Größte und das Kleinste. Ich sah in diesem lebendigen, heiligen Bild auch das Allerkleinste. Ich sah, wie noch die kleinste Tat, das kleinste Wort, nur ein einziger Blick ... wie all dies unendliche Bedeutung hatte ... vor Ihm, für Ihn – und für das Ganze...

Es gibt nichts, was keine Bedeutung hat, Christian! Und es gibt nichts Winziges, was nicht die allergrößte Bedeutung haben könnte – und sie auch *hat*, wenn Er es will ... wenn es sie vor *Ihm* hat... Und dies, Christian..."

Wieder wurde sie von Rührung überwältigt.

„...dies macht das ganze Leben unendlich heilig... Jeden Augenblick, jeden allerkleinsten Augenblick... Heilig ... heilig ist alles. Es kommt nur darauf an, dass auch wir ... dass wir dieser Heiligkeit würdig werden, dass wir ... dass wir selbst heilig werden, dass wir ... nicht *weniger* tun, als wir tun *können*..."

*

Diese junge Frau durfte in einem Moment, wo ihre Seele zwischen Tod und Leben schwebte, jenes heilige Liebe-Wesen schauen, mit dessen Liebe die unschuldigen Herzen der Mädchen so unendlich begnadet wurden. Jegliche Liebe in einem noch so arm liebenden Herzen hat hier ihren heiligen Ursprung. Die Mädchen aber sind ihre heiligen Trägerinnen – sie sind Botinnen des Himmels. Sie sind Botinnen jenes heiligen Liebe-Wesens...

Und das Mädchen, das wir uns zu unserer heiligen Führerin gewählt haben und das *uns* gewählt hat – es schaut mit seinen reinen Augen in die unseren ... und wir sehen seine reine Hoffnung... Dass wir verstehen mögen; dass unser Herz sanft werden möge, um sich berühren zu lassen, um niemals stehenzubleiben... Und wir sehen die Dankbarkeit in den Augen des Mädchens, noch für unsere kleinsten Schritte... Ja, dieses Mädchen, dieses heilige Geschöpf – es ist wirklich eine Botin der Unschuld selbst.

Wende deinen Blick nicht ab, Mädchen. Nicht die Hoffnung in deinen Augen, nicht die Reinheit. Verwunde mich mit deinen reinen Augen, Mädchen, heile mich... Botin der Liebe, geliebte Botin – heile mich...

Kann es trotz des Leides noch eine Seelenregung geben, die scheinbar so ganz anders ist...? Oder muss ein reines Mädchenherz unter dem Leid der Welt für immer die Trauer tragen?

Wahr ist, dass sich in seinem Herzen die Dinge verbinden. Ein Mädchen *vergisst* nicht das Leid der Welt. Alles, was es erlebt, bleibt stets nah an seinem Herzen – auch dann, wenn das Herz sich in Hingabe etwas anderem zugewandt hat. ‚Aus den Augen, aus dem Sinn' – das gibt es für ein Mädchenherz nicht. O ja, es gibt die leichtherzigen Mädchen, für die das gilt, gerade weil auch sie ganz im Gefühl leben, aber *ihr* Herz springt dann oberflächlich von einem zum anderen und ist bereits von der Eigensucht befallen. Dann wird alles Fühlen bloß die momentane Gegenwart, oberflächlich bis hin zu bloßer Tändelei.

Das unschuldige Mädchen aber verwebt alle Dinge zu einem Ganzen. Sie trägt *alles* in ihrem Herzen – und so lebt in diesem Herzen auch stets alles, was es je in sich aufgenommen hat. Das heißt nicht, dass alles in seinem Bewusstsein wäre – aber das Herz hat ein eigenes Bewusstsein, und nach diesem *färbt* sich alles, was erlebt und empfunden wird.

Ein Mädchen kann sich sehr wohl auch freuen – und doch wird sein *Herz* selbst in diesem Moment den Bettler an der Ecke, die armen Tiere dieser Welt oder anderes Leid, von dem es weiß, nicht ganz vergessen haben. Es ist, wie wenn das Mitleid ein lebendiger Strom ist, der niemals aufhört, zu fließen und zu leben, auch wenn sich das Herz des Mädchens einmal freut. Nie ist es *Selbstbezug*, was das Mädchen empfindet – und deswegen durchzieht das Mitgefühl immer zart sein ganzes Herz, es wird niemals abgeschnitten...

Man muss nicht glauben, dass das Herz des Mädchens sich dann ja niemals auf eines konzentrieren könnte, dass es dann immer ‚abgelenkt' wäre. Das Gegenteil ist wahr. Nichts hat eine größere Hingabe als das Herz eines Mädchens. Aber alles andere, dem es seine Hingabe gerade versagen muss, bleibt auf geheimnisvolle Weise im Herzen des Mädchens doch anwesend. Es ist die *Färbung*, die alle Empfindungen dadurch annehmen.

Wie fühlt sich Freude an – wenn in unmittelbarer Nähe dieser gegenwärtigen Empfindung und ebenfalls mitten im Herzen des Mädchens das Mitleid lebt? Wenn das Mädchen nie lange ‚vergisst', dass es auf der Welt Leid gibt? Wie färbt dieses treue Bewahren des Wissens um das Leid und des eigenen lebendigen Mitleids die Empfindungen des Mädchens? Es ist, wie wenn sein Herz sich niemals weit *entfernen* will von allem, was Hilfe braucht und bräuchte. Nicht glücklich sein wollen, wenn woanders Leid existiert...

O ja, das Mädchen kennt auch das Glück und die Freude. Aber das Mitleid vergisst es gewissermaßen nie. Es ist gleichsam immer bereit, alles andere sofort zu lassen, wenn es Mitleid haben muss... Die *Liebe* durchdringt all sein Fühlen. Und so durchzieht die Tatsache, dass so viel Leid in der Welt existiert, das Leben seines Herzens mit einer Grundfärbung... Es ist gleichsam eine Traurigkeit, die da leise lebt; eine innige Hoffnung, eine tiefe Sehnsucht... All dies sind zarte Stimmungen, die alles durchweben.

Es ist dies, was die Seele eines Mädchens so unendlich schön macht – diese tiefe, unschuldige Selbstlosigkeit, die Liebe ist, wirkliche Liebe. Von der Welt der Engel aus gesehen, müssen es die Mädchen sein, die die Welt wie mit einem Glanz feiner leuchtender Punkte überziehen, heiliges Licht inmitten der Dunkelheit... Es ist eine tiefe Wahrheit, wenn in Märchenbildern gesagt wird, dass jede Träne wie eine kostbare Perle ist. Mitleid... Das Leid der Welt wird in das eigene Herz hineingenommen – und es bildet sich das Kostbarste und

Schönste, was je existieren kann. Mitleid ... gebildet aus reinster Liebe...[7]

So wird das *ganze* Fühlen des Mädchens von einem heiligen Glanz durchwebt. Ein Herz, das das Mitleid kennt, ist nicht wie andere Herzen, es ist etwas vollkommen anderes geworden. Es ist – und man soll dies in voller Wahrheit empfinden – ein Diamant im Weltendunkel; eine Perle im Meer der Gleichgültigkeit; ein heiliges Licht in der Finsternis...

Aber dieses heilige Herz kennt auch die Freude... Auch sie kennt es tiefer als jedes andere Herz, und das ist dieses unsagbare Geheimnis – das Geheimnis der Sanftheit und Hingabe. Durchwoben von dem heiligen Leuchten, das aus dem tiefen Mitleiden hervorgeht, kennt das Mädchen auch die Freude. Und in *seinem* Herzen wird auch die Freude etwas Heiliges – ja, offenbart ihre tiefe, wahre Heiligkeit.

Es ist, wie wenn diese Empfindung der Seele mit am tiefsten in den Erdenfall hineingerissen wurde. Denn die Freude geht den an der Selbstsucht erkrankten Seelen nicht verloren, das Mitleid sehr wohl... Es ist, wie wenn das Mitleid in einem heiligen Bereich bleibt – und auf Erden nur da wahrhaft erscheinen kann, wo auch auf Erden ein heiliger Ort ist. Das Mädchenherz...

Die Freude dagegen lebt überall. Sie treibt sich wie eine Dirne auf den Straßen des Irdischen herum. Vielleicht war auch die Dirne einst ein unschuldiges, reines Mädchen. Doch sie wurde hineingerissen in etwas, was der Seele die Reinheit

---

[7] Man darf hier auch an das wunderbare Bild der Muschel denken. Ein Fremdkörper wird zu einer Perle. Man darf sich vorstellen, dass er der Muschel fortwährenden Schmerz bereitet – aber gerade dadurch entsteht etwas, was es sonst niemals geben würde... Wie viele Menschen nehmen das Leid *nicht* in ihr Herz hinein, sondern wehren es ab wie einen Fremdkörper? Das Mädchen aber nimmt das Leid in ihr Heiligstes auf...

nimmt – und diese tauscht gegen das Gift der Eigensucht. Diese kann ganz ins Unglück führen oder auch nicht, in ein armseliges, trostloses Leben oder scheinbar das völlige Gegenteil – aber eines hat man mit der Eigensucht zunächst unwiderruflich und für immer verloren: die Reinheit der tiefen Unschuld...

Auch die Freude hat auf Erden ihre Unschuld verloren. Wenn sie nicht ganz in das Licht der Liebe getaucht und aus diesem Licht neu geboren wurde, ist sie die Dirne der Selbstsucht geworden. Es freut sich die Seele, die der Mittelpunkt der Welt ist. Sie freut sich, wenn sie etwas bekommt, wenn sie wichtig ist, wenn sie etwas geschafft hat, wenn sie keine Probleme hat, wenn die Dinge leicht gehen... Sie freut sich, wenn es *ihr gut geht*.

Die Freude gleitet hinab in das Gefühl der Zufriedenheit, der Sattheit – oder auch des Genusses, der Lust. Sie gleitet hinab in Schadenfreude, in das hässliche Lachen über schmutzige oder auch nur oberflächliche Witze. Lust und Zufriedenheit ... das wird die Freude...

*

Natürlich kennt der Mensch nicht nur den puren Selbstbezug. Er hat auch eine Sehnsucht nach Kontakt – er ist auch ein ‚soziales Tier'. Und er ist sogar ein Mensch. Tief innerlich lebt in seiner Seele irgendwo auch die wirkliche Reinheit. Und vieles im Leben ist davon nicht ganz unberührt. Und doch müssen wir, wenn wir den Weg des Mädchens gehen wollen, tief und wahrhaftig erkennen, durch aufrichtige Selbstbesinnung, wie tief der Selbstbezug in der Seele sitzt.

Dass auch wir manchmal nett oder ‚selbstlos' sind, darauf können wir uns nicht berufen. Entspringt doch auch dies alles zunächst nur dem Bedürfnis, dazuzugehören, Anschluss zu finden, Kontakte zu haben, gemocht und beliebt zu sein... Auch hier, und *gerade* hier, wo der *Anschein* der Selbstlosigkeit entsteht, weil der krasse Egoismus gemildert ist, muss die Seele so tief wie möglich empfinden, wieviel davon nur dem eigenen *Bedürfnis* entspringt.

Das Mädchen hat *auch* ein Bedürfnis. Aber bei ihm ist es nie getrennt von der Liebe – und letztlich *ist* es wiederum die Liebe, nichts anderes.

Das unschuldige Mädchenherz will auch dazugehören – aber zugleich sehnt es sich mit aller Kraft nach einer Welt, die in *Liebe* zusammenlebt, nach einer Wandlung von allem Harten, allem Abweisenden. Obwohl es oft das Mädchen selbst ist, was dieses Abweisende am tiefsten erleiden muss, geht es ihm doch überhaupt nicht um sich – es geht ihm um die Wandlung der Welt überhaupt. Es leidet nicht so sehr an dem Mangel an Liebe *ihm* gegenüber, es leidet an dem *generellen* Mangel an Liebe in der Welt...

Es mag sein, dass allen anderen dieser Mangel gar nicht auffällt, dass es ihnen egal ist oder inzwischen längst unbemerkt bleibt, wie hart oder sogar gemein einer mit dem anderen spricht – und der Andere es jenem vielleicht später einfach heimzahlt. Selbst wenn scheinbar niemand anders daran leiden würde – so würde das Mädchen doch in aller Tiefe daran leiden, *dass es so ist*. Es weiß, dass die Welt nicht so sein soll – und es leidet sogar noch daran, dass niemand dies mehr empfindet... Auch sieht es noch das feinste Leid, es *sieht*, wenn jemand leidet, auch wenn dieser selbst es gar nicht mehr merkt... Es empfindet jedes harte Wort, jede harte Geste, sogar jedes lieblose Schweigen – und es fühlt im tiefsten Herzen, dass dies alles nicht so sein soll und auch nicht sein darf. Es fühlt den Fall der Menschheit, und es leidet darunter – und es weiß, dass dies nicht so sein *müsste*.

Das Bedürfnis des Mädchenherzens ist nicht das eigene Wohlergehen. Es ist die innige Sehnsucht, dass die Welt die *Liebe* finden möge, wie anfänglich auch immer...

In mehr persönlicher Hinsicht hat das Mädchen dann das innige Bedürfnis, dass zumindest die wenigen Menschen, die seinen allernächsten Umkreis bilden, es in seinen Empfindungen *verstehen*. Aber wie rein ist selbst dieses Bedürfnis! Es ist, wie wenn die Unschuld, die unschuldige Liebe *selbst* das Bedürfnis hätte, verstanden zu werden – einfach nur verstanden...!

Aber selbst das bleibt dem Mädchen so oft versagt – und in letzter Tiefe eigentlich immer. Denn verstehen, bis ins Letzte, ist nur möglich, wenn man liebt. Nur die Liebe kann wahrhaft verstehen. Und sie vermag es, weil sie mit dem Geliebten *eins* wird. Verstehen ist immer Liebe, und Liebe ist immer Verwandlung. Liebe und Erkennen ist dasselbe – es ist wirkliche Einswerdung.

Das Mädchen hat so sehr das Bedürfnis, verstanden zu werden! Es würde ja noch gar nicht bedeuten, dass sich in der Welt auch nur das Kleinste ändert. Aber man würde zumindest verstehen, warum es selbst eine solche Sehnsucht nach Liebe in der Welt hat – und wie man eine solche Sehnsucht *haben* kann...

Das tiefe, reine Empfinden des Mädchenherzens verlangt gar nicht, gemocht zu werden – es will nur verstanden werden, in seinen tiefen Empfindungen, seiner tiefen Sehnsucht. Es ist die Sehnsucht der Engel... Die Sehnsucht der göttlichen Welt selbst... Das gerade ist seine Reinheit. – Jeder Mensch will ‚verstanden‘ werden. Aber das Mädchen trägt in sich das Heilige...

Nicht einmal dazugehören will das Mädchen. Nicht akzeptiert werden will es, nicht anerkannt werden. Sein tiefstes Bedürfnis in Bezug auf sich selbst ist zunächst nur, nicht völlig *abgelehnt* zu werden aufgrund seiner tiefen Empfindungen, seines Zurückschreckens vor der Härte, seinem innigen Bedürfnis nach mehr Liebe in jeder einzelnen Seele...

*

Die Seele des Mädchens ist so rein, dass sie nichts für sich selbst will – dass sie jederzeit bereit ist, zu verzichten, wenn selbst ein kleiner, zarter Wunsch für es selbst ihm versagt bleibt oder verwehrt wird. Dadurch wird nun selbst noch die persönlichste Freude des Mädchens zu etwas Heiligem, tief Rührenden... Denn dadurch wird auch dies, das Persönliche, bei ihm ganz rein. Bescheidenheit und Demut verleihen sogar noch der persönlichen Freude des Mädchens ihren heiligen Glanz. Sie ist heilig, weil auch der Verzicht das Herz des Mädchens nicht trüben oder verhärten würde. Es kennt in Bezug auf sich selbst keine Enttäuschung – oder wenn man davon sprechen will, ist auch diese vollkommen rein: als eine reine Traurigkeit, die aber sogleich Hand in Hand mit der Demut geht.

Wir dürfen uns ein Beispiel malen und in der Phantasie lebendig werden lassen. Nehmen wir an, das Mädchen hätte sich einen neuen Kamm gewünscht. Sein alter Kamm hat schon einige Spitzen verloren und ist nicht mehr schön. Aber das Mädchen liebt Schönheit, und es hat bei anderen Mädchen und Frauen schon schöne Kämme gesehen. In aller Bescheidenheit wünscht es sich auch so einen schönen Kamm. Es wäre ein bescheidener Stolz und eigentlich eine bescheidene *Freude*, auch so einen schönen Kamm zu haben, vielleicht aus Kirschenholz oder aus Horn mit seiner schönen Maserung und seiner wunderbar glatten Oberfläche... Wie innig ein Mädchenherz *Schönheit* an allen Dingen empfindet, können wir uns kaum vorstellen. Es ist keine Besitzsucht, es ist etwas tief Reines...
Aber nun versagt ihm seine böse Stiefmutter jeden noch so bescheidenen Besitz. Oder vielleicht lebt es bei seiner wirklichen Mutter, und ihre Eltern sind einfach zu arm für alles. Dann wird es weiter den bescheidenen Traum von einem solchen schönen Kamm in seinem Herzen tragen und sein Haar weiter mit dem alten Kamm kämmen – nicht wissend, dass

sein Haar noch unendlich viel schöner ist als der Kamm aus Kirschenholz...

Vielleicht liebt das Mädchen es sogar, sein Haar zu kämmen. Wir kennen aus manchen Filmen oder Erzählungen das Bild der Mädchen, die vor dem Spiegel oder auch vor dem Fenster ihr Haar kämmen. Und doch gibt es auch hier völlig unterschiedliche Empfindungen. Die ‚leichten' Mädchen, deren Herz keine Tiefe hat, kämmen ihr Haar, um den Jungen zu gefallen – und sie wissen sehr genau, *dass* sie gefallen. Aber das Mädchen, dem wir hier unschuldig nahe sind, um sein Wesen zu empfinden, tut dies in vollkommen anderer Weise. Es liebt die Schönheit. Und sein Haar *ist* schön. Und obwohl es daran nicht einen Augenblick denkt, liebt es doch das Kämmen dieses Haares. Es ist, wie wenn sein Herz wüsste, dass es eine Art Pflicht ist, schön zu sein...

Man kann diese zarten Empfindungen kaum so in Worte fassen, dass sie verstanden werden. Auch hier wieder wird das Mädchen nicht verstanden... Es liegt ihm nichts an seinem Haar – und dennoch liebt es seine Schönheit. Fast genauso gern würde es ein anderes Haar kämmen, aber nun ist es ja *sein* Haar, und für sein Haar ist es in jedem Fall doch verantwortlich...

Und vielleicht ist da in seinem Herzen auch noch eine reine, leise und geheimnisvoll singende Ahnung von einem Jungen, der es einst lieben und deswegen auch ganz verstehen würde und für den man *auch* schön sein muss und sogar will...

Die Empfindungen des Mädchenherzens sind tatsächlich viel zu zart, um sie in ihrer Zartheit verstehen zu können. Man müsste sie selbst *haben*, um dies zu können...

Aber nun haben wir ein Erleben davon bekommen, wie in dem Herzen des unschuldigen Mädchens auch die Freude leben kann – sogar auch die persönliche Freude. Wie diese gerade aus der tiefsten Bescheidenheit und Reinheit seines

Herzens hervorgeht. Wie es möglich sein konnte, dass Mädchen früher am geöffneten Fenster saßen, vor dem die Vögel sangen, und sie ihr Haar kämmten, träumend von aller Schönheit in der Welt, sich freuend an der Schönheit dieses Augenblickes, in dem aller Friede sich zu versammeln schien und sie, völlig hingegeben an diesen heiligen Frieden und die Schönheit dieses Tages, das sanfte Kämmen ihres Haares mit einem unschuldigen Lied verbanden – und ihre reine Stimme ging durch das Fenster in die Welt hinaus, heilig und heilend...

*

Eine andere ‚persönliche' Freude offenbart sich, wenn das Mädchen wirklich etwas geschenkt bekommt. Oder wenn es vielleicht gelobt oder anerkannt wird. Wenn ihm für etwas gedankt wird – oder wenn es in anderer Weise für Momente ‚im Mittelpunkt' steht.

Die unschuldige Selbstlosigkeit des Mädchens macht es ihm unmöglich, Dank anders anzunehmen als mit einer kurzen, unschuldigen Freude über die Anerkennung, zugleich aber oft gleichsam auch einer Art Verwunderung darüber, dass es selbst diese Geste überhaupt ‚verdient' haben sollte. Was es tut, tut das Mädchen aus *Liebe*. Liebe braucht keinen Dank, und wenn sie ihn dennoch bekommt, empfindet sie Freude, wenn sie wirkliche Dankbarkeit erlebt – weil diese selbst wieder ein Zeichen von Liebe ist. Liebe begegnet Liebe...

Wenn es gelobt wird, empfindet es keinen Stolz, außer bei geliebten Menschen, deren Anerkennung dem Mädchen viel bedeutet – dann empfindet es einen zutiefst bescheidenen Stolz, der eigentlich auch wieder nur reine, unschuldige Freude ist... Alles andere Lob weist es innerlich ganz zurück, kann es nicht annehmen... Alles, was es tut, ist selbstverständlich. Es will nicht gelobt werden, und es will nicht im Mittelpunkt stehen. Es handelt ja nur aus Liebe und für die

Liebe. Die Liebe selbst sollte in der Welt verstanden werden, Lob braucht es nicht...

Wenn das Mädchen aber etwas geschenkt bekommt, dann freut es sich tief – in zwei Fällen. Wenn es etwas geschenkt bekommt, was es sich innig gewünscht hat, dann ist seine Freude grenzenlos, und zwar vor Glück über das Geschenkte, aber auch voller Erstaunen, dass es so etwas wirklich ‚verdient' hat... Seine tiefe Bescheidenheit macht es ihm unmöglich, je wirklich zu hoffen oder gar zu erwarten, es könnte wirklich etwas bekommen... Gerade dadurch ist seine Freude dann vollkommen, zutiefst geheiligt durch eine leuchtende Selbstlosigkeit...

Oder aber das Mädchen bekommt etwas geschenkt, was es gar nicht erwartet hat. Je nachdem, was es dann ist, ist es um so überwältigter. Aber auch, wenn sein Herz nach dem Geschenkten gar kein Bedürfnis hat, ist es in jedem Fall von der Geste zutiefst berührt. Wann immer es Liebe gegenüber sich selbst spürt, kommt es dieser Liebe mit *gleicher* – und das heißt immer: doppelter – Liebe entgegen.

*

Reine Freude aber empfindet das Mädchen auch dann, wenn andere Menschen sich freuen – und diese Freude eine seelische Schönheit hat. *Mitfreude* ... das ist es, wozu das reine Herz des Mädchens unmittelbar und immer fähig ist. Sobald ein anderer Mensch sich freut, Glück empfindet, geht auch im Herzen des Mädchens eine Sonne auf...

Seine Fähigkeit zum Mitempfinden ist bei der Freude so groß wie beim Leid. Selbstlos freut es sich mit aller Freude mit. Es ist glücklich, Menschen glücklich zu sehen...

So lebt es innig mit allem und allen mit. Und nur manchmal holt das Mädchen die eigene Traurigkeit ein – dann, wenn es bemerkt, dass es selbst oft sehr einsam ist, weil niemand mit *ihm* mitlebt... Das sind dann jene Momente, wo es gleichsam wie träumend den großen Unterschied zwischen ihm und allen übrigen Menschen ahnend empfindet, auch hier wieder...

Aber dann gibt es noch eine andere Freude. Und das ist die Schönheit der Welt – vor allem der Natur. Niemand kann sich an der unschuldigen Natur und all ihren Wundern so freuen wie das unschuldige *Mädchen*. Manchmal ist es eine heilige, staunende Freude – wie wenn alles wie am ersten Tag erblickt wird. Dann wiederum ist es eine einfach nur tief glückliche Freude – die sich innig mit dem Vogel freut, der scheinbar genauso glücklich ist wie man selbst... Glück ist das, in derselben Welt zu leben wie all dies mit seiner ganzen Schönheit! Die tiefe Liebe zu der ganzen Natur, zur Schönheit der Blumen, zur Unschuld der Tiere – sie wird zur tiefen *Freude*.

Liebes Tagebuch!
Herbstferien! Und heute waren wir gleich das erste Mal wandern. Wie ich das liebe! Durch den Wald wandern. Tannen, Fichten, Buchen, die letzten Blaubeeren... Einen Specht hören. Das Moos an den alten Bäumen und auf den Steinen. Der Geruch des Waldes! Als wir Pause machten, sah ich an einem Baum einen kleinen Käfer mit einer ganz langen ‚Schnauze' – so einen habe ich noch nie vorher gesehen. Ich kann es keinem erklären, wie glücklich ich in so einem Moment bin. Die Natur ist so vielfältig, so unendlich! Und so schön!
Mama und Papa interessieren sich dafür nicht. Sie finden den Wald und das Wandern einfach so schön, die Einzelheiten sind ihnen egal. Aber so ein kleiner Käfer ist doch keine ‚Einzelheit' – er ist doch da! Er lebt doch, er krabbelt doch da an dem Baum, und man hat so einen noch nie vorher gesehen. Das ist doch ein kleines Wunder? Eine wunderschöne Begegnung...
Ich fühle mich mit so einem kleinen Käfer dann für einen Moment ganz und gar verbunden, bin einfach nur glücklich und danke der ganzen Natur, dass sie so schön ist – und dass sie

mich diesen Augenblick erleben lässt. Und ich folge dem kleinen Käfer mit meinen Augen, bin bei ihm, bewundere ihn, eine kleine Weile sind unsere Leben verbunden, und dann geht er weiter seinen Weg und ich gehe meinen. Man kann das niemandem erklären...

Die Liebe des Mädchens zur lebendigen Natur hängt nicht vom schönen Wetter ab – und sein tiefes Glück, das zugleich reine Freude ist, auch nicht.

Heute war ein Regentag. Mama und Papa wollten nicht wandern, und so bin ich allein im Regenmantel hinausgegangen und lange gewandert. Ich bin keinem anderen Menschen begegnet! Ich kann Dir nicht sagen, wie herrlich es war. Das Geräusch des Regens, in der Luft, in den Zweigen, auf der Kapuze... Und dann, als es eine Weile aufhörte, das Tropfen der Regentropfen von den Zweigen. Ich kann es nicht beschreiben! Es ist etwas Wunder-Wunderschönes... Man ist ganz allein. Der Geruch des Regens und des Waldes. Und dann ab und zu, ganz leise, ein kleines Meis'chen, das sich nass und aufgeplustert in die Zweige drückt...
Ich verstehe nicht, warum die Menschen bei Regen zuhause bleiben! Es war ein wunderschöner Tag. Und glücklich-überglücklich kommt man schließlich wieder zuhause an...

*

Nicht weniger als das Mitleid zeigt die Freude das reine, heilige Herz des Mädchens. Es kennt dieses unsägliche Glück der Freude, diese unsägliche Freude des tiefen Glücks, weil es die *Schönheit* sieht. Unendlich rein ist sein Herz *geöffnet*. Und es ist vollkommen geöffnet, weil es selbstlos und voller Hingabe ist.
Reines, völliges Absehen von sich selbst! Glückliches Mädchenherz! Es braucht sich nicht mit sich selbst herumzuschleppen – und so kann es sich ganz an alles verschenken. Und gerade dies schenkt *ihm* alle Schönheit der Welt... Das

Mädchen verschenkt in Überfülle, seine Liebe, seine Hingabe – und es bekommt in Überfülle...

Freude, heilige Freude – sie bezeugt, dass das Mädchen ein heiliges *Sehen* hat. Sein heiliges Sehen aber bezeugt sein heiliges Herz, seine heilige Liebe...

Und jenes heilige Mädchen, das uns erwählt hat, um uns zu führen – es bleibt wieder stehen, in seinem wunderschönen weißen Kleid, das doch nur seine eigene Schönheit erhöht, die Schönheit seiner so erschütternd sanften Gestalt, und wieder blicken seine unfassbar reinen Augen uns an...
Beschämt denken wir wieder an das Blatt, das es für uns aufgehoben hatte – und traurig wieder sanft fallen ließ. Noch viel tiefer kennen wir nun sein zartes Empfinden, überall sieht es die Schönheit, es *sieht* sie, so tief...
Und es ist, als ob seine reinen Augen fragen: ‚Und du – mein Freund? Mein Geliebter? Was fühlst du, inzwischen... Fühlst du das zarte Wachstum deiner Liebe ... auch zu allem anderen? Darf ich ... hoffen? Wird dein Herz auch ... schön?'
Und dann blicken wir wieder in ihre heilig-reinen Augen, die uns schweigend fragen... Und dann fügen sie noch hinzu: ‚Du weißt doch sicher, Geliebter, dass ... nichts jener Freude gleichkommen wird, die ich *dann* haben werde, wenn du bei mir sein wirst – wenn du all dies auch fühlen können wirst, wenn wir es *zusammen* fühlen werden...!'

Und in einer heiligen, scheuen Demut und um uns nicht einmal auf sanfteste Weise zu zwingen, senkt sie die Augen und wendet sich langsam um. Reinste, zarteste Hoffnung ist es, so unendlich verletzlich, so wunderschön...
Und wir folgen dem schönen Mädchen weiter. Wir lieben es, lieben sein ganzes Wesen. Und ja, wir fühlen das zarte Wachstum. Wir verdanken es ihm – seiner sanften Führung. Wir wollen nicht, dass es aufhört, uns zu führen. Bis an das

Ende der Welt wollen wir ihm folgen. Bis an das Ende...
Seinen Weg soll es uns führen, immer weiter. Wir *wollen*
fühlen, was es fühlt. Wir wollen uns bemühen. Eine heilige
Sehnsucht erfüllt uns, uns seiner heiligen, reinen Hoffnung
würdig zu erweisen. Wir wollen bei ihm sein. Es soll nicht
mehr einsam sein. Nie wieder... Wir wollen ihm folgen, so
sehr wir können.

O, Mädchen – du wirst nie wieder ein Blatt fallenlassen
müssen! Es *war* schön! Ja, wir fühlen das zarte Wachstum
des sanften Lichtes, das du in unser Herz gelegt hast. Wir
fühlen es... Deine Hoffnung ist nicht umsonst, geliebtes
Mädchen! Hab nur etwas Geduld – und bleib nicht stehen...
Du führst so wunderbar, Mädchen, so wunderbar...

Wir sind am Ende des Weges des Mädchens angekommen. Der Weg ist nicht zu Ende – aber seine heiligen Kräfte haben wir von dem Mädchen jetzt alle erhalten. Was seine lieben, reinen Augen jetzt ausdrücken, das ist die Hoffnung, dass es uns mit Hilfe dieser Kräfte möglich sein möge, es zu erreichen...

Und wir spüren, dass sich seine Führung jetzt verwandelt, verwandeln muss. Wir spüren, dass es uns jetzt nicht mehr bei allem helfen kann – obwohl es das von Herzen gerne tun würde. Es wird noch immer helfen, wo es kann – aber immer mehr werden wir selbst beweisen müssen, ob wir die wahre Sehnsucht, den wahren Ernst und die wahre Treue kennen...

Der Weg führt nun in unsere Seele. Noch immer führt uns das Mädchen zu *seiner* Seele – und doch müssen wir versuchen, seine Schönheit auch in uns wiederzufinden... Zuerst führt es uns in das Denken. Hatte es uns vorher seine heiligen Kräfte gezeigt, zeigt es uns nun die Bereiche der Seele, wo wir uns ihrer erinnern müssen...

*

Das Denken! Es scheint etwas zu sein, was mit der Seele gar nichts zu tun hat. Aber ... dann muss es eben wieder Seele bekommen! Es scheint etwas zu sein, was mit dem *Mädchen* kaum etwas zu tun hat. Und doch kann auch das Mädchen denken, aber es denkt vollkommen anders. Die Weisheit des Mädchens ist größer als unsere, nicht kleiner. Und das liegt daran, dass das Mädchen mit dem *Herzen* denkt. Das Mädchen denkt niemals ohne Liebe, weil es überhaupt nichts ohne Liebe tut. Darum ist *sein* Denken immer warm – und gut, auf das Gute gerichtet, das Schöne, das Lichte.

Es ist auch auf die Wahrheit gerichtet. Niemals könnte das Herz des Mädchens eine Lüge ertragen – es sei denn, sie ist auf das Gute gerichtet und nicht vermeidbar. Was es in einer solchen Situation tut, sagt ihm wiederum sein Herz. Es denkt dann nicht nach – es handelt aus dem Herzen. Aber das Herz hat seine eigenen Gedanken und seine eigene Vernunft und seine eigenen Gründe...[8]

Das Mädchen verteidigt also die Wahrheit, aber es verteidigt auch alles Schöne und alles Gute – denn die Wahrheit ist auch, dass dies das Allerwichtigste ist und also verteidigt und geliebt werden muss. Die Wahrheit ist, dass der Mensch sein eigenes Menschsein verliert, wenn er dies nicht mehr innig liebt. Das Mädchen fühlt diese Wahrheit...
Mit einer heiligen Leidenschaft kann sie all dies verteidigen, kann begründen, warum geholfen werden muss, warum die Schönheit schön ist, warum noch der kleinste Käfer unendlich schön ist. Das Mädchen kann dies alles ... und doch können die Gedanken der anderen Menschen es gar nicht begreifen, denn sie sind ohne Gefühl, ohne Herz, ohne Liebe...

Aber das Mädchen könnte sie lehren, wieder *mit* Liebe zu denken – die Herzen müssten es nur wollen... Sie müssten sich nur wieder daran erinnern, *dass* sie es eigentlich wollen. Wenn man dem Mädchen folgt, will man es wieder, denn man erinnert sich – und schon vorher will man es allein schon um des Mädchens willen, um ein Einziges nicht zu verlieren: den reinen Blick seiner Augen und die reine Hoffnung in diesen Augen...

Und wieder wendet sich das Mädchen voll heilig-zarter Freude um und sieht uns an ... scheu froh darüber, dass es unseren heiligen Willen spürt. Und es spricht, mit unendlich sanfter

---

[8] Le cœur a ses raisons que la raison ne connaît pas (Blaise Pascal).

Stimme, die wir fast nicht äußerlich, mehr ganz in unserem Inneren hören:

‚Das Geheimnis der Liebe im Denken, Geliebter, ist, auch das Denken unendlich *sanft* zu machen... Ihr nennt es ‚nicht urteilen'. Und das ist wahr... Man darf keine Urteile haben, man soll es nicht... Und du wirst selbst fühlen, wie *schön* das Denken dann wird, wie zart, wie friedvoll, leuchtend... Du wirst nicht wissen, wann du anfängst, mit dem Herzen zu denken. Aber dann wirst du es tun... Immer wenn du es *so* zart empfindest. Dann denkst du schon mit Liebe, Liebster! Du weißt es vielleicht noch nicht, aber du tust es schon. Tu es einfach so zart, wie du kannst... Du brauchst nur versuchen, die Zartheit selbst zu lieben... Du tust es ja schon in mir, Geliebter... Tue es nun auch in dir... Liebe auch in dir die Zartheit... Dann findest du, wie man mit dem Herzen denkt. Es ist so einfach ... und es ist so schön... Nicht urteilen... Die Dinge streicheln... Ich habe es dir ja schon gezeigt. Die Dinge streicheln. Nicht nur mit deinem Blick – auch mit deinen Gedanken. Auch sie so zart wie dein Blick... So denkt dein Herz – so denkt deine Liebe...'

Mit leiser Sorge schaut uns das Mädchen plötzlich an – ob es schon zu viel gesagt habe und wir nichts mehr aufnehmen könnten. Aber wir verstehen so innig, warum es Recht hat, und bitten es, keine Furcht zu haben. Und mit dankbarem, liebendem Blick sagt es nun:

‚Wenn du *so* denken kannst, Geliebter, dann brauchst du nicht mehr böse werden, nicht mehr gestresst, in deinem Alltag, nicht mehr unzufrieden. Und du kannst viel leichter verzeihen – alles... Denn du kannst verstehen. Und selbst, wo du nicht verstehen kannst, willst du nicht mehr böse werden. Du musst einfach hinnehmen, wie es ist. Das ist doch auch ein Gedanke? Warum soll man böse werden über etwas, was man nicht ändern kann? Oder was niemand absichtlich gemacht hat...? Und selbst wenn... Versuche, in deinen eigenen Gedanken das Licht zu vermehren, Geliebter, nicht die Dunkel-heit... Dein Denken soll schön sein – schön und friedlich, sanft und gut... Dann werden auch die anderen Menschen es von dir allmählich lernen. Ganz bestimmt werden sie das...'

Berührt nehmen wir all diese Gedanken auf. Zu den Gedan-ken des Mädchens gehört offenbar auch sein tiefer Glaube an das Gute...

‚Nein, Geliebter', erwidert unsere heilige Führerin, ‚mein Glaube an das Gute ist nicht nur ein Gedanke. Aber das kann ich dir kaum erklären. Ich werde es aber versuchen, später... Doch folge mir nun zum Fühlen. Lerne jetzt mit mir noch einmal das Fühlen kennen...'

*

Das Mädchen führt uns eine ganze Weile, und wir folgen ihr schweigend, ihrer berührenden Gestalt, ihrem berührenden Wesen. Wir fühlen seine ganze Anziehung, aber wir verste-hen sie auch... Wir *wollen* diesem Mädchen folgen. Nichts anderes wollen wir. Es gibt nichts Lieblicheres auf Erden, nichts Sanfteres. Es ist so voller Liebreiz... Ja, die Liebe ... lockt es hervor. Die Liebe zu ihm ... aber auch die Liebe überhaupt. Von ihm ... lernt man zu *lieben*...

Wie träumend sind wir dem schönen Zauber seines Wesens gefolgt, immer weiter wären wir mit ihm gegangen ... als es plötzlich anhält. Und wir sehen: Das Mädchen steht mit uns an einem schönen See. Er liegt friedlich in einer sanften Sen-ke, in der die lieblichen Grüntöne der Natur harmonisch mit-einander zu spielen scheinen.
Die Sonnenstrahlen glitzern auf dem ruhigen Spiegel des Sees, und auch ihr Glitzern scheint miteinander zu spielen, kostbarer als Diamanten ist das *Licht*...

Einzelne Libellen fliegen über dem See, auch sie ganz dazu-
gehörend. Auch sie scheinen zu *spielen*. Eine ganz eigen-
tümliche Stimmung erfasst uns. Noch nie haben wir dies
wirklich empfunden... Diesen ... gleichsam überirdischen
Frieden eines Ortes, eines solchen Ortes und eines Sommertages... Eines einfachen Sommertages...
Frieden ... Schönheit... Auf einmal fühlen wir, was das Mädchen mit Schönheit meint... Was es *immer* sieht... Jetzt sehen
auch *wir* sie, hier, an diesem scheinbar aus aller Zeit heraus-
gehobenen Ort... Es ist reine Schönheit – und es ist vollkommener Friede... Heilige Schönheit ... die Schönheit der Welt...

‚Da hinten, Geliebter...' – die Hand des Mädchens weist in
die Ferne, und in dieser Richtung sehen wir auf einmal den
feinen Rauch von Fabrikschloten, winzig, aber doch, ihre
Dunkelheit steigt in den Himmel – ‚leben die Menschen...
Dort' – die Stimme des Mädchens wird traurig – ‚hasten sie
ihrer Arbeit nach... Dort ‚leben' sie, dort beschimpfen sie einander, dort verlernen sie alles. Alles...'
Ihre unendlich schönen Augen wenden sich uns zu. Sanft
glänzt die Traurigkeit in ihren Augen, aber auch das ganz
Andere, ein heiliges Hoffen...
‚Sie *leben* dort nicht, die Menschen... Sie sterben dort, denn
sie wissen gar nicht mehr, was Leben heißt... Hier' – ihre un-
schuldige Hand weist in scheuer Anmut auf die Landschaft,
in der sie mit uns steht – ‚siehst du es... Das ist das *Leben*,
Geliebter! Und so ist es auch mit dem Fühlen...'
Während wir zu verstehen versuchen, was dies meint, spricht
sie weiter:
„Nicht immer verstehen, Liebster... Das *Herz* muss verstehen,
und es versteht, was es fühlt...
Das Leben – es hat seinen ganz eigenen Rhythmus. Und dieser Rhythmus ist *Frieden*. Und er ist Schönheit. Das ist das
Leben! Es ist eins mit sich selbst – und eins mit aller Schönheit. Liebster – lerne fühlen, was das *Leben* ist! Dann weißt

du auch, was das Fühlen sein soll... Das Gefühl soll doch leben! Aber dazu muss es doch wissen, was das Leben ist...'

Lächelnd, voller Liebe schaut die heilige Mädchengestalt auf den See, über den See, auf das Leben... Dann wenden sich ihre reinen Augen wieder uns zu, und sie spricht:
,Das Leben ist Schönheit und ist Frieden, es ist tiefe *Harmonie*. Was in ihm nicht harmonisch ist, haben auch die Menschen gemacht. Schon vor uralter Zeit. Der Mensch... Aber sieh jetzt, was du siehst...! Jetzt siehst du, was das Leben wirklich ist... Einheit von allem... Schönheit in allem... Liebe ist alles...'
Die letzten Worte hatte es in eine heilige Ehrfurcht getaucht. Nun scheint es unseren fragenden Blick zu verstehen, wortlos, und es erwidert:
,Ja, Liebe, Geliebter! Siehst du nicht die Sonne auf dem Wasser? Ihr Glitzern? Siehst du nicht, wie dies *reine Liebe* ist? Lerne, die Liebe in allem Licht zu sehen! Licht ist Liebe! Aber das kann nur das Herz fühlen... Es ist überhaupt alles Liebe. Ohne die Liebe gäbe es nichts – nichts von alledem hier... Aber auch das kann nur das Herz fühlen... Lerne, zu fühlen, Liebster!'
Ihre innigen Worte lassen uns das hohe, unendlich heilige Geheimnis ahnen, von dem sie spricht. Wie eine zarte Ahnung durchweht es unser Herz...

,Das Leben hat seinen eigenen Rhythmus', sagt das heilige Mädchen, das unsere Führerin sein will, nun. ,Und wenn das Fühlen *leben* soll, muss es ihn auch wiederfinden ... ihn, den Rhythmus des Lebens... Das Leben selbst...'
Wir blicken in seine reinen Augen, die uns anblicken, und sie scheinen uns eins zu werden mit diesem Geheimnis, sie selbst scheinen es zu sein...

‚Ja, Liebster... Das Herz fühlt es... Die Heiligkeit des Lebens liegt *über* dem Leben. Denn das Leben selbst *wird* erst geheiligt von dem, was über ihm liegt. Das aber *ist* die Liebe... Die Liebe erkennt das Leben, weil sie sich selbst erkennt – die Liebe, die in allem Leben lebt! Die Liebe, mit der das Herz erkennt, erkennt die *große* Liebe, die heilige Weltenliebe... Die Liebe ist das Geheimnis des Lebens – und das Geheimnis seines Rhythmus'. Das Leben braucht den Rhythmus des Lebens. Die Liebe gibt ihn ihm... Deswegen schlägt auch dein Herz... Deswegen ist alles, wie es ist. So schön... Alles ist Liebe... Wirkliches Leben ist immer nur da, wo Liebe ist. Liebe erweckt Leben, Liebe erhält Leben, Liebe heiligt alles Leben...'

Die Worte des Mädchens ziehen sanft in uns ein, verstärken unendlich sanft die zarte Ahnung unseres Verstehens, und immer mehr fühlen wir, wie wirklich nur unser *Herz* verstehen kann... Wir wagen nicht zu sprechen, nicht zu denken, das Mädchen selbst denkt in uns, und wir lassen es zu...

‚Die Menschen', beginnt das Mädchen vorsichtig wieder den Abstieg in die gewöhnliche, gefallene Welt, ‚kennen nichts mehr vom Leben, denn sie fühlen es nicht mehr... Das Fühlen *braucht* aber den ganz anderen, heiligen Rhythmus des Lebens. Des heiligen Lebens...
Hier, in der Natur, ist das Geheimnis des Lebens Schönheit und Harmonie, ein Zusammenfließen der Schönheit *in* Schönheit. Alles lebt scheinbar für sich – und doch wird alles gehalten und geführt und geliebt von der *Einen Liebe*... In ihr ordnet sich alles zur Harmonie, von selbst, denn alles lebt in ihr und alles lebt aus ihr...
Aber das Fühlen des Menschen lebt *nicht* mehr in ihr... Immer weniger. Es geht über in ein Reich, das sich von der Liebe und dem Leben abgetrennt hat. Darum wird es so leicht

und fast notwendig ein Reich des Todes und der Lieblosigkeit, ja, des Hasses... Das kann so weit gehen, dass schließlich scheinbar sogar das Leben und die Liebe selbst gehasst werden... Gehasst, geflohen, verspottet...'
Die nun traurigen Augen des Mädchens sehen uns an.
‚Erkennst du die *Welt* wieder, Geliebter...? Das ist die Welt, die Welt des Menschen. Geworden... Immer mehr werdend. Aber wirklich *werdend* soll etwas anderes werden... Das Leben soll wieder auferstehen, das Fühlen, das Fühlen soll wieder Leben werden, heiliges Leben...'

Voller Hingabe hören wir die Worte des Mädchens, wagen nicht zu sprechen; nur zuhören, nur ihr zuhören...
‚Und im Fühlen ... wird das Geheimnis des Lebens: *Sanftheit*. Sie ist es, Liebster, die Sanftheit, die das wahre Leben des Fühlens ist... Das Fühlen, das nicht sanft ist und immer wieder sanft wird, lebt nicht... Das Fühlen der Menschen stirbt. Liebster, es stirbt wirklich!
Sanft... Wenn das Fühlen sanft werden könnte, würde es wieder zu leben beginnen, wieder neu... Wie könnte denn je ein anderes Fühlen die Liebe finden? Aber sie, die Liebe, *ist* das Leben des Fühlens...
Man kann nicht aus eigener Kraft leben, Geliebter. Kannst du es? Kann dein Herz es? Nichts kann es! Immer ist es die Liebe, durch die alles lebt. Und so auch das Fühlen... Nicht aus eigener Kraft lebt es. Wenn es *liebt*, liebt es. Aber ... das kann es nur, wenn es die Liebe *zulässt*. Es muss zulassen, was ihm sein Leben schenkt. Das ist die Liebe... Das ist das Geheimnis der Liebe... Sie schenkt sich und sie *wird* geschenkt. Man findet die Liebe, weil *sie* einen findet... Man findet das Leben des Fühlens, wenn man es zulässt. Es kommt zu einem... Man darf es nur nicht abweisen – aber gerade das tun die Menschen.'

Die heilige Gestalt des Mädchens schaut uns an, die geliebten, reinen Augen, das Mädchen selbst, sein ganzes Wesen... ‚Willst du *sanft* werden, Geliebter? Willst du, dass dein Fühlen sanft wird? Willst du die Sanftheit kennenlernen? Das heilige Leben des Fühlens...? Dann suche es nicht! Lasse dich *finden*, Liebster. Die Liebe kommt nur zu denen, die sich finden lassen. Die Suchenden muss sie suchen lassen, bis sie aufgeben ... zu suchen; und anfangen, sich finden zu lassen. Die Liebe kann nur gefunden werden, wenn man ... sich ihr *ergibt*. Ihr süßes, ihr unschuldiges *Opfer* muss man werden. Denn die Liebe, sie hat sich doch auch selbst geopfert... Das ist das Geheimnis, Liebster. Das Opfer. Es ist ein Sich-Schenken... Schenke dich der Liebe – und sie schenkt sich dir... Du musst nichts tun. Du musst *sie* tun lassen... Das Einzige, was sie braucht, um zu dir zu kommen, ist die *Reinheit* deiner Hingabe. Sie braucht wirklich dein heiliges Opfer, deinen heiligen Willen. Schenke dich ihr...
Aber da sind wir bei dem letzten Geheimnis, Liebster. Wir sind bei dem heiligen *Willen*...'

*

Erschüttert stehen wir bei der heiligen Gestalt, ganz aufgenommen in ihren Zauber, das Heilige ihrer Worte, die als *Wahrheit* in uns einströmen, wie eine heilige, heilende Berührung, nein, nicht Berührung, Durchdringung. Das Wesen des Mädchens durchdringt uns in sanftester Unschuld, und mit ihm jenes heiligste Geheimnis, dessen heiligste Botin sie ist...

Das Mädchen tritt einen Schritt auf uns zu und berührt sanft unsere Brust. Einen Moment lang steht es in dieser heiligen Berührung vor uns, dann sagt es:

‚Was wir *tun* ... das ist unser Wille. Alles, was wir tun... Was wir nur wollen, aber nicht tun, ist vielleicht auch unser Wille – aber er tritt nicht in Erscheinung...

Sieh hier...', wieder weist das Mädchen auf den See, das Glitzern des Lichtes, die spielenden, dahinjagenden Libellen, das zauberhaft sich abwechselnde Grün des ganzen sanften Tals, ‚dies alles – es tritt in die Erscheinung. Das Leben... Warum tut es das...? Es ist der *Weltenwille*, Liebster! Die Liebe selbst will es, die Liebe selbst *ist* es... Alles, was in Erscheinung tritt, ist Wille. Immer... Alles, was Wirklichkeit ist, ist Wille, vom Willen in die Wirklichkeit gerufen, erschaffen. Der Wille schenkt Wirklichkeit, schenkt das Leben. Leben ist nur da, wenn gewollt wird...'

‚Aber wenn der Wille nur noch sich *selbst* will...', die traurigen Augen des Mädchens blicken in die Ferne, dorthin, wo die Schornsteine standen und ihr Dunkel in den Himmel stieg, ‚dann entsteht kein Leben mehr... Dann kommt das Leben an ein Ende. Und sogar der Wille selbst ... es ist, wie wenn auch er schließlich erstickt ... an sich selbst...'
Sie wenden sich wieder uns zu, diese heiligen, reinen Augen.
‚Um Leben zu schenken und leben zu *sein*, Liebster, muss der Wille ... Liebe werden... Aber das kann er nicht selbst... Alles andere kann er scheinbar selbst, aber das nicht... Um *Liebe* zu werden, muss er ja gleichsam sterben. Der Eigen-Wille ist es, dem dies so vorkommt. Er will ja nicht sterben, nicht aufhören, er will ja immer weiter, eigen, eigen, eigen... Aber er wird ersticken – er wird solange ‚eigen' wollen, bis er sich selbst auffrisst in seiner Armut...
Aber er kann auch *vorher* aufhören. Berührt von einer unendlichen Sehnsucht... Er kann das Sterben lernen. Dieses schöne Sterben, dieses süße Sterben, dieses heilige... Das Heiligste auf der Welt, Liebster, ist das *Sterben*. Denn erst in ihm lebt das wahre Leben. Dahinter... Hineinsterben in das, was dahinter ist, Liebster... Das ist das ganze Geheimnis. Wirklich

das ganze. Denn dahinter ist *immer* ... die Liebe. Sie ist hinter allem – wirklich hinter allem! Sterbend kann man sie gar nicht verfehlen. Strebend ja, aber sterbend nie – niemals... Das ist der wahre Wille, der heilige Wille, Geliebter: der Wille, der bereit ist, zu sterben. Der Wille, der bereits fühlt, dass er hinter dem Sterben ein neues Leben verliehen bekommen wird. Verliehen! Geschenkt! Nicht mehr das eigene, aber das andere, was viel mehr ist: das *geschenkte*. Auch der Eigen-Wille ist geschenkt, Liebster. Die heilige, große Liebe kann man gar nicht fassen, sie ist viel zu groß dafür. Sie schenkt alles. Aber sie schenkt es, damit der Mensch *selbst* das Schenken lernt. Dafür muss er aber zuerst den geschenkten Willen wieder opfern. Das ist die einzige Prüfung, die der Mensch hat. Die einzige. Und wie heilig ist sie! Wie wunderbar... Der Mensch darf lernen, zu sterben – ist das nicht einzigartig?

Alles Andere *ist* immer schon in Gottes Hand, Liebster. Der Mensch darf es lernen – er hat als einziger einen Willen geschenkt bekommen, der aus Gottes Hand scheinbar *heraus*fällt ... und der es lernen darf, wieder in Ihn *hinein*zufallen... Alles Andere lebt in der großen Liebe. Der Mensch darf lernen und sich selbst entscheiden, wieder ... dazuzugehören... Aber das ist nicht etwas Kleines. Es ist das Heiligste, das Größte. Die Menschen wissen das nicht. Sie wissen es erst hinterher – wenn sie erleben, was sie tun... Wenn sie es täten...'

Ganz rein sind die Augen des Mädchens, als es uns anschaut und sagt:
,Die Menschen verlachen uns Mädchen... Sie halten uns für naiv, für unschuldig zwar, aber für unfähig, in einer Welt zu leben, die ,ganz anderes' braucht. Aber die Welt *braucht* nichts anderes als das! Es ist so ein unendlicher Irrtum, der in den Herzen der Menschen lebt – und sich an die Stelle dessen gesetzt hat, was in den Herzen leben *sollte*!

Die Menschen verlachen uns – und verlachen damit die Liebe selbst, die wir treu in unseren Herzen hüten, nicht nur für uns, sondern für die *ganze* Welt. Ohne uns wäre die Welt längst zugrunde gegangen, gestorben an ihrer Ablehnung des Allerheiligsten... Nichts ist größer als die Liebe. Nichts hat *irgendeine* Größe und irgendeine Bedeutung ohne sie... Alles, was die Menschen schaffen und was ohne Liebe ist, ist auch ohne jede Bedeutung im Weltenganzen. Es *zerstört* die Harmonie, es zerstört das Menschsein selbst... Geliebter! Der Mensch soll nicht einfach nur wieder ‚dazugehören‘! Es ist viel *mehr*. Es ist viel heiliger...‘ Bestürzt sehen wir die schillernden Augensterne des Mädchens. Und wirklich – perlt eine Träne ihre zarten Wangen hinab... Bestürzt und in einer heiligsten Regung trocknen wir ihre sanfte Haut...

Dankbar blicken ihre Augen, dankbar und liebend, als sie, noch immer innig mit ihrer Rührung ringend, fortfährt: ‚Aber wann wird der Mensch dies verstehen – *wann*, Geliebter? Du beginnst jetzt, es zu verstehen. Und wie glücklich bin ich darüber! Aber die anderen – was ist mit ihnen? Warum sehen sie es nicht? Warum fühlen sie es nicht? Was ist mit ihren Herzen geschehen? O, ich weiß es – ich weiß es, was ihnen geschehen ist. Aber warum finden sie nicht die Kraft, weiterzugehen? Warum ist ihre Sehnsucht so schwach? Warum ihr Mut? Sie alle, die Menschen, halten uns Mädchen für schwach, aber warum haben sie *selbst* keinen Mut? Die Liebe ... ich wollte von der Liebe sprechen... Wie heilig das ganze Geheimnis wirklich ist, das ahnen die Menschen nicht einmal... Sie ahnen nicht, wie unendlich heilig das ist, was als Verlorenes *zurückkehrt*. Und ich kann es nicht ausdrücken... Dafür bin ich *wirklich* zu schwach – aber dafür ist alles zu schwach!

Das kann nur das Herz selbst ahnen, Geliebter. Das Herz muss ahnen, was es für Gott selbst bedeutet, wenn es zurückkehren will – es, das ja gerade die Freiheit bekam, *herauszufallen...*'

Das Heilige lebt selbst in den Augen des Mädchens. Sie *weiß*, wie heilig das ist, wovon sie spricht und was sie selbst nicht ausdrücken kann...

‚Aber um die Liebe zu finden, muss man nicht wissen, wie heilig das ist, was dann geschieht. Man muss es nur wollen... Aber wie schwer ist schon *das* den Menschen! Sie wollen ja nicht... Sie sind ja noch nicht genug erstickt... Es muss ja alles noch viel schlimmer werden... Ach! Warum nur, warum... Warum wurde den Menschen nicht eine kleine Ahnung gelassen, wie einzig schön dies ist? Warum sehen sie es nirgendwo mehr – warum ist das ganze Schönheitsgeheimnis der Natur vor ihren Augen versunken? Warum sind sie blind geworden, sehend blind? Warum müssen wir, wir Mädchen, die einzige Ahnung sein, die noch übrig ist – und warum werden selbst *wir* so verspottet? Und warum werden wir immer weniger, die, die sich die Treue im Herzen bewahren...

Aber verzeih, Liebster, manchmal wird selbst *meine* Liebe zu schwach, zu hoffnungslos... Es tut mir leid...'

Erschüttert tut es *uns* leid, dass dieses Mädchen so sprechen muss, denn unmittelbar fühlen wir, dass es unsere Schuld ist – die wir zu den Menschen gehören, von denen es gesprochen hat. Es ist *unsere* Schuld. Längst sollten die Mädchen nicht mehr allein sein. Längst nicht mehr...

‚Ja...', sagt das Mädchen, und eine neue Träne rollt über seine Wange. ‚Ihr solltet uns nicht mehr allein lassen. Geliebter... Wir können es nicht mehr lange allein tragen... Wir sind wirklich zu wenige geworden. Wir schaffen es nicht mehr – ohne *euch*...'

In tiefster Berührung schauen wir dieses wahrhaft unschuldige Mädchen an, unsere Führerin, so verletzlich, so einsam – welteneinsam... Ein heiliger Wille beginnt in unserem Herzen zu leben...

‚Wisse, Geliebter...’, flüstert das Mädchen. ‚Es ist nicht nur *meine* Dankbarkeit, die ich dir schenke. Für alles, was ich fühle, in deinem Herzen, bin ich so innig dankbar! Aber – es ist die ganze göttliche Welt, die auf euch hofft, die ganze! Vergiss es nie, Liebster. Die ganze. Und ja – auch ich, wenn dir das etwas bedeutet...’

Sie weiß noch immer nicht, wieviel sie uns bedeutet... Wie sehr wir noch immer erst durch *sie* lernen, was das überhaupt ist – das Heilige...

‚Doch, ich weiß es...’, erwidert sie leise. ‚Aber ich hoffe so sehr, dass du es wirklich lernst, zu empfinden, nicht nur durch mich, Liebster. Es tut mir so leid, dass du mich liebst und ich auch dich – ist es auch wirklich kein Hindernis ... für dich? Ich will tun, was ich kann, damit es dies nicht ist. Lass dich also weiter führen, mitten hindurch...

Die Liebe, Liebster, findet den Menschen, wenn er genug Mut hat... Mut bräuchte er, einmal alles schweigen zu lassen, was er nur *halb* will, nicht wirklich. Alles, alles müsste er einmal vergessen. Wirklich alles. Und dann lauschen lernen... Das wäre die wahre Selbst-Liebe – die, auf die es so ankäme! Alles vergessen, was man eigentlich gar nicht wirklich will, und einfach nur lauschen... Schweigend lauschen, überhaupt erst einmal die *Stille* genießen! Diese wunderbare Stille, in der alles andere aufgehört hat – und dann lauschen...

Auf was? Auf das Eine, was dann übrig bleibt. Auf die eine, einzige, letzte, *wirkliche* Sehnsucht... Was ist diese letzte, diese wirkliche Sehnsucht? Wonach sehnt man sich, wenn man alles andere vergessen konnte? Aber das muss man im Herzen machen! Das Herz muss lauschen... Was ist die einzige Sehnsucht, die übrigbleibt?’

Die Augen des Mädchens schienen sanft zu lächeln.
‚Natürlich... Es kann nur übrigbleiben, was mit der Liebe zu tun hat... Selbst wenn es die Sehnsucht wäre, geliebt zu werden, so wäre das nichts Schlechtes. Auch sie wäre nicht mehr die Eigen-Liebe, der Eigen-Wille. Es wäre die *Sehnsucht*! Auch das kann man nicht selbst, nicht wahr? Um geliebt zu werden, braucht man den Anderen, nicht wahr? Man kann danach nur eine *Sehnsucht* haben... Wirkliche Sehnsucht aber ist immer schon eine Heilung von der Selbstliebe – auch da, wo es die Sehnsucht ist, geliebt zu werden. Man kann sich *selbst* lieben, aber wenn jemand *anders* einen liebt, ist es niemals Selbstliebe... Man kann es lieben, geliebt zu werden, aber wenn man sich nur danach *sehnt*, ist es etwas völlig anderes...

Die Sehnsucht, geliebt zu werden, ist, wenn sie tief genug ist, immer schon die Sehnsucht nach der Liebe selbst. Man kann nicht wahrhaft geliebt werden, ohne selbst wieder zu lieben... Das ist die allertiefste Sehnsucht. Auch wenn das Herz es gar nicht weiß. Es muss das auch nicht wissen. Irgendwann *wird* es wissen... Jedes Herz sehnt sich nach der Liebe selbst. Nicht nur danach, geliebt zu *werden*, sondern nach der Liebe selbst. Dass die Liebe ... bis zu ihm kommt, auch in seine arme Hütte einkehrt... Die Herzen wissen das nicht, Liebster. Aber es *ist* ihre tiefste Sehnsucht... Die Sehnsucht, geliebt zu werden, ist nur der Beginn...'

Wieder fühlte das eigene Herz die Wahrheit dessen, eine unendlich heilige Ahnung war es, mehr als eine Ahnung.
Und das Mädchen sagt in seiner ganzen Unschuld:
‚Die Blumen, Liebster... Die Blumen wollen doch auch von der Sonne geliebt werden. Aber dann wollen sie sich selbst *schön* machen, für die Sonne und auch für alles andere. Das ist ihre Liebe – sie können ja nichts anderes. Aber sie tun es! Das ist der heilige Wille der Blumen. Sie schmücken sich, weil all ihre Sehnsucht schon erfüllt wurde. Könnten wir das

doch auch so leicht! Könnten wir doch auch so leicht das
Schöne tun – das Gute, das Liebevolle ... denn das ist *unsere*
Schönheit, die Schönheit des Menschen...'
Sanft blickt das Mädchen in die Richtung der fernen Schornsteine. Dann sagt es leise:
,Die Blumen brauchen nicht zu sterben. Sie leben aus der
Liebe und in der Liebe, und sie brauchen sich nicht zu *entscheiden*, ob sie schön sein wollen oder nicht. Sie wollen es,
sie können nicht anders, als dies zu wollen. Keine Blume
würde es jemals nicht wollen. Für die Rosen, die vom Menschen gezüchtet wurden, ist es eine unendliche Qual, nicht
mehr *duften* zu können. Sie können nicht mehr, was sie
wollen. Der Mensch weiß nicht, wie sehr er sich an der Natur
vergeht...
Aber er selbst? Er könnte es – aber er will nicht. Um es auch
wieder wollen zu können, müsste er alles schweigen lassen
und so zu seiner wahren Sehnsucht zurückfinden. Sein Innerstes will es sehr wohl. Aber er hat sich zu sehr angewöhnt,
darauf nicht zu hören, sondern auf alles andere, was er sich
selbst angezüchtet hat... Armer Mensch! Er hat sich selbst
verloren – und so verliert Gott *ihn*...'

,Aber die Sehnsucht, Geliebter, sie wäre so einfach zu finden.
In jedem Moment. In jedem Moment, wo der Mut groß genug
wird, auf sie zu lauschen! Und diese Sehnsucht ... sie macht
doch *selbst* schon sanft! Selbst wenn es zunächst nur die
Sehnsucht wäre, geliebt zu werden. Kann man denn anders,
als sanft werden, wenn man etwas nicht selbst vermag? Wenn
ich nur warten kann, ob jemand anders mich liebt – was geschieht denn dann? Man muss doch nur ehrlich sein... Man ist
völlig machtlos... Wird man dann nicht von selbst sanft? Man
würde es werden, wenn man es aufrichtig fühlen würde...
Aber wenn man die Sanftheit wirklich findet, egal auf welchem Wege, dann hat die Erlösung begonnen – denn dann
findet *sie* einen, von nun an... Nun muss man nur noch ler-

nen, dies zu verstehen, dies zu fühlen. Verstehen und Fühlen, dass man eine Sehnsucht nach dieser Sanftheit hat – und wie sie zu einem kommen kann, nämlich indem man es *zulässt*. Die tiefe Sehnsucht des Herzens hat gefunden, wonach sie gesucht hat – und nun versteht sie, wie sie es machen muss, um *immer mehr* gefunden zu werden. Das Herz lernt, sich hinzugeben, sich von der Sanftheit ergreifen zu lassen. Für das Herz ist es zuletzt ganz einfach – denn es gibt nichts Schöneres. Es kann so leicht sein, dass der Mensch erst hinterher erkennt, dass dies das ‚Sterben des Willens' ist... es *ist* wirklich die Opferung des Eigen-Willens, aber was für ein süßes Sterben ist das! Das wirkliche Leben kommt einem ja längst entgegen, ergreift einen, errettet einen fast schon, bevor man gestorben ist – aber in Wirklichkeit *ist* man dann schon gestorben! Ach – es ist nicht zu beschreiben!'

Mit einem wahrhaft heiligen Leuchten sehen die reinen Augen des Mädchens uns an.
‚Die wahre Sanftheit ist die Umkehr von allem. In Wahrheit kann das Herz nicht sanft werden, nicht von selbst, es kann nur die Sanftheit selbst ... *Herz* werden... Das Herz muss sich ergreifen lassen von der Sanftheit, und wie süß ist dies, dieses Sich-ergreifen-Lassen! Die Menschen wissen es nicht. Sie wissen es einfach nicht...
Aber dies ist das Geheimnis des Willens, Liebster, wenn er Liebe wird. Nicht *er* wird Liebe – die Liebe wird *er*... Der Wille stirbt in die Liebe hinein – und *mit* der Liebe zusammen steht er wieder auf. Aber nun nicht mehr er, sondern die Liebe in ihm, und er lässt sich führen, voller Hingabe lässt er sich führen – und die Liebe führt ihn, wohin sie will...'

In überirdischer Schönheit leuchteten die Augen des Mädchens, schien seine ganze Gestalt zu leuchten. Dann sagt es, während aus seinen Augen die Liebe, die Güte strömt:

‚Nun ist unser Weg hier zu Ende, mein Geliebter. Ich habe dich alles gelehrt, was ich weiß...'
Bevor wir voller Bestürzung etwas einwenden können, sagt sie sanft:
‚Unser Weg ist nie zu Ende, auch unser gemeinsamer Weg nicht. Aber nun kann ich dich nichts mehr lehren, was du nicht schon weißt – und auch gefühlt hast, wie zart auch immer. Und auch gewollt hast... Ich kann dich nicht mehr führen. Nun musst du dich in anderer Weise führen lassen, Liebster...'
Ihre sanfte Gestalt gibt uns einen unendlich zärtlichen Kuss.
‚Bitte verzeih mir, Liebster – dass ich dich jetzt verlassen muss. Ich verlasse dich überhaupt nicht, im Gegenteil... Ich bin immer bei dir und du bei mir. Aber du hast dich mir auf meinem Weg, der auch der deine war, jetzt so sehr hingegeben, dass nun auch ich mich dir ganz hingeben kann. Und das will ich jetzt tun. Nun wirst nicht mehr du *mir* folgen, nun werde ich *dir* folgen – und doch werden wir ganz eins sein, Geliebter... Ich liebe dich. Vergiss nie meine Liebe...'

Die heilige, geliebte Gestalt scheint sich aufzulösen und gleichzeitig in uns einzugehen, sich mit uns zu vereinigen. Wir fühlen das geliebte Mädchen auf einmal nicht mehr vor uns, außerhalb von uns, sondern *in uns*.
Dann verblasst auch dieses Erleben – doch während wir darüber erschrecken, erklingt in uns unhörbar und ohne Ton ein Wissen wie ihre Stimme und doch auch unser eigen:
‚Ich werde immer da sein, Liebster. Du wirst nie mehr allein sein... Und doch wirst du mich nur dann fühlen, wenn du es wirklich möchtest – und selbst dann musst du dich ‚anstrengen'. Es ist eine leichte Anstrengung, Liebster, eine süße Anstrengung, du weißt es... In Tod und Leben sind wir vereint. Und ich führe dich und du führst mich – und uns führt die Liebe... Nun dienen wir ihr *beide*...'

In tiefster Erschütterung bleiben wir zurück ... stehen noch immer an dem See, über dessen überirdisch schönem Glitzern die Libellen einander nachjagen – vollkommene Schönheit, vollkommener Friede... Alles hat das Mädchen uns gelehrt, alles... Tränen der Dankbarkeit rinnen über unsere Wangen. Und wir wissen nicht einmal, ob es nur die unseren sind oder auch die ihren... In tiefer Liebe wenden wir uns langsam von der ganzen Schönheit ab und jenem Ort zu, wo das Dunkel in den Himmel steigt, während doch der Himmel das Licht auf die Erde bringen will... Während wir unsere eigenen Schritte fühlen, erklingt in uns noch einmal des Mädchens Wort: ,Was wir *tun* ... das ist unser Wille. Alles, was wir tun...'

Ich will, was *du* willst, Mädchen... Lehre mich weiter die Hingabe... Du in mir. Du und ich gemeinsam. Führe mich mitten in das Geheimnis hinein. Ja, ich werde selbst gehen, aber bleib bei mir, damit ich gehen *kann*. Lehre mich jenes süße Sterben, in dem ich mit dir vereint bin, weil du es mich die ganze Zeit schon gelehrt hast, weil du längst ganz aus der Liebe lebst... Bleib nur bei mir, Geliebte, ich werde selbst gehen, ich werde lernen, zu sterben...

Der Weg dieses Buches ist nun zu Ende. Möge es Leser finden, die voller Aufrichtigkeit verstehen... Die voller Ernst folgen wollen.

Es wird genug Spötter und Kritiker finden, aber darauf kommt es nicht an. Auf jene Seelen kommt es an, die sich über Spott und Kritik erheben, die berührt werden und sich berühren lassen. Denn auf sie wird in den heiligen Welten gehofft...

*

Man kann sich fragen, ob dies nur ein Buch für männliche Seelen ist. Das muss jede Seele selbst beurteilen. Ich konnte nicht anders, als die heilige Gestalt des Mädchens in den Mittelpunkt zu stellen, weil sie heilig *ist*. Eine weibliche Seele kann sich davon ganz genauso berühren lassen.

Vielleicht kann auch die männliche Gestalt in einer solchen Heiligkeit beschrieben werden – aber das muss dann eine weibliche Seele tun...

Andere können einwenden, dass das Heilige jenseits aller Trennung in männlich und weiblich beschrieben werden sollte. Auch das können andere Menschen tun – und es ist auch schon hundertfach geschehen. Zugleich ist auch unzählige Male das erlösende Wesen des Mädchens in der Literatur beschrieben worden, verfilmt worden, erlebt worden – nur in reiner Form beschrieben wurde es kaum jemals. Dies und nichts anderes sollte in diesem Buch geschehen.

Wer das Heilige nur ganz jenseits finden will, soll dies tun. Heilig ist aber auch bereits das Mädchen selbst. Und gerade seine Gestalt wird unzähligen Menschen helfen und helfen müssen, zum Heiligen zu finden.

Dieses Buch hat versucht, den *Weg des Mädchens* in aller Reinheit zu beschreiben. Ob es gelungen ist, darüber kann nur das heilige Wesen des Mädchens selbst urteilen. An uns aber wäre es, diesen Weg zu heiligen – nicht zu verspotten und auch nicht zu kritisieren.

Das Mädchen ist *mehr* Mensch als alle anderen Menschen, die *seine* Reinheit noch nicht verwirklicht haben.

In ihm lebt ein wahres Denken, ein reines Fühlen und ein wahrhaft gutes Wollen. Siehe, das ist der Mensch – aber nicht mehr der gefallene Mensch, sondern nur noch: *das Mädchen*.

In ihm lebt die Hoffnung der Weltenliebe. Sie ruht auf ihm, von ihr wird es behütet...